Mieten & Vermieten

Millionen von Bürgern haben als Mieter oder Vermieter ständige Berührung mit dem Mietrecht. Seit dem 1.9.2001 gilt ein neues Mietrecht, welches insbesondere im Bereich der Kündigungsfristen, des Umfangs von Mieterhöhungen und der Betriebskostenabrechnung die Situation für Mieter günstiger gestaltet. Verständlich und kompetent erläutert Volker Thieler diese und alle weiteren Neuregelungen, und zwar vom Abschluss eines Mietvertrages, dessen Ausgestaltung und Klauseln, Fragen wie Schönheitsreparaturen, Modernisierung, Instandhaltung, Mietminderung oder Mieterhöhung bis hin zur Beendigung des Mietverhältnisses. Praxisgerechte Erläuterungen zur Durchsetzung der Rechte und Ansprüche schließen den Band ab.

Prof. Dr. Volker Thieler ist Rechtsanwalt in München und hat sich insbesondere durch seine intensive Beschäftigung mit dem Mietrecht einen Namen gemacht. Er ist Autor sowohl zahlreicher Fachveröffentlichungen als auch populärer Publikationen zum Mietrecht.

Unsere Adressen im Internet:
www.fischer-tb.de
www.heymanns.com

VOLKER THIELER

Mieten & Vermieten

Alles, was Sie wissen müssen

WELTBILD BECHTERMÜNZ VERLAG
IN ZUSAMMENARBEIT MIT
FISCHER TASCHENBUCH VERLAG
CARL HEYMANNS VERLAG

Aktualisierte Neuausgabe
zur Mietrechtsnovelle 2001

Genehmigte Lizenzausgabe
für Verlagsgruppe Weltbild GmbH, Augsburg

Umschlaggestaltung: ARTelier für Grafik & Werbung,
Peter Hofstätter, München
Gesamtherstellung: Clausen & Bosse, Leck
Printed in Germany
ISBN 3-8289-1949-9

2004 2003 2002 2001

Die letzte Jahreszahl gibt die aktuelle Lizenzausgabe an.

Inhalt

Das neue Mietrecht seit dem 1. 9. 2001

Am 29. 3. 2001 hat der Deutsche Bundestag das sogenannte **Mietrechtsreformgesetz** verabschiedet, das am 1. September 2001 in Kraft getreten ist. Eine der wesentlichen Reformaufgaben war die Neugliederung, Vereinfachung und Systematisierung des Mietrechts, dessen ehemalige Vorschriften teilweise auf das Jahr 1896 zurückgingen. Die Vorschriften wurden auch sprachlich verständlich und in einem Gesetz, dem Bürgerlichen Gesetzbuch (BGB), zusammengefaßt:

▸ **Allgemeine Vorschriften §§ 535 bis 548 BGB**

▸ **Miete des Wohnraums**

- Allgemeine Vorschriften (§§ 549 bis 555 BGB)
- Die Miete
  - Vereinbarungen über die Miete (§§ 556 BGB)
  - Regelung über die Miethöhe (§§ 557 BGB bis 561 BGB)
- Pfandrecht des Vermieters (§§ 562 BGB)
- Wechsel der Vertragsparteien (§§ 563 BGB bis 567 b BGB)
- Beendigung des Mietverhältnisses
  - Allgemeine Vorschriften (§§ 568 BGB bis 572 BGB)
  - Mietverhältnis auf unbestimmte Zeit (§§ 573 BGB bis 574 c BGB)
  - Mietverhältnis auf bestimmte Zeit (§ 575 BGB)

  - Werkwohnungen (§ 576, § 576 a, § 576 b BGB)
- Besonderheiten bei der Bildung von Wohnungseigentum an vermieteten Wohnungen (§ 575, § 575 a BGB)

- **Mietverhältnisse über andere Sachen (§§ 578 bis 580 a BGB)**

- **Pachtvertrag (§§ 581 bis 584 a BGB)**

- **Landpachtvertrag (§§ 585 bis 575 a)**

Die wichtigsten Änderungen im Überblick

Mieterhöhung

Mieterdatenbank

Nach § 558 d BGB gibt es nunmehr einen **qualifizierten Mietspiegel**, der nach anerkannten wissenschaftlichen Grundsätzen erstellt werden soll. Des weiteren gibt es nach § 558 e BGB eine **Mieterdatenbank**, die künftig die Sammlung von Mieten enthalten soll und aus der Auskünfte gegeben werden können bezüglich der ortsüblichen Vergleichsmiete. Durch diese Änderung könnte eventuell die bisher bestehende Problematik, daß Vermieter oftmals nicht an Vergleichsmieten herankommen, gelöst werden.

Kappungsgrenze

Gemäß § 558 Abs. 3 BGB wird die **Kappungsgrenze auf 20 % herabgesetzt**. Gemäß § 558 b II BGB ist die **Klagefrist auf drei Monate verlängert** worden (früher zwei Monate). Gemäß § 554 II

BGB kann nunmehr generell für Maßnahmen zur Einsparung von Energie (beispielsweise auch für Stromeinsparmaßnahmen) die **Mieterhöhung mit 11 %** der durchgeführten Maßnahmen verlangt werden. Gemäß § 558 b BGB gilt, wenn der Mieter der Mieterhöhung zugestimmt hat, daß er dann die erhöhte Miete mit Beginn des dritten Kalendermonats schuldet (früher zweiter Monat). Abgeschafft worden ist die Mieterhöhung wegen Kapitalkosten völlig.

Modernisierung

Energiesparende Maßnahmen dulden

Bei der Modernisierungsmaßnahme ist § 554 II BGB so gefaßt worden, daß der Mieter nunmehr auch **Maßnahmen zur Stromeinsparung oder insgesamt Energieeinsparung dulden** muß. Geändert wurde auch § 541 b BGB, wonach der Mieter keine Maßnahmen dulden mußte, die für ihn oder seine Familie eine Härte bedeuten würden. Nach dem neuen § 554 II BGB ist der Personenkreis auf die Familie des Vermieters und auf die Angehörigen erweitert worden.

Die **Anforderungen an das Schreiben**, das der Vermieter dem Mieter vor Beginn der Maßnahmen zusenden muß, sind inhaltlich im neuen § 554 III BGB erleichtert worden. Der Vermieter muß dem Mieter spätestens drei Monate (früher zwei Monate) vor Beginn der Maßnahme deren Art, sowie voraussichtlichen Umfang und Beginn, voraussichtliche Dauer und die zu erwartende Mieterhöhung in Textform mitteilen. Neu ist auch, daß gemäß § 578 II BGB die Vorschriften über Wohnraummodernisierung **analog auf Gewerberaum anwendbar** sind. Durch das Wort »voraussichtlich« in den Ankündigungsmaßnahmen soll die Modernisierungsankündigung erleichtert worden sein. Die Gerichtspraxis wird zeigen, ob der Gesetzgeber den Erfolg erreicht hat.

Mietpreisüberhöhung

Hier gilt weiterhin **§5 Wirtschaftsstrafgesetzbuch**. Leider wurde die Regelung nicht in das neue BGB übernommen. Allerdings wurde §5 Wirtschaftsstrafgesetzbuch dahingehend präzisiert, daß nicht unangemessen hoch Entgelte sind, die zur Deckung der laufenden Aufwendungen des Vermieters erforderlich sind und falls diese nicht mehr im auffälligen Mißverhältnis zur Leistung des Vermieters stehen.

Staffelmieterhöhung

Keine Begrenzung

Die bisher in §10 II MHG geregelte Staffelmiete wird nunmehr in §575a BGB des neuen Mietrechts geregelt. Die Begrenzung auf höchstens zehn Jahre ist weggefallen.

Indexmiete

Ohne Mindestlaufzeit

Die in §10a MHG enthaltene Regelung über Indexmiete wurde nunmehr in §557b BGB für Wohnraummietverhältnisse geregelt. Die Regelung, wonach nur Indexvereinbarungen für Mietverhältnisse, die auf zehn Jahre abgeschlossen worden sind, möglich sind, ist ersatzlos gestrichen worden. Es gibt nunmehr **keine Mindestlaufzeit** mehr für Mietverträge, in denen Indexmiete vereinbart wird. Der neue § 557 b BGB erkennt nur noch die Lebenshaltungskosten aller privaten Haushalte in Deutschland »als den einzig zugelassenen Lebenshaltungskostenindex« an.

Nebenkosten-/Betriebskostenneuregelungen

Zeitnahe Abrechnung

Die in dem neuen Mietgesetz enthaltene Nebenkosten-/Betriebskostenregelung wurde nur für Wohnraum geschaffen. Wesentliche Erneuerung der Betriebskostenregelung ist, daß dem Mieter **spätestens bis zum Ablauf des zwölften Monats** nach Ende des Abrechnungszeitraums die **Mitteilung** über die Nebenkosten-/Betriebskostenabrechnung zugehen muß. Nach Ablauf dieser Frist ist die Geltendmachung einer Nachforderung durch den Vermieter ausgeschlossen, es sei denn, der Vermieter hat die verspätete Geltendmachung nicht zu vertreten. Neu ist auch, daß der Mieter Einwendungen gegen die Abrechnung dem Vermieter spätestens bis zum Ablauf des zwölften Monats nach Zugang der Abrechnung mitteilen muß. Nach Ablauf dieser Frist kann er die Einwendung nicht mehr geltend machen. Abgeschafft worden ist § 4 MHG Betriebskosten-/Nebenkostensteigerungen bei Brutto- und Teilinklusivmieten. Wichtig dürfte für die Zukunft die Regelung in § 565 a BGB sein, wonach, wenn die Vertragsparteien nichts anderes vereinbart haben, die Betriebskosten vorbehaltlich anderweitiger Vorschriften nach dem **Anteil der Wohnflächen umzulegen** sind. Hier könnten in der Praxis Probleme entstehen für Abrechnungen in Wohneigentümergemeinschaften, falls im Mietvertrag nicht die entsprechende Abrechnung nach Tausendstel vereinbart worden ist.

Regelungen im Kündigungsbereich

Dreimonatsfrist

Die wichtigste Regelung dürfte sein, daß sich für Wohnraummieter ab 1. 9. 2000 die Kündigungsfrist verändert hat. Der Mieter kann nun immer mit einer **Frist von drei Monaten** kündigen. Die Kündigungsfrist des Vermieters verlängert sich insgesamt, wie bisher, um jeweils drei Monate nach Verlängerung von fünf und acht Jahren. Die maximale Dauer ist allerdings nur noch neun und nicht mehr zwölf Monate. Für Mieter und Vermieter von gleichem Interesse dürfte der neue Kündigungsgrund für Wohnraummieter wie für Gewerberaummieter aus § 543 BGB sein. Danach wird eine fristlose Kündigung möglich, wenn unter Abwägung der beiderseitigen Interessen die Fortsetzung des Mietverhältnisses bis zum Ablauf der Kündigungsfrist oder bis zur vereinbarten Beendigung des Mietverhältnisses nicht mehr zugemutet werden kann. Für den Wohnraummietrechtsbereich wird in § 569 BGB ausdrücklich die Störung des Hausfriedens erwähnt. Stört also eine der Vertragsparteien den Hausfrieden und trägt das Verschulden hieran, kann ihr gekündigt werden. Neu ist die Regelung bezüglich der Heilung bei fristlosen Kündigungen wegen Zahlungsverzug. Wenn der Mieter nachträglich die Miete nach der fristlosen Kündigung zahlt, wird die Kündigung unwirksam, wenn die Zahlung bis einen Monat nach Rechtshängigkeit der Klage eintrifft. Nunmehr wurde die Frist auf zwei Monate verlängert.

Mietverträge auf Zeit

Qualifizierte Zeitmietverträge

Der Unterschied zwischen einfachen und qualifizierten Zeitmietverträgen ist weggefallen. Es gibt nur noch **qualifizierte Zeitmietverträge**. Es gibt also nur noch Zeitmietverträge, bei denen die Befristung auf eine gewisse Zeit begründet werden muß (Eigenbedarf, Abbruch, Modernisierung, Arbeitnehmer). Aufgrund der Tatsache, daß der einfache Zeitmietvertrag weggefallen ist, gibt es auch keine Widerspruchsmöglichkeit des Mieters mehr, zwei Monate vor Beendigung der Mietzeit mit der Möglichkeit ein Verlängerungsverlangen zu stellen. Neu ist auch, daß der Zeitmietvertrag nunmehr für **mehr als fünf Jahre** abgeschlossen werden kann. Nach wie vor müssen die Gründe der zeitlichen Befristung klar, eindeutig und nachvollziehbar im Mietvertrag geregelt werden (Eigenbedarf, Abbruch, Modernisierung/Instandsetzung oder Benötigung der Räume für zur Dienstleistung Verpflichtete). Hat der Vermieter den Grund der Zeitbefristung im Mietvertrag nicht mitgeteilt, gilt der Mietvertrag als auf unbestimmte Zeit abgeschlossen. Vier Monate vor Ablauf der Befristung kann der Mieter vom Vermieter verlangen, daß dieser ihm binnen eines Monats mitteilt, ob der Befristungsgrund noch besteht.

Barrierefreies Wohnen

Behindertengerechter Umbau

Nach dem neuen § 554 a BGB kann der Mieter vom Vermieter die **Zustimmung zu baulichen Veränderungen** oder sonstigen Einrichtungen verlangen, die für eine behindertengerechte Nutzung der Mietsache oder den Zugang erforderlich sind, wenn ein berechtigtes Interesse hieran besteht.

Kündigung des Erben

Eintrittsrecht in Mietvertrag

Stirbt der Mieter, dann kann der Vermieter gegenüber dem Erben des Mieters ohne eigenes rechtliches Interesse kündigen, wenn der Erbe nicht in der Wohnung des verstorbenen Mieters gelebt hat. Für Ehegatten und Kinder und auch für sonstige Personen, die bis dahin mit dem Mieter in der Wohnung gelebt haben, gilt allerdings nach wie vor im Hinblick auf die bisherige Rechtsprechung das **Eintrittsrecht in den Mietvertrag**. Dies ist insbesondere bedeutsam für die Partner einer nichtehelichen Lebensgemeinschaft.

Aufrechnung

Aufrechnungsrecht

Neu geregelt ist in § 556 b II BGB, daß der Mieter, auch wenn es vertraglich anders geregelt worden ist, gegen eine Mietforderung mit Forderungen aus § 536 a BGB (Schadens- und Aufwendungsersatzanspruch des Mieters wegen eines Mangels) und § 539 BGB (Ersatz sonstiger Aufwendungen und Wegnahmerecht des Mieters) oder aus ungerechtfertigter Bereicherung wegen zuviel bezahlter Miete **aufrechnen** kann. Ihm ist auch das Recht zugestanden nach § 556 II BGB wegen einer solchen Forderung ein **Zurückbehaltungsrecht** auszuüben. Er muß allerdings die Absicht dem Vermieter mindestens einen Monat vor der Fälligkeit der Miete in Textform anzeigen. In Wohnraummietverträgen kann daher nur noch ein Aufrechnungsrecht wirksam für andere als die im Gesetz vorgesehenen Ansprüche abbedungen werden. Neu ist, daß das Aufrechnungsverbot nunmehr auch für zuviel gezahlte Miete gilt.

Beweisverfahren

Verjährungsunterbrechung

Neu geregelt im neuen Mietrecht ist, daß das selbständige Beweisverfahren nunmehr auch die **Verjährung** der Ansprüche des Vermieters oder Mieters **unterbricht**. Unterbrochen wird auch die Verjährung des Wegnahmerechts nach §§ 548 I, II BGB. Eine sehr wesentliche Vorschrift für Vermieter und Mieter, die oftmals Verjährungsansprüchen ausgesetzt waren und das Risiko hatten, in einer Klage nicht alles erwähnt zu haben. Das selbständige Beweissicherungsverfahren dürfte nunmehr im Mietrecht eine große Rolle darstellen.

Geschäftsraummiete

Neue Kündigungsfrist

Das neue Mietrecht enthält ein eigenes Kapitel zum Thema Geschäftsraummiete (§§ 578 ff BGB). Unglücklich ist hier, daß in diesem Absatz des neuen Mietrechts nur Verweisungen enthalten sind. Das neue Mietrecht stellt allerdings klar, welche Vorschriften auf Gewerberaum nicht anwendbar sind, nämlich die ausschließlich für Wohnraum geltenden Regelungen der §§ 549, 577 a BGB. Zur Klarstellung wurde § 580 II BGB neu eingeführt. Nunmehr gilt, daß die **Kündigung bis zum dritten Werktag eines Quartals** auf den Ablauf des nächsten Kalendervierteljahres auszusprechen ist.

Kündigung – Form

Neu ist in § 568 BGB eingeführt worden, daß für Kündigung von Wohnraummietverhältnissen die **Schriftform** notwendig ist.

Mietzahlung

Neu ist nach § 556 b BGB, daß künftig die Mietzahlung **bis zum dritten Werktag des Monats** zu entrichten ist. Dies gilt nur für Wohnraummietverhältnisse.

Übergangsvorschriften

Von großer Bedeutung dürften die Übergangsvorschriften sein, die in jedem einzelnen Kapitel noch erläutert werden.

Kaution

Nach § 551 III BGB ist die Kaution zu verzinsen.

Einheitlichkeit der Urkunde

Nach dem neuen § 550 BGB (früher § 566 BGB) muß der Mietvertrag z.B. mit den Anlagen fest verbunden werden und die sog. Einheitlichkeit der Urkunde nach § 125 BGB bilden.

Überleitungsvorschriften

Das neue Mietrecht gilt seit dem 1. 9. 2001. In § 3 des Artikel 229 des Einführungsgesetzes zum Bürgerlichen Gesetzbuch (EGBGB) sind die Übergangsvorschriften im Rahmen der Mietrechtsreform enthalten. Grundsätzlich gilt seit dem 1. 9. 2001 das neue Recht auch für Mietverträge, die vor dem 1. 9. 2001 vereinbart worden sind. Folgende Sonderfälle gelten allerdings:

Betriebskosten

Bis zum 1.9. 2001 galt für alle Erklärungen, die bis zu diesem Datum zugegangen sind, das alte Recht. Die Ausschlußtatbestände (Einspruchsmöglichkeit innerhalb von 12 Monaten) nach § 556 Abs. 3 Satz 2 bis 6 BGB finden auf Abrechnungszeiträume vor dem 1.9. 2001 keine Anwendung. Dies gilt auch für die Regelung nach § 556 a Abs. 1 BGB neu (der Berechnungen der Betriebskosten nach Wohnflächen).

Vorauszahlungspflicht der Miete

Die Regelung, daß die Miete erst am Monatsende zu zahlen ist, soweit im Mietvertrag nichts anderes vereinbart worden ist, gilt nach wie vor für alle Mietverträge, die bis zum 1.9. 2001 abgeschlossen wurden. Die Neuregelung gilt erst seit dem 1.9. 2001.

Kaution

Im § 551 Abs. 3 Satz 1 BGB (neu) ist die Verzinsungspflicht für Kautionen gesetzlich niedergelegt worden. Soweit zwischen Mieter und Vermieter allerdings in einem Mietvertrag die Verzinsung vor dem 1.1. 1983 ausdrücklich nicht vereinbart worden ist, gilt die Verzinsungspflicht nicht.

Kündigungsfristen

Soweit in Mietverträgen die Kündigungsfristen **vereinbart worden** sind, gilt die Neuregelung nach § 573 c Abs. 4 BGB für Mietverträge vor dem 1. 9. 2001 nicht. Es bleibt bei den Kündigungsfristen für den Mieter von drei, sechs, neun und zwölf Monaten, wie bisher.

Die Sonderkündigungsrechte im Dreifamilienhaus nach § 564 b Abs. 4 Ziff. 2 BGB (früher) bleiben noch bis 31. 8. 2006 anwendbar. Dies gilt auch für Wohnraum in Ferienhäusern und Ferienwohnungen in Ferienhausgebieten nach § 564 b Abs. 7 Ziff. 4 BGB.

Mieterhöhungen

Das neue Recht der Mieterhöhung gilt für alle Mieterhöhungen, die nach dem 1. 9. 2001 zugegangen sind.

Tod des Mieters

Für alle bis zum 1. 9. 2001 bestehenden Wohnungsmietverträge sind im Falle des Todes des Mieters die §§ 569, 569 a, 570 b Abs. 1 BGB nach altem Recht anwendbar. Allerdings gilt dies nicht, wenn der Vermieter gegenüber den Erben die Kündigungserklärung nach dem 1. 9. 2001 zugestellt hat.

Zeitmietverträge

Die Neuregelung bezüglich der Zeitmietverträge gilt nur für die Zeitmietverträge, die nach dem 1. 9. 2001 abgeschlossen worden sind. Die alten Zeitmietverträge mit Widerspruchsmöglichkeit bleiben bestehen.

I. Vertragsarten

1. Wann liegt ein Wohnraum-, wann ein Gewerberaummietvertrag vor?

Auf die **Bezeichnung** des Vertrages als Wohnraum- oder Gewerberaummietvertrag kommt es nicht an. Die Parteien können das Wohnraummietrecht nicht dadurch umgehen, indem sie den Vertrag als Gewerberaummietvertrag bezeichnen.

Gewerberaummietvertrag

Unter **Gewerberaummietrecht** wird ein Vertrag immer dann eingruppiert, wenn **Sinn** und **Zweck** der **Anmietung** nicht das Selbstbewohnen, sondern das Überlassen der Wohnung zum Wohnen an Dritte, oder wenn generell die Nutzung als Wohnung nicht zum Wohnen, sondern zu **anderen Zwecken** geplant war.

Welches Recht bei gemischter Nutzung?

Der **Unterschied** zwischen Wohnraummietvertrag und Gewerberaummietvertrag ist dann problematisch, wenn die Fläche **teilweise gewerbliche** Mietfläche und **teilweise Wohnraummietfläche** ist. Nach der sogenannten Schweretheorie des Bundesgerichtshofes gilt immer das Rechtsgebiet, das nutzungsüberwiegend ist. Liegt also zu 60 % Wohnraumnutzung und zu 40 % Gewerberaumnutzung vor und wurde die Vermietung in einem Mietvertrag geregelt, dann gilt für den ganzen Mietvertrag Wohnraummietrecht. Im umgekehrten Fall gilt für den ganzen Mietvertrag Gewerberaummietrecht. **Besondere Vorsicht** ist in den Fällen geboten, in denen Gewerberaum zusammen mit Wohnraum vermietet wird. Ein Umgehungsgeschäft liegt vor, falls man an eine Wohnungsvermietung einen erheblich höheren Gewerbeanteil

»anhängt«, um das Mietverhältnis insgesamt dem Gewerberaummietrecht zu unterwerfen. Eine derartige Umgehung wird von der Rechtsprechung nicht geduldet und ebenfalls wieder in das Rechtsgebiet Wohnraumnutzung und Gewerberaumnutzung zerlegt.

Beispiele

Liegt eine **Nutzung** zu **50% Wohnraum** und **50% Gewerberaum** vor, so gilt für das ganze Rechtsgebiet **Wohnraummietrecht**. Entscheidend für die Frage, ob ein Wohnraummietvertrag oder ein Gewerberaummietvertrag vorliegt, ist die Frage, ob der Mieter das Objekt **selbst** als Wohnraum nutzen will. Hat der Mieter das Mietobjekt als Wohnraum angemietet und will es an Dritte als Wohnraum untervermieten, liegt kein Wohnraummietvertrag vor. Es handelt sich dann um einen sogenannten **gewerblichen Zwischenmietvertrag**. Noch problematischer wird der Fall, wenn ein Mehrfamilienhaus vermietet wird, bei dem der Mieter nur eine Wohnung selbst bewohnt und mehrere Wohnungen mit Wissen und Wollen des Vermieters weitervermietet. In einem solchen Fall ist auf den vorherrschenden Vertragszweck abzustellen, also ob der Mieter in erster Linie das Objekt bewohnen oder in erster Linie weitervermieten will (siehe dazu Rechtsentscheid OLG Stuttgart vom 7. 11. 1985, WM 1986, S. 10ff.).

Eindeutig läßt sich der Wille zum Beispiel bei **Gaststättenvermietungen** mit Wohnungsvermietung oder Praxisräumen nebst Wohnungen erkennen. Hier liegt gewerbliches Mietrecht vor (BGH, WM 1986, S. 274).

Läßt sich der Wille nicht feststellen, geht es nach der sogenannten Schweretheorie des Bundesgerichtshofes: der Rechtscharakter des Vertrages richtet sich danach, worin die **überwiegende Nutzung** liegt (vgl. BGH, NJW 1977, S. 1394).

Läßt sich weder anhand der Schweretheorie noch anhand des Vertragswillens die überwiegende Nutzungsart klären, so gilt im Zweifelsfall immer Wohnraummietrecht (LG Berlin, WM 1989, S. 94 ff.).

Wichtig

Wird die Mietfläche nicht zum Wohnen vermietet, dann liegt ein Gewerberaummietvertrag vor. Wird eine Wohnung an einen Mieter vermietet, der in der Wohnung wohnt, dann liegt ein Wohnraummietvertrag vor. Wenn eine Wohnung beispielsweise an eine Firma vermietet wird, die dann die Wohnung an einen Angestellten zum Bewohnen vermietet, liegt im Rechtsverhältnis Vermieter–Mieter ein gewerblicher Mietvertrag vor, da die Wohnung nicht zum Selbstbezug, sondern zum Weitervermieten vermietet wurde.

Wenn die Mieterin eine Kapitalgesellschaft (z. B. eine GmbH) ist und im Mietvertrag vereinbart wurde, daß der Geschäftsführer der GmbH das Mietobjekt als Wohnung nutzt, gilt für das Mietobjekt Wohnraummietrecht (LG Hamburg, WM 1986, S. 317).

2. Weitere Vertragsarten und deren Unterschiede zum Mietvertrag

Pachtvertrag

Sowohl beim Mietvertrag als auch beim Pachtvertrag gestattet der eine Vertragsteilnehmer dem anderen Vertragsteilnehmer den Gebrauch einer Sache gegen Geld oder geldwerte Leistung auf eine gewisse Zeit hin.

Ein erster Unterschied besteht darin, daß bei der **Miete nur körperliche Gegenstände** im Sinne des § 90 BGB zum Gebrauch gewährt werden können, bei der Pacht jedoch auch Rechte (beispielsweise Fischerei- oder Jagdpacht).

Der entscheidende Unterschied zur Miete liegt aber darin, daß **bei** der Pacht nicht nur der Gebrauch der Sache, sondern **auch** das **Recht** gewährt wird, nach § 581 I BGB die Früchte aus der Sache nach den Regeln einer ordnungsgemäßen Wirtschaft zu ziehen. **Besondere** vertragliche **Gestaltungsgrenzen** gibt es aufgrund spezieller Gesetze, z. B. für die Pacht einer **Landwirtschaft** (§§ 585 bis 597 BGB), einer **Apotheke** (Apothekengesetz, Bundesgesetzblatt 1980 I, 1142), einer **Kleingartenpacht** (Bundeskleingartengesetz, BGBl. I 1993).

Leihe

Die Leihe unterscheidet sich von der Miete darin, daß die **Leihe** grundsätzlich **unentgeltlich** erfolgt. Wird also Wohnraum unentgeltlich überlassen, so kann dies eine Leihe darstellen mit der Folge, daß die gesetzlichen Regelungen des Mietrechts nicht zur Anwendung kommen. Insbesondere wäre die Anwendung des sozialen Kündigungsschutzes ausgeschlossen. Wird aber beispielsweise Wohnraum überlassen und dafür nur ein geringer Mietzins vereinbart, so wird dadurch stets ein Mietverhältnis begründet, und sei der Mietzins auch noch so gering. Die Abgrenzung zwischen Leihe und Miete kann auch deswegen problematisch sein, da oftmals gegen Überlassung des Gegenstandes ein geldwerter Vorteil geleistet wird. Es muß also nicht unbedingt Geld als Gegenleistung gegeben werden. Es reicht auch hier jede geldwerte Gegenleistung aus (beispielsweise Gartenarbeit). Sobald eine geldwerte Gegenleistung vorliegt, liegt nicht mehr die Unentgeltlichkeit im Sinne des Leihvertrags vor, sondern es ist dann ein Mietverhältnis entstanden.

Leasing

Ein Leasingvertrag liegt vor, wenn der Leasinggeber dem Leasingnehmer eine Sache für ein in Raten zu bezahlendes Entgelt zum Gebrauch überläßt. In der Regel hat während der Leasingvertragszeit der Leasingnehmer die **Haftung** für **Instandhaltung, Sachmängel, Untergang** und **Beschädigung** der Sache allein zu tragen. Der Leasingvertrag ähnelt weitgehend einem Mietvertrag, was dazu geführt hat, daß man ihn auch als atypischen Mietvertrag bezeichnet. Der hauptsächliche Zweck des Leasingvertrages liegt darin, dem Leasingnehmer den Kaufpreis für die Leasingsache zu finanzieren, da meistens am Ende des Leasingvertrages der Erwerb der Leasingsache durch den Leasingnehmer erfolgt. Die **Laufzeit** eines **Leasingvertrages** beträgt in der Regel **drei bis sieben Jahre**. Die einzelnen **Leasingraten** beinhalten die Kosten, die Zinsen, das Kreditrisiko und den Gewinn sowie eine Ratenzahlung für den Kaufpreis, die, falls der spätere Erwerb der Leasingsache erfolgt, mit dem endgültigen Kaufpreis verrechnet wird. Im Bereich der Leasingverträge gibt es eine Vielzahl von Varianten, deren Aufzählung aber den Rahmen dieses Buches sprengen würde. Hingewiesen wird noch auf das **Immobilienleasing**, das eine besondere Form des Finanzierungsleasings darstellt. Das Immobilienleasing zeichnet sich vor allem durch die lange Vertragsdauer – bis zu dreißig Jahren – aus. Beim Immobilienleasing räumt der Leasinggeber als Bauherr dem Leasingnehmer nach Ablauf der

Vertragszeit eine Kaufoption ein, die durch eine Vormerkung im Grundbuch gesichert wird.

Mietkauf

Bei einem Mietkauf handelt es sich um einen Mietvertrag, bei dem der Vermieter dem Mieter das Recht einräumt, innerhalb einer bestimmten Frist die Mietsache zu einem vorher bestimmten Preis zu kaufen, wobei die bis dahin gezahlte Miete ganz oder zum Teil auf den Kaufpreis angerechnet wird. Nimmt der Mieter die **Kaufoption** wahr, so liegt hierin im Zweifel eine zulässige fristlose Kündigung des Mietverhältnisses. Es wird darauf hingewiesen, daß der Mietpreis bei einem Mietkauf in der Regel sehr hoch ist; einerseits, um den Mieter zum Kauf zu veranlassen, und andererseits, weil es sich bei den Mietsachen meist um neue Sachen handelt, bei denen durch den Gebrauch ein starker Wertverlust eintritt. Der **Unterschied zum Leasingvertrag** liegt darin, daß beim Mietkauf grundsätzlich die Haftung für Sachmängel und Instandhaltung gemäß §§ 536–539 BGB beim Vermieter liegt. Ist im Mietkaufvertrag eine Passage enthalten, wonach der Mieter verpflichtet ist, das entsprechende Objekt zu kaufen, so muß der Vertrag nach § 313 BGB beurkundet werden.

Wohnrecht – dingliches Recht

Der Vermieter kann dem Mieter einer Wohnung ein sogenanntes Wohnrecht einräumen; dies bedeutet in der Regel, daß der **Mieter berechtigt** ist, **bis** zu seinem **Lebensende** in der Wohnung zu wohnen. Für die Laufzeit des Wohnrechts gelten in der Regel die allgemeinen Mietrechtsvorschriften mit Ausnahme des Rechts auf ordentliche Kündigung des Mietverhältnisses. So kann beispielsweise der Vermieter, der einem Mieter ein lebenslanges Wohnrecht eingeräumt hat, nicht wegen Eigenbedarfs kündigen. Die Möglichkeit der fristlosen Kündigung bleibt aber weiterhin für den Vermieter bestehen. Bei dem Wohnrecht handelt es sich um ein dingliches Recht, das vor einem Notar vereinbart werden muß. Das dingliche Recht muß, um wirksam zu sein, an erster Rangstelle im Grundbuch eingetragen werden, weil es sonst bei Zwangsversteigerungen keinen Bestand hat.

Streitanfälliges Recht

Das Wohnrecht wird leider von vielen Notaren in Mietverträgen aufgenommen, obwohl es für den Wohnrechtsberechtigten ein sehr gefährliches Recht ist. Es führt zu einer Unmenge von Streitereien. Die üblichen Fälle sind so gestaltet, daß Eltern ihren Verwandten oder Bekannten ein Haus überlassen und sich zu Lebzeiten noch ein Wohnrecht einräumen. Es kommt dann meist zu **Streitereien über die Art und Weise der Ausübung des Wohnrechts**, insbesondere welche Räume oder Gartenteile der Wohnberechtigte mitbenutzen darf und welche Kosten zu zahlen sind. Wenn der Wohnberechtigte aus Altersgründen in ein Heim kommt, kann er die Wohnung nicht vermieten. Es empfiehlt sich daher, besser ein Nießbrauchrecht zu vereinbaren. Auf jeden Fall sollte überlegt werden, ob, falls im Rahmen des Wohnrechts eine Schenkung mitvereinbart wird, die Schenkung nicht einer gewissen Widerruflichkeit ausgesetzt wird, insbesondere bei Schikane durch den Wohnrechtsgeber.

Nießbrauch – dingliches Recht

Wird eine Mietsache in Form eines sogenannten Nießbrauchs überlassen, so ist der Nießbraucher berechtigt, auch den **Nutzen aus** der **Mietsache** zu ziehen. Wird also beispielsweise eine Mietwohnung im Wege des Nießbrauchs überlassen, so darf der Nießbraucher die Wohnung ohne Zustimmung des Eigentümers weitervermieten und den Mietzins, den er für die Vermietung erhält, behalten. Kommt das Nießbrauchsrecht zur Beendigung, so gilt auch hier der Grundsatz gemäß § 566 BGB:

»Veräußerung bricht nicht Miete.«

Das heißt, hat der Nießbraucher beispielsweise einen Mietvertrag über Wohnraum abgeschlossen, so besteht das Mietverhältnis auch gegenüber dem Eigentümer weiter. Dies hat zur Folge, daß sich der Mieter bei Kündigung durch den Eigentümer auf seinen Kündigungsschutz berufen kann.

Wie beim Wohnrecht ist das Nießbrauchrecht ein dingliches Recht, das vor einem Notar vereinbart werden muß. Es sollte auf jeden Fall an erster Rangstelle im Grundbuch eingetragen werden, damit es bei etwaigen Zwangsversteigerungen bestehenbleibt.

II. Die Mietvertragsarten

1. Mietvertragsarten

Wann benötigt man einen Mietvertrag?

Prinzipiell **empfiehlt** sich für den Vermieter, noch bevor er die Mietfläche dem Mieter zur Verfügung stellt, einen **schriftlichen Mietvertrag** abzuschließen.

Die Vermieterfalle § 550 BGB (neu)

Vermieterfalle

Eine Vermieterfalle kann die Nichteinhaltung der Schriftform darstellen. Es hat sich in den letzten Jahren eine umfangreiche Rechtsprechung entwickelt, die oftmals den Mietern ermöglicht, innerhalb der gesetzlichen Frist auch langfristige Mietverhältnisse zu kündigen, weil die Schriftform nicht eingehalten wurde. Der neue § 550 BGB ist nur in dem Kapitel »Das neue Mietrecht« über Wohnverhältnisse aufgenommen worden. Es gibt zwischenzeitlich in der Literatur Ansichten, wonach dies bedeuten soll, daß im Gewerberaummietrecht die Schriftform nicht mehr verlangt wird. Diese Ansicht dürfte aber nicht zutreffend sein. Es scheint sich bei der bisherigen Regelung um einen redaktionellen Fehler des Gesetzgebers zu handeln.

Einheitlichkeit der Urkunde

Nach § 550 BGB (neu – früher § 566 BGB) muß ein Mietvertrag, der für eine **längere Zeit als ein Jahr** geschlossen werden soll, **schriftlich** abgeschlossen werden. § 550 BGB (neu) bedeutet aber auch die sog. Einheitlichkeit der Urkunde nach § 125 BGB. Die **Einheitlichkeit der Urkunde** ist dann gegeben, wenn die Urkunde untrennbar fest verbunden ist. Dies bezieht sich auch auf die Anlagen. Eine **Ausnahme** macht auch die neue Rechtsprechung hiervon nur, wenn sich aus den Anlagen ein Sachzusammenhang ergibt. Haben die Parteien also im Mietvertrag den Bezug auf Anlagen vereinbart, ist aber in den Anlagen keinerlei Hinweis auf den Mietvertrag enthalten, dann könnte unter Umständen ein Kündigungsrecht gegeben sein, mit der Konsequenz, daß der langfristige Mietvertrag jederzeit während der gesetzlichen Kündigungsfrist zu kündigen ist. Die gleiche Problematik ergibt sich auch, falls während der Mietzeit irgend etwas mündlich vereinbart worden ist, das von wesentlicher Bedeutung für einen etwaigen Rechtsnachfolger sein kann. § 550 BGB soll nicht Mieter oder Vermieter schützen, sondern einen etwaigen Rechtsnachfolger, der auf den Bestand der Verträge vertraut. Die Konsequenzen dieser Bestimmungen sind äußerst umfangreich. Die Überpüfung, ob ein Mietvertrag wirklich § 550 BGB verletzt oder nicht, ist oftmals nur anhand der Originalunterlagen durch einen Fachmann möglich. Schon beim Kauf einer Immobilie empfiehlt sich, im Kaufvertrag folgende Klausel aufzunehmen:

Empfehlung

> *»Der Verkäufer sichert zu, daß § 550 BGB bei den Mietverträgen nicht verletzt wurde und die Schriftform bei den Mietverträgen eingehalten worden ist.«*

Das Institut für Immobilienrecht der »Kester-Haeusler-Stiftung«, Wolfratshauser Str. 80,

81379 München, hat eine umfangreiche Dokumentation zu dieser Rechtsproblematik erstellt und vermittelt auch Gutachter, die Mietverträge auf die Frage der Kündbarkeit überprüfen.

Begleitschreiben

Die mögliche **außerordentliche Kündbarkeit** eines langfristigen Mietvertrages mit der gesetzlichen Kündigungsfrist betrifft Wohnraummietverträge sowie Gewerberaummietverträge. Besondere Bedeutung haben in diesem Zusammenhang auch **Begleitschreiben** in Mietverträgen. Vielfach übersenden Vermieter Mietverträge mit dem Vermerk, daß auf gewisse mündlich vereinbarte Veränderungen des Mietvertrages hingewiesen wird. Ein derartiger Mietvertrag ist kein langfristiger Mietvertrag und jederzeit, mit Einhaltung der gesetzlichen Kündigungsfrist, kündbar. Entscheidend sind hier allerdings auch immer wesentliche Vereinbarungen, die die »Säulen des Mietvertrages« betreffen, wie beispielsweise Mietzeit, Mietzins, Mietgegenstand. Entscheidend ist jedoch immer der Einzelfall.

Probleme der Schriftform

Umgekehrt gilt auch für den Mieter, der in eine Mietfläche einzieht, daß er sich über die Mietbedingungen mit dem Vermieter einig ist und hierüber einen schriftlichen Mietvertrag abschließt. Das Gesetz sieht zwar die Schriftform des Mietvertrages nur bei langfristigen Mietverträgen vor, aus Beweiszwecken sollte aber **immer ein schriftlicher Mietvertrag** abgeschlossen werden. Für den Vermieter ist es sehr gefährlich, einem Mieter eine Mietfläche zu überlassen und nur mündlich gewisse Bedingungen zu vereinbaren oder sich darauf einzulassen, irgendwann später einmal einen schriftlichen Mietvertrag abzuschließen, da gegebenenfalls durch Entgegennahme der Miete und Überlassung der Mietfläche ein gesetzliches Mietverhältnis zustande kommt und ein schriftlicher Mietvertrag später kaum durchsetzbar ist.

Schriftlicher und Formularmietvertrag

Der **schriftliche Mietvertrag** ist für den Mieter nicht sehr positiv, weil gewisse Vorschriften der Mietgesetze in den letzten Jahren durch Formularverträge **zugunsten** der **Vermieter** abgeändert wurden. So ist es heute üblich, durch Formularvertrag zu vereinbaren, daß der Mieter Schönheitsreparaturen durchführt oder daß der Mieter die Nebenkosten trägt.

Wird hierüber keine Vereinbarung geschlossen, so gilt das **Gesetz,** und nach dem Gesetz hat der Vermieter die **Schönheitsreparaturen** durchzuführen, und in der Miete sind sämtliche Nebenkosten enthalten. Umgekehrt ist es natürlich auch für den Mieter von großer Bedeutung, eine Absicherung seiner Rechte zu haben, so daß sich auch für den Mieter ein schriftlicher Mietvertrag empfiehlt. Die häufig geäußerte Ansicht, daß kein Mietvertrag existiert, weil man nichts »Schriftliches« vereinbart hat, ist schlichtweg falsch. Sobald der Mieter mit Wissen und Wollen des Vermieters in das Mietobjekt eingezogen ist und man sich über die Höhe des Mietzinses und über den Mietgegenstand geeinigt hat, liegt ein mündlicher Mietvertrag vor, der nach den gesetzlichen Bestimmungen behandelt wird.

Der Vorvertrag

Sinn und Zweck

Einen Vorvertrag schließen die Mietvertragsparteien dann ab, wenn sie aus bestimmten Gründen noch **nicht** einen **endgültigen Mietvertrag** abschließen wollen, weil z. B. noch nicht alle Punkte geregelt werden können. Durch einen Vorvertrag **verpflichtet** sich **mindestens eine** der **Vertragsparteien** zum Abschluß eines Hauptvertrages. Wesentlich im Rahmen des Vorvertrages ist, daß dieser eine genaue Verpflichtung bezüglich der einzelnen Bestimmungen des Hauptvertrages enthalten sollte, weil ansonsten nur Streit über Art und Weise des Hauptvertrages entsteht.

Empfehlung

Empfehlenswerter ist es, **anstelle** des **Vorvertrages** einen **endgültigen Mietvertrag** anzufertigen und der Partei, die den Vorvertrag abschließen will, diesen Vertrag einseitig unwiderruflich für einen bestimmten Zeitraum anzubieten. Die **Klausel** könnte folgendermaßen lauten:

> *»Der Mieter/Vermieter bietet den beiliegenden Mietvertrag zum Abschluß unwiderruflich und unbedingt auf einen Zeitraum von drei Monaten an. Der Vermieter/Mieter kann durch einseitige Annahmeerklärung den Vertrag annehmen.«*

Der Vorvertrag selbst muß nicht schriftlich abgefaßt, sondern kann auch mündlich geschlossen werden, auch wenn der beabsichtigte Mietvertrag für eine Laufzeit von länger als einem Jahr abgeschlossen werden soll. Falls der Vertragspartner, der den Hauptvertrag abschließen sollte, nicht bereit ist, diesen abzuschließen, so muß der andere Vertragspartner ihn auf Abschluß des Hauptvertrages verklagen. Aus diesem Grund müssen im Vorvertrag die einzelnen Bestimmungen des Hauptvertrages schon im einzelnen geregelt sein, wie z.B. Mietobjekt, Zinshöhe und Zweck des Vertrages. Diese Argumente zeigen, wie unsinnig der Abschluß eines Vorvertrages ist, wenn man doch gleich einen Mietvertrag abschließen kann.

Altenbetreutes Wohnen, seniorengerechtes Wohnen

Einordnung in ein Rechtsgebiet

Große Rechtsprobleme werden künftig die Verträge über altenbetreutes und seniorengerechtes Wohnen bringen. Es empfiehlt sich, derartige Verträge mietrechtlich überprüfen zu lassen. In der Rechtsprechung ist mangels Vorliegen entsprechender Urteile noch nicht klar, in welches Rechtsgebiet diese Verträge überhaupt einzuordnen sind. Es dürfte entscheidend sein, wo das Schwergewicht der Verträge liegt. Liegt das Schwergewicht der Verträge auf dem Wohnen, dann dürfte es sich um reine **Wohnraummietverträge** handeln. Steht die Pflege und Betreuung von alten Menschen im Mittelpunkt, dann dürften die Verträge dem **Heimgesetz** unterliegen. Unterliegen die Verträge dem Mietrecht, dann sind die Verträge auch nach dem Gesichtspunkt der Wuchermiete zu überprüfen. Nach dem Heimgesetz sind die Verträge hinsichtlich der Wohnungsgröße und der Kosten zu überprüfen, da das Heimgesetz die entsprechende Zahlung gesetzlich vorschreibt. Gemeint sind hier Verträge, bei denen Wohnungen mit Zusatzleistungen (nicht Pflegeheime) angeboten werden, wie Einkaufsdienst, Notrufzentrale, Reinigungsdienst usw. Derartige Vertragskonzeptionen sind heute nicht unüblich. Sie dienen oftmals dazu, Wohnanlagen, die schwer verkäuflich sind, teuer zu verkaufen oder zu vermieten. Der Mieter muß sich vor Abschluß der Verträge überlegen, wie er seine Rechte bei mangelhafter Dienstleistung wahren kann. Unterliegt der Mietvertrag dem Mietrecht, dürften auch **mangelhafte Dienstleistungen** das Recht zur Mietminderung geben. Ein **überhöhter Mietzins** dürfte dem Mieter einen Rückforderungsanspruch nach § 5 Wirtschaftsstrafgesetzbuch geben. Der Mieter muß auch bei derartigen Verträgen überprüfen, ob er das Vertragsverhältnis bei mangelhafter Dienstleistung fristlos kündigen kann.

Sonderkündigungsrechte sind zu überlegen

Ein **Sonderkündigungsrecht** ist auch für den Fall auszuhandeln, daß das Haus ab einem gewissen Prozentsatz nicht mehr den Charakter einer altersgerechten Wohnanlage hat, weil der Vermieter z. B. nicht genügend Senioren findet und nunmehr Mieter aufnimmt, die das Gesamtgefüge des Hauses stören. Eine Dokumentation zu diesem Thema und ein Mustermietvertrag für die Anmietung derartiger Wohnungen ist bei der »Kester-Haeusler-Stiftung«, Wolfratshauser Str. 80, 81379 München, erhältlich.

Der Zwischenmietvertrag

Sinn und Zweck

Unter Zwischenmietvertrag verstehen wir einen Vertrag, der **zwischengeschaltet** wird, um **nicht unmittelbare Rechtsbeziehungen** zwischen dem Eigentümer bzw. Erstvermieter des Hauses und dem Endmieter herzustellen. Die sogenannten **gewerblichen Zwischenmietverhältnisse** sind vielfach bei **Steuermodellen** vorgekommen. Es gab bei diesen Modellen einen Eigentümer der Wohnung und eine Mietgarantiefirma, die ihm eine gewisse Miete garantierte und das Objekt vermietete. Diese Mietgarantiefirma (weil sie immer eine Mietgarantie geben mußte) trat oft als gewerblicher Zwischenmieter auf und vermietete an den Endmieter. Gewerblicher Zwischenmieter wurde diese Zwischenfirma deswegen genannt, da im Rechtsverhältnis Eigentümer–Zwischenmieter Gewerberaummietrecht anwendbar ist, weil Sinn und Zweck der Abmietung nicht die Bewohnung der

Wohnung, sondern das Weitervermieten ist. Im Rechtsverhältnis zwischen gewerblichem Zwischenmieter und Endmieter galt Wohnraummietrecht. **Probleme** tauchten auf, wenn die gewerblichen Zwischenmieter in Konkurs fielen, weil oftmals **überhöhte Mietgarantien**, die auf dem Markt nicht zu halten waren, gegeben wurden oder wenn durch normalen Zeitablauf oder Kündigung die Rechtsverhältnisse zwischen Eigentümer und gewerblichem Zwischenmieter (die sogenannten gewerblichen Zwischenmietverträge) gekündigt wurden. Der Eigentümer hatte dann gegenüber dem Endmieter einen Anspruch gemäß § 546 Abs. 2 BGB (neu – früher § 556 Abs. 3 BGB), wonach er die Wohnung von dem Endmieter, der als sogenannter Untermieter zu bewerten war, herausverlangen konnte. Natürlich mußte der erste Vertragspartner oder auch Hauptvermieter nicht unbedingt Eigentümer sein. Wichtig ist in diesem Zusammenhang nur das Verständnis für die zwei verschiedenartigen Mietverhältnisse. Hatte der Hauptvermieter vom Endmieter oder Untermieter das Objekt herausverlangt, dann gab es keinen Kündigungsschutz, weil der End- oder Untermieter kein Rechtsverhältnis mit dem Hauptvermieter hatte.

Besteht Kündigungsschutz?

Die **Rechtsprechung** hat sich hier schon rechtzeitig **zugunsten** der **Mieter** bewegt, und es wurde durch Rechtsentscheid des Bundesgerichtshofes vom 21.4. 1982 (BGH, WM 1982, S. 178) entschieden, daß, wenn der End- oder Untermieter keine Kenntnis davon hatte, daß es sich um ein sogenanntes Zwischenmietverhältnis handelt, dem Endmieter dann der Kündigungsschutz zusteht. Die nunmehrige gesetzliche Regelung bedeutet, daß nach § 565 BGB (neu – früher § 549 a BGB) der Eigentümer/ Hauptvermieter bei der Beendigung des Mietverhältnisses in die Rechte und Pflichten aus dem Mietverhältnis zwischen Mietern und Dritten eintritt, und zwar zu denselben Bedingungen des bisherigen Mietverhältnisses. Soweit der Vermieter mit einem neuen Zwischenvermieter einen Mietvertrag über die Weitervermietung abschließt, tritt der Mieter anstelle der bisherigen Vertragspartei in die Rechte und Pflichten aus dem Mietverhältnis mit dem Dritten ein § 565 BGB (neu – früher § 549 Abs. 1 Satz 2 BGB). Unwichtig ist in diesem Zusammenhang, daß der Untermieter nicht mitwirken muß. Es muß auch nicht ein unbedingt enger Zeitzusammenhang zwischen der Beendigung des Zwischenmietvertrages und dem Abschluß des Nachfolgemietvertrages bestehen.

Der Untermietvertrag

Beispiele

Der **typische Fall** der **Untervermietung** liegt dann vor, wenn der Mieter einen Teil der Wohnung oder die ganze Wohnung einem Dritten zum selbständigen Gebrauch überläßt. **Keine** Untervermietung liegt vor, wenn ein **Ehepartner** oder **Kinder** in der Wohnung wohnen. Gleiches dürfte wohl nach zwischenzeitlich anerkannter Rechtsprechung auch für den Lebenspartner gelten. Die Gerichte entscheiden inzwischen, daß der **nichteheliche Lebenspartner** im Rahmen des Anspruchs auf Untermieterlaubnis in das Mietverhältnis aufgenommen werden kann. Auch die Aufnahme von **Besuchern** für eine kurzfristige Zeit erfüllt nicht den Tatbestand der Untervermietung. Anders liegt die Situation bei Geschwistern, die nicht automatisch in die Mieträume mit aufgenommen werden dürfen. Hier muß der Mieter die Genehmigung zur Aufnahme beim Vermieter beantragen. Wichtig in diesem Zusammenhang ist das Verständnis der Bestimmung des § 545 BGB (neu – früher § 549 BGB). Nach § 545 Abs. 1 BGB ist der Mieter ohne Erlaubnis des Vermieters nicht berechtigt, den Gebrauch der gemieteten Sache einem Dritten zu überlassen, insbesondere die Sache weiterzuvermieten. Bei der Verweigerung der Untermietererlaubnis kann der Mieter das Mietverhältnis (Wohnraum oder Gewerberaum) unter Einhaltung der gesetzlichen Frist (Wohnraum drei Monate/Gewerberaum sechs Monate) kündigen, sofern nicht in der Person des Dritten ein wichtiger Grund zur Verweigerung vorliegt (§ 540 Abs. 1 Satz 2 neu – früher § 549 Abs. 1 Satz 1 BGB).

Als Sonderfall gilt § 553 BGB (neu – früher § 549 Abs. 2 BGB) für den Bereich der Wohnraummietverhältnisse.

Genehmigung zur Untervermietung

§ 540 BGB (neu – früher § 549 Abs. 1 BGB) findet auf **Gewerberäume** und **Wohnräume** Anwendung. Hiernach ist **ohne Genehmigung** des Vermieters eine **Untervermietung nicht** möglich. § 540 BGB neu beinhaltet den Fall der totalen Überlassung der Mieträume an einen Dritten. Als Sonderfall gilt § 553 BGB (neu – früher § 549 Abs. 2 BGB) für den Bereich der Wohnraummietverhältnisse. Wenn für einen **Teil** des Wohnraumes eine Veranlassung zur Untervermietung besteht und der Mieter ein berechtigtes Interesse daran hat, kann er vom Vermieter die Erlaubnis zur Untervermietung **verlangen**. Der Vermieter kann die Erlaubnis ablehnen, wenn in der Person des Dritten ein wichtiger Grund vorliegt oder der Wohnraum übermäßig belegt wurde oder sonstwie die Überlassung dem Vermieter nicht zugemutet werden kann. Der Vermieter kann auch gegebenenfalls die **Erhöhung** des **Mietzinses** verlangen (§ 553 Abs. 2 BGB – neu). Diese Regelung kann im Mietvertragsformular nicht zuungunsten des Mieters abgeändert werden (§ 553 III BGB – neu).

Wichtig

Zusammenfassend läßt sich sagen, daß nur die Erlaubniserteilung nach § 540 BGB (neu – früher § 549 Abs. 1 BGB) zur Untervermietung der **gesamten Wohnung** – Gewerberaums im Ermessen des Vermieters liegt und der Mieter **keinen Anspruch** auf **Erteilung** der **Untermieterlaubnis** hat. Dies gilt im Wohnraum- und im Gewerberaummietrecht.

Wann hat der Mieter Anspruch auf Untermieterlaubnis?

Auf Überlassung eines Teils eines Wohnraums hat gemäß § 553 BGB (neu – früher § 549 Abs. 2 BGB) der Mieter dann einen **Anspruch**, wenn ein **berechtigtes Interesse** besteht. Die Zusammenhänge zwischen § 540 BGB und § 553 BGB sind in der Praxis vielfach unbekannt. Aus diesem Grund muß sich der Mieter, der eine Untermieterlaubnis beantragt, von Anfang an über die Konsequenzen klar sein. Will er das gesamte Mietobjekt (Wohnung oder Garage) untervermieten, besteht kein Anspruch auf Erlaubnis § 540 BGB (neu – früher § 549 Abs. 1 BGB), will er einen Teil **der Wohnung** untervermieten § 553 BGB (früher § 549 Abs. 2 BGB), hat er unter Umständen einen Anspruch auf Untermieterlaubnis, wenn er die Notwendigkeit der Untervermietung ausreichend begründet.

Wichtig

Hat der **Vermieter** entweder durch **Mietvertrag** oder durch **Duldung** einer **Untervermietung zugestimmt**, so bedeutet das noch lange nicht, daß künftig jeder Untermieter automatisch geduldet wird. Die **Rechtsprechung** geht im Wohnungsmietrecht davon aus, daß die Untermieterlaubnis eines Teils der Wohnung stets auf Personen bezogen ist und vor der jeweiligen Untervermietung die Erlaubnis beim Vermieter einzuholen ist. Eine erteilte Untermieterlaubnis wirkt also nur für den jeweiligen Untermieter (Rechtsentscheid Kammergericht Berlin, WM 1992, S. 350). Die Untermieterlaubnis ist also auf Personen und die Mietvertragsdauer bezogen. Dies ergibt sich schon aus dem Wortlaut des § 553 BGB (neu – früher § 549 BGB), der auch auf die Person des Untermieters abstellt, was dem Vermieter die Möglichkeit gibt, die Untermieterlaubnis zu versagen. Der Vermieter muß sich bei jeder erneuten Begründung des Untermietverhältnisses überlegen dürfen, ob nicht Einwände gegen die Untervermietung in der Person des neuen Untermieters bestehen (Urteil LG Hamburg vom 6. 10. 1992, WM 1993, S. 345).

Nichteheliche Lebensgemeinschaft/eingetragene Lebenspartnerschaften

Erhebliche Rechtsprobleme tauchen bei der nichtehelichen Lebensgemeinschaft auf. Hier ist es schwierig, eine Empfehlung für beide Lebenspartner zu geben. Haben **beide** den Mietvertrag abgeschlossen, sind sie für die Vertragsdauer an den Mietvertrag gebunden. Die Kündigung können nur beide Lebenspartner zur gleichen Zeit erklären. Die Rechtsprechung geht davon aus, daß bei Scheitern der nichtehelichen Lebensgemeinschaft ein Lebenspartner gegenüber dem anderen Lebenspartner einen **Anspruch auf Zustimmung zur Kündigung** des Mietvertrages hat. Es empfiehlt sich, unbedingt eine gesonderte **Vereinbarung** zu treffen, die folgendermaßen lauten könnte:

> *»Jeder Partner hat gegenüber dem anderen Partner während der Lebensgemeinschaft den Anspruch, falls die Lebensgemeinschaft gescheitert ist, daß der andere Partner der Kündigung des Vertrages zustimmt. Zu diesem Zweck übergibt schon jetzt der eine Partner dem anderen Partner eine unwiderrufliche Vollmacht zur Kündigung des nichtehelichen Lebensgemeinschaftsmietvertrages.«*

Wichtig

Sind die Mietverträge **langfristig** abgeschlossen worden, besteht von seiten des Mieters gegenüber dem Vermieter keine Berechtigung, das Mietverhältnis einseitig zu kündigen. Es nützt also die oben dargestellte Vollmacht nichts, weil der Mietvertrag als solcher überhaupt nicht kündbar ist. Hier besteht nur die Möglichkeit, daß ein Partner mit dem anderen Partner vereinbart, daß dieser das Mietverhältnis verläßt und der andere Partner im Innenverhältnis gegenüber dem Vermieter die Miete in voller Höhe weiter übernimmt. Die **Klausel** könnte folgendermaßen lauten:

> *»Zwischen den nichtehelichen Lebenspartnern besteht Einigkeit dahingehend, daß der Partner, der die nichteheliche Lebensgemeinschaft verläßt, im Innenverhältnis dem anderen Lebenspartner das Mietverhältnis überträgt. Aufgrund der Haftung im Außenverhältnis wird auch weiterhin der nichteheliche Lebenspartner, der in der Wohnung verbleibt, sämtliche Ansprüche gegenüber dem Vermieter erledigen und die Bezahlung der Mieten monatlich bis zum Ablauf der Mietzeit nachweisen. Der nichteheliche Lebenspartner, der in der Wohnung verbleibt, hat auch den Anspruch des Vermieters auf Schönheitsreparaturen und*

Schadensersatz während und am Ende der Mietzeit zu erfüllen.«

Wichtig

Die Ersatzansprüche in der Musterklausel gelten nur beispielsweise. **Sämtliche Ansprüche**, die während der Mietzeit entstanden sind, sind vom Partner der nichtehelichen Lebensgemeinschaft, der in der Wohnung verbleibt, zu erfüllen.

Seit dem 1. August 2001 hat das Gesetz zur Beendigung der Diskriminierung gleichgeschlechtlicher Gemeinschaften den Lebenspartnerschaften auch im Mietrecht Rechte eingeräumt. So kann bei Tod eines Mieters der überlebende Lebenspartner in den Mietvertrag eintreten (s. S. 22, 86 f.).

Einen **Mustervertrag** für die nichteheliche Lebensgemeinschaft erhalten Sie über die »Kester-Haeusler-Stiftung«, Wolfratshauser Str. 80, 81379 München.

Besondere Probleme in einer nichtehelichen Lebensgemeinschaft bestehen auch für den Fall, daß man sich über die **Rückzahlung der Kaution** nicht einigt. Die Kaution können nur beide Mieter gemeinsam geltend machen. Gleiche Rechtsprobleme ergeben sich auch für eingebaute Gegenstände in den Mieträumen. Oftmals ist es problematisch zu entscheiden, wem die Gegenstände zustehen.

Was sind Kettenmietverträge?

Zweck und Zulässigkeit

Bei den Ausführungen zu langfristigen Mietverträgen muß auch das Problem der Kettenmietverträge erwähnt werden. **Kettenmietverträge** werden von Vermietern oftmals dann vereinbart, wenn sie nicht aufgrund eines langfristigen Vertrages den langen Kündigungsfristen, die aufgrund der Dauer des

Vertrags immer länger werden, unterworfen werden wollen. Manche Vermieter vereinbaren dann zum Beispiel jedes Jahr einen neuen Mietvertrag. In einem solchen Fall spricht man von Kettenmietverträgen, die für das gleiche Mietobjekt mehrfach abgeschlossen werden. Die Rechtsprechung geht davon aus, daß solche Kettenmietverträge **nicht sittenwidrig** sind.

Das Optionsrecht auf Verlängerung des Mietvertrages

Unter Optionsrecht verstehen wir die einseitige Möglichkeit für den Mieter oder Vermieter, durch **einseitige Erklärung** die **Verlängerung** des **Mietvertrags** auf eine bestimmte Zeit zu verlangen. Vereinbart werden muß im Rahmen des Mietvertrages, bis wann die Option auszuüben ist. Die **Option bedeutet**, daß der Mietvertrag zu den bisherigen Bedingungen weiterläuft, falls nicht in der Optionsvereinbarung irgendeine Veränderung einer vertraglichen Bestimmung für die Optionszeit getroffen wurde. Besser als das Optionsrecht ist für den Vermieter das sogenannte **»Vormietrecht«**.

Wichtig

Im Mietvertrag muß auf jeden Fall geregelt werden, in welcher **Form** das Optionsrecht auszuüben ist. Es muß eine Regelung darüber enthalten sein, wie viele Monate vor Beendigung des Mietvertrages und in welcher Form (schriftlich) die Option gegenüber Vermieter oder Mieter geltend gemacht werden muß.

Das Vormietrecht (= Recht des bisherigen Mieters auf Eintritt in einen neuen Mietvertrag)

Sinn und Zweck

Eine interessante Variante und in der Praxis weitgehend unbekannt ist das sogenannte Vormietrecht. Das **Vormietrecht** gibt, ähnlich dem Vorkaufsrecht, dem **Mieter** das **Recht**, in einen vom Vermieter mit einer dritten Vertragspartei abgeschlossenen **Mietvertrag einzusteigen**. Der Vermieter ist verpflichtet, dem Mietinteressenten den neuen Mietvertrag sofort mitzuteilen. Der Mietinteressent hat dann analog zu § 510 Abs. 2 BGB das Recht, innerhalb von einer Frist von zwei Monaten in diesen Mietvertrag einzutreten. Der Vermieter muß also **zwei** wichtige **Voraussetzungen** berücksichtigen. Verhandelt er mit einem neuen Mietinteressenten und schließt er dann mit diesem einen Mietvertrag ab, muß er im Rahmen des Mietvertrages darauf hinweisen, daß der Mietvertrag nur unter der Bedingung geschlossen wird, daß der bisherige Mieter nicht das Vormietrecht geltend macht. Eine **Klausel** könnte folgendermaßen lauten:

»Die Parteien sind sich einig, daß der bisherige Mieter der Mietfläche ein Vormietrecht hat und nach Kenntnis des Vertrages von dem Eintrittsrecht Gebrauch machen kann. Der Vermieter ist verpflichtet, den hier abgeschlossenen Vertrag sofort dem bisherigen Mieter vorzulegen, und verpflichtet sich des weiteren, dem Mietvertragspartner innerhalb der Zweimonatsfrist mitzuteilen, ob der bisherige Mieter von seinem Eintrittsrecht Gebrauch gemacht hat. In diesem Fall tritt die auflösende Bedingung des Vertrages ein, daß der Vertrag mit allen Rechten und Pflichten aufgehoben wird und keinerlei gegenseitige Ansprüche bestehen.«

Hinweis

Das **Vormietrecht** ist eine **hervorragende Alternative** zur Option für den Vermieter. Die meisten Mieter und Vermieter kennen den Begriff des Vormietrechts nicht und verwenden in Unkenntnis der Bedeutung des Vormietrechts immer wieder den Ausdruck »Option«, wodurch sie sich an eine lange Vertragsdauer mit dem gleichen Vertragstext binden. Von seiten des Mieters ist natürlich der Begriff Option besser, soweit im Mietvertrag die Klausel enthalten ist, daß der Mieter eine Option geltend machen kann und dann das Mietverhältnis mehrmals zu gleichen Bedingungen verlängert wird. Für den Vermieter kann eine Option sehr schlecht sein, weil er sich auf eine lange Zeit dadurch bindet, ohne die wirtschaftliche Entwicklung eines Mietobjekts zu kennen.

Der Wohngemeinschafts-Mietvertrag

Mietermehrheit, Pflichten

Große Probleme bereiten Mietermehrheiten, insbesondere die **Wohngemeinschaften**. Die Rechtsprechung geht davon aus, daß bei Wohngemeinschaften die Mitglieder wenigstens dazu verpflichtet sind, den jeweiligen Wechsel der Bewohner dem Vermieter mitzuteilen (LG Karlsruhe, WM 1985, S. 83). Wohngemeinschaften in der Form, daß die Mieter jederzeit das Mietverhältnis verlassen können, sind äußerst gefährlich, da der Vermieter nie genau weiß, wer eigentlich sein Mietvertragspartner ist, und Kündigungen und Mieterhöhungen kaum möglich sind, weil die Namen der Mietvertragspartner oftmals nicht so schnell zu erfahren sind, wie die Mitglieder der Wohngemeinschaften wechseln. Aus diesem Grund **empfiehlt** sich **dringend**, in derartigen Mietverträgen ausdrücklich den **Wechsel** der Mieter **auszuschließen**.

Muß bei Mieterwechsel der Vermieter zustimmen?

Bezüglich der Wohngemeinschaften gilt, selbst wenn im Vertrag vereinbart worden ist, daß ein Mieteraustausch zulässig ist, daß der Vermieter über die Person des jeweils neuen Mieters informiert werden muß. Des weiteren wird teilweise von der Rechtsprechung gefordert, daß neben der Information auch bezüglich des neuen Mieters noch die Zustimmung des Vermieters eingeholt werden muß (LGHamburg, WM 1985, S. 82). Zieht also ein Mieter in einem solchen Fall ein, ohne den Vermieter zu fragen, kann der Vermieter auch noch nachträglich seine Zustimmung verweigern, weil auf dieser Basis kein Vermieter einen Mieter akzeptieren muß.

Der Mietaufhebungsvertrag

Der Mietaufhebungsvertrag ist eine **Alternative** zur fristlosen oder ordentlichen **Kündigung** eines Mietvertrages. Im Rahmen eines Mietaufhebungsvertrages vereinbaren die Parteien die außerordentliche Aufhebung des Mietvertrages innerhalb der Mietvertragslaufzeit.

Empfehlung

Empfehlenswert ist es, die Aufhebung unter der Bedingung zu formulieren, daß die Pflichten, die der Mieter oder Vermieter wünscht, Voraussetzung zur Aufhebung des Mietvertrages sind. Folgende Musterformulierungen wären möglich:

Mieter

»Der Mieter stimmt einem Mietaufhebungsvertrag unter der Bedingung zu, daß bei Auflösung des Mietvertrages eine Abfindung in Höhe von EUR... vor Auszug aus dem Mietobjekt bezahlt

wird. Wird die Abfindungssumme nicht bezahlt, dann kann der Mieter wahlweise entscheiden, ob die Aufhebung des Mietvertrages in Betracht kommen oder ob nach wie vor der Mietvertrag mit allen Rechten und Pflichten gelten soll.«

Vermieter

»Der Vermieter vereinbart mit dem Mieter einen Aufhebungsvertrag unter der Bedingung, daß folgende Bestimmungen eingehalten werden:

1. *Vertragsgemäße Rückgabe der Mietsache.*
2. *Ordnungsgemäße Erfüllung der Schönheitsreparaturenverpflichtung.*
3. *Beseitigung aller Schäden.*
4. *Vollständige Räumung des Mietobjekts.*
5. *Entfernung aller Einrichtungen/Einbauten und Wiederherstellung der Mietsache in den ursprünglichen Zustand.*

Nur unter der Bedingung, daß diese Bestimmungen eingehalten werden, wird der Mietvertrag zum ... aufgehoben. Bei Streitigkeiten über die Frage, ob die genannten Punkte eingehalten wurden, behält der Vermieter sich vor, einen Sachverständigen der Industrie- und Handelskammer hinzuzuziehen. Stellt der Sachverständige fest, daß die Bestimmungen nicht erfüllt wurden, trägt die unterliegende Partei die Kosten des Sachverständigen.«

Bietet der Vermieter oder der Mieter einen **Mietaufhebungsvertrag** an und **schweigt** eine der Parteien auf das Angebot, so gilt das Schweigen nicht als Annahme des Vertrages, sondern als Ablehnung (LG Berlin, GE 1990, S. 3317). Der Mietaufhebungsvertrag bedarf nicht der Form des § 550 BGB neu (früher § 566 BGB). Der Mietaufhebungsvertrag ist ein zweiseitiger, schuldrechtlicher Vertrag, der durch Angebot und Annahme zustande kommt.

Regelungen

Bei Mietaufhebungsverträgen ist dringend zu beachten, daß Fragen der **Schönheitsreparaturen**, des Verbleibs oder der Entfernung der **Einbauten** und **Einrichtungen** des Mieters und Vermieters geregelt werden. Zu beachten ist auch, daß, wenn der Nachmieter in den Mietaufhebungsvertrag mit aufgenommen wird und keine Regelung über Einbauten, Einrichtungen oder Schönheitsreparaturen des alten Mieters getroffen worden sind, die kurze Verjährungsfrist dann auch gegenüber dem Nachmieter gilt und keinerlei Ansprüche aus dem alten Mietvertrag wegen Einbauten, Umänderungen der Mietsache, Einrichtungen, Schäden bzw. Schönheitsreparaturen gegen den Nachmieter bestehen. Der **aktuelle Zustand** der **Räume**, die an den Nachmieter vermietet werden, sollte deswegen genauestens festgestellt werden.

2. Was versteht man unter Sozialwohnungen?

Allgemeines

Von **sozialem Wohnungsbau** oder **Sozialwohnungen** spricht man, wenn der Bauherr der Wohnungen für die Herstellung **verbilligte »öffentliche Fördermittel«** zur **Finanzierung** der Wohnungen in Anspruch nimmt. Die Wohnungen, die auf diesem Wege errichtet werden, unterliegen im Gegensatz zum frei finanzierten Wohnungsbau einer sogenannten **Preisbindung**, d. h., der Eigentümer einer solchen Wohnung darf höchstens eine

kostendeckende Miete, die sogenannte Kostenmiete verlangen. Maßgebliches Gesetz für den Bereich des sozialen Mietrechts ist das Wohnungsbindungsgesetz. Aber nicht nur hinsichtlich des Mietzinses, auch bei der **Belegung** der Sozialwohnung ist der Eigentümer beschränkt. So dürfen Sozialwohnungen nur an wohnberechtigte Personen überlassen werden. Wohnberechtigt ist ein Mieter dann, wenn er einen **Wohnberechtigungsschein** hat und die in dieser Bescheinigung angegebene Wohnungsgröße bei Vermietung nicht überschritten wird. Da Sozialwohnungen besonders günstig sind, erhalten grundsätzlich nur **minderverdienende Personen** einen Wohnberechtigungsschein. Der Wohnberechtigungsschein wird in der Regel erteilt, wenn der Antragsteller eine bestimmte Einkommensgrenze nicht überschreitet.

Was ist, wenn der Mieter die Einkommensgrenze überschreitet?

Der Mieter, der einmal aufgrund eines Wohnberechtigungsscheins eine Sozialwohnung bezogen hat, braucht die Wohnung **nicht** zu **räumen**, wenn er später ein höheres Einkommen erzielt, wonach er eigentlich keinen Wohnberechtigungsschein mehr erhalten würde. Aber in einigen Bundesländern wird vom Mieter, der nun ein höheres Einkommen erzielt, eine sogenannte **Fehlbelegungsabgabe** gefordert.

Höhe und Dauer der Fehlbelegungsabgabe

Die Höhe dieser Fehlbelegungsabgabe richtet sich nach den festgelegten Einkommensgrenzen. Da es Sache der einzelnen Bundesländer ist, die Höhe der Fehlbelegungsabgabe zu regeln, stößt man von Bundesland zu Bundesland auf verschieden hohe Fehlbelegungsabgaben. Die **Fehlbele-**

gungsabgabe wird jeweils für die Dauer von **drei Jahren festgesetzt**. Nach Ablauf dieses Zeitraumes erfolgt wieder eine Prüfung der Einkommensverhältnisse, die gegebenenfalls zu einer Steigerung oder Minderung der Fehlbelegungsabgabe führen kann.

Wie berechnet sich der Mietpreis bei Sozialwohnungen?

Um die sogenannte Kostenmiete für Sozialwohnungen zu ermitteln, sind zunächst die **Kosten**, die zur **Deckung der laufenden Aufwendungen** erforderlich sind, festzustellen. Unter laufenden Aufwendungen versteht man die Kosten für **Fremd-** und **Eigenkapital** sowie die **Bewirtschaftungskosten** (Abschreibung, Verwaltungskosten, Betriebskosten, Instandhaltungskosten und Mietausfallrisiko). Im Anschluß an diese Ermittlung erfolgt eine sogenannte **Wirtschaftlichkeitsberechnung**, die von der Bewilligungsstelle überprüft wird. Aufgrund der Wirtschaftlichkeitsberechnung legt die Bewilligungsbehörde eine Durchschnittsmiete fest, die als Grundlage für die Einzelmieten dient. Für die **Festlegung** der **Einzelmiete** kommt es dann auf die Ausstattung und Lage der einzelnen Wohnungen an. Hierbei sind besonders die Größe, die Lage, die Ausstattung, der Zuschnitt und der Wohnwert in angemessener Art und Weise zu berücksichtigen. Neben der so **ermittelten Miete** ist der Vermieter auch berechtigt, besondere Zuschläge zu erheben. Solche Zuschläge sind:

Zuschläge zur Miete

- *Zuschlag für die Benutzung zu anderen als zu Wohnzwecken*
- *Zuschlag für die Vermietung von Wohnraum*
- *Zuschlag wegen Ausgleichszahlungen nach § 7 Wohnungsbindungsgesetz*
- *Zuschlag zur Deckung erhöhter laufender Aufwendungen, die nur für einen Teil der Wohnungen des Gebäudes oder derWirtschaftseinheit entstehen*
- *Zuschlag für Nebenleistungen des Vermieters, die nicht allgemein üblich sind oder nur einzelnen Mietern nutzen*

Ändern sich bei Wohnungen die einzelnen Eigenschaften, so kann eine Neuberechnung der Einzelmieten erforderlich werden.

Checkliste für den Sozialmieter

Da das **Sozialmietrecht** äußerst **kompliziert** ist, können sehr leicht Fehler unterlaufen. Um nicht unnötige Nachteile in Kauf zu nehmen, sollte der Sozialmieter **folgende Punkte** prüfen.

- Verlangt der Vermieter **mehr als die Kostenmiete**?
- Sind die Kosten für **Eigenkapitalverzinsung, Verwaltung, Abschreibung** usw. in richtiger Höhe angesetzt?
- Sind die **Instandhaltungskosten** richtig festgelegt? (Besonders dann zu prüfen, wenn der Mieter kleine Instandhaltungen selber tragen muß.)
- Sind die erhobenen **Zuschläge** berechtigt?
- Es ist **keine Mieterhöhung** zulässig, die auf Umständen beruht, die der Vermieter zu vertreten hat. Besonders zu beachten bei

Mieterhöhungen nach Umfinanzierungen, Vermieterwechsel usw.!
- Hat die Bewilligungsstelle der **Modernisierung** der Wohnung zugestimmt?
- Dem Vermieter steht für die **Abrechnung der Betriebskosten** eine Frist von neun Monaten zu; ist diese eingehalten worden? Wenn nicht, kann der Mieter die Betriebskostenvorauszahlungen zurückhalten.
- Wurde, nachdem eine Sozialwohnung in eine Eigentumswohnung umgewandelt worden ist, vor der Mieterhöhung eine **neue Wirtschaftlichkeitsberechnung** erstellt?
- Hat der Vermieter nach Zinssenkungen auch die **Miete gesenkt**? Zuviel gezahlte Miete kann zurückgefordert werden. Beachten Sie die Verjährungsfrist von vier Jahren seit der jeweiligen Mietzahlung.
- Wurde für die Vermittlung einer Sozialwohnung **unzulässigerweise Provision** verlangt, so kann diese innerhalb eines Jahres zurückgefordert werden.

III. Mietvertragsabschluß und Mietvertragsinhalt

1. Welche Gesetze sind besonders zu beachten?

Das Bürgerliche Gesetzbuch (BGB)

Zwingendes und nachgiebiges Recht

Für einen Mietvertrag sind eine Fülle von Gesetzen maßgebend. In erster Linie wird das **Bürgerliche Gesetzbuch** (BGB) zu beachten sein (§§ 535 ff. BGB). Hier ist besonders darauf hinzuweisen, daß wir sogenanntes zwingendes und nachgiebiges Recht kennen. Unter zwingendem Recht verstehen wir Gesetze, die durch Mietvertrag oder eine sonstige Vereinbarung zuungunsten des Mieters nicht abgeändert werden können, wie beispielsweise das gesamte soziale Kündigungsschutzrecht. Zumeist wird im Gesetz sogar darauf hingewiesen, daß eine Abänderung der Bestimmung im Wohnraummietrecht nicht zulässig ist, wie beispielsweise die §§ 573 Abs. 4, 573 b Abs. 5, 573 d Abs. 3 BGB.

Die sogenannte **Privatautonomie** (das Recht, Verträge inhaltlich abzuschließen, wie man sie will) ist im **Wohnraummietrecht eingeschränkt**. Dies gilt insbesondere in ganz starkem Maße dort, wo die Wohnungen mit öffentlichen Geldern gebaut werden (siehe unter Vertragsarten, Sozialwohnungen).

Mietrecht in den neuen Bundesländern

Welches Recht ist anwendbar?

In den Überleitungsvorschriften des neuen Mietrechtsreformgesetzes enthält § 2 einen ausdrücklichen Hinweis darauf, daß Mietverhältnisse aufgrund von Verträgen, die vor dem Wirksamwerden des Beitritts geschlossen worden sind, sich ab dem 3.10. 1990 nach den Vorschriften des Bürgerlichen Gesetzbuches richten. Ausdrücklich wird allerdings nach wie vor die Anwendbarkeit von § 573 Abs. 2 Nr. 3 des Bürgerlichen Gesetzbuches ausgeschlossen. Der Vermieter kann sich auf den Kündigungsgrund wegen mangelnder wirtschaftlicher Verwertbarkeit nicht berufen.

Besonderheiten

Eine Besonderheit liegt für die vor dem 3.10. 1990 abgeschlossenen Mietverträge darin, daß nach § 23 des Gesetzes über die Inkraftsetzung von Rechtsvorschriften der Bundesrepublik Deutschland in der DDR vom 21.6. 1990 das BGB schon auf die bereits ab dem 1.7. 1990 abgeschlossenen **Formularmietverträge** anzuwenden ist. Der Stichtag 3.10. 1990 muß hier bei Formularmietverträgen auf den 1.7. 1990 hinsichtlich der Überprüfbarkeit nach dem Gesetz über die allgemeinen Geschäftsbedingungen vorverlegt werden.

Fehlende staatliche Zuweisungen

Nach § 99 Satz 1 und § 68 Abs. 1 des Zivilgesetzbuches der DDR (ZGB) war für die **Wirksamkeit eines Mietverhältnisses zu DDR-Zeiten** die **staatliche Zuweisung** notwendig. Um den Vertrag wirksam zu machen, war ein wirksamer Vertragsabschluß Voraussetzung. Fehlte es an einer der beiden Voraussetzungen, so war nach altem DDR-Recht der Mietvertrag nichtig. Allerdings kann die **Nichtigkeit** dadurch **geheilt** worden sein, daß der Vertrag nachträglich nach § 141 BGB nach dem 3.10. 1990 durch Bestätigungshandlungen bestätigt wurde. Sofern kein schriftlicher Mietvertrag abgeschlossen wurde, ist zu überprüfen, ob ein stillschweigendes Mietverhältnis abgeschlossen worden ist.

Mietverträge durch staatliche

Soweit dem Eigentümer durch **zwangsweise Verwaltung** und **Enteignung** die Befugnis über

Wohnungsverwaltungen

sein Eigentum entzogen worden war, nahmen in der ehemaligen DDR die staatlichen Wohnungsverwaltungen die Vermietungen vor und erscheinen deshalb auch im Mietvertrag als Mietvertragspartner. Mit Rückübertragung des Grundstücks an den Eigentümer bzw. mit Auflösung der staatlichen Zwangsverwaltung treten die Eigentümer in das existente Mietverhältnis ein, wobei die Rückübertragung nicht ausreichend ist, sondern die **Eintragung** im **Grundbuch** notwendig ist. Gemäß § 17 Satz 1 Vermögensgesetz ändert sich nämlich am bestehenden Mietverhältnis durch die Rückübertragung nichts (Kreisgericht Genthien, WM 1992, S. 300).

Eine Ausnahme ist allerdings dann gegeben, wenn der Mieter **unredlich** das Mietverhältnis erworben hat (§ 17 Satz 2, § 4 Abs. 2, § 3 des Vermögensgesetzes). Ein Sonderfall liegt vor, wenn der Eigentümer privat die staatliche Wohnungsverwaltung mit der Vermietung beauftragt hatte und diese nach außen im Mietvertrag als Vermieter aufgetreten ist, ohne auf die Vertretungstätigkeit hinzuweisen. In einem solchen Fall dürfte kein wirksamer Mietvertrag zu DDR-Zeiten zustande gekommen sein. Allerdings könnte eventuell ein Mietvertrag durch schlüssiges Verhalten dadurch entstanden sein, daß der ehemalige Eigentümer sich die Mietzahlungen überweisen ließ und den Mieter in dem Mietobjekt duldete.

Wichtig

Die Ausführungen haben an sich schon einen historischen Charakter. Allerdings ist das ehemalige DDR-Recht für die sog. Altverträge – Wohnraummietverträge, die vor dem 3. 10. 1990 abgeschlossen wurden – in drei Punkten bedeutsam:

1. Kündigungsfristen

Hier tendiert die Rechtsprechung dazu, die in den Altverträgen vereinbarten 14 Tage Kündigungsvorschrift für Verträge, die vor dem 3.10. 1990 abgeschlossen worden sind, als wirksam zu sehen.

2. Schönheitsreparaturen

In alten DDR-Mietverträgen waren die Schönheitsreparturen oftmals Pflicht des Vermieters. Diese Pflicht bleibt aufgrund der vertraglichen Regelung weiterhin bestehen.

3. Ehepartner, auch wenn nicht im Mietvertrag genannt, wurden die Ehepartner immer Mietvertragspartner. Dies galt auch, wenn nach dem 3.10. 1990 die Ehe geschieden wurde. Diese Regelung ist wichtig für die Frage der Zustellung von Kündigungen, Mieterhöhungen und rechtsgestaltenden Erklärungen an den Ehepartner, der nicht Mietvertragspartner ist.

Sehr wichtig!

4. Mietverträge, die vor dem 3.10. 1990 abgeschlossen wurden, oder Objekte, die zum 3.10. 1990 Wohnobjekte waren, unterlagen bis zum 1.1. 1998 der **Mietpreisbindung**. Oftmals haben Vermieter gerade in der Zeit nach dem 3.10. 1990 erhöhte Mieten verlangt. Der Mieter kann jedoch verlangen, daß die Miete nachträglich berechnet wird. Auch bei Modernisierungsarbeiten kann der Mieter verlangen, daß ihm die Modernisierungsumlagen und die Mietpreisberechnung nach der 1. und 2. Grundmietverordnung vorgelegt werden. Der Mieter hat eventuell enorme Rückforderungsansprüche im Wohnraummietrecht aus zuviel gezahlten Mieten in diesem Bereich.

Zweckentfremdungsverbot (Verbot, Wohnraum als Gewerberaum zu vermieten, bzw. Verbot des Leerstehenlassens von Wohnraum)

Viele Mieter und Vermieter übersehen, daß nach Art. 6 des Gesetzes zur Verbesserung des Mietrechts und zur Begrenzung des Mietanstiegs sowie zur Regelung von Ingenieur- und Architektenleistungen, geändert durch das Gesetz zur Erleichterung des Wohnungsbaus im Planungs- und Baurecht, sowie zur Änderung mietrechtlicher Vorschriften (Wohnungsbauerleichterungsgesetz), die Vermietung von Wohnraum als **Gewerberaum**, der **Leerstand**, der **Abbruch** oder die **Nutzung** zu anderen als Wohnzwecken unzulässig ist, wenn ein entsprechendes **Zweckentfremdungsverbot** durch die Landesrechtsverordnung in Kraft gesetzt worden ist. Hintergrund des Art. 6 ist, daß die Versorgung der Bevölkerung mit ausreichendem Wohnraum zu angemessenen Bedingungen in Gemeinden mit nicht ausreichendem Wohnraum gewährleistet sein soll. Folgende Länder haben das **Zweckentfremdungsverbot** erlassen:

Berlin	(Gesetz- und Verordnungsblatt 1973, S. 421, geändert 1990, S. 627)
Nordrhein-Westfalen	(zuletzt im Gesetz- und Verordnungsblatt 1990, S. 251)
Hessen	(im Gesetz- und Verordnungsblatt I 1972, S. 19, geändert im Gesetz- und Verordnungsblatt I 1991, S. 360)
Bremen	(Gesetz- und Verordnungsblatt 1989, S. 436)
Baden-Württemberg	(Gesetz- und Verordnungsblatt 1990, S. 241)
Schleswig-Holstein	(Gesetz- und Verordnungsblatt 1990, S. 128, befristet bis 31. 12. 1994)

Hamburg	(Gesetz- und Verordnungsblatt I 1971, S. 223)
Niedersachsen	(Gesetz- und Verordnungsblatt 1992, S. 152, geändert 1991, S. 276)
Bayern	(Gesetz- und Verordnungsblatt 1992, S. 278)
Thüringen	(Gesetz- und Verordnungsblatt 1992, S. 170)
Sachsen	(Gesetz- und Verordnungsblatt 1991, S. 411)
Sachsen-Anhalt	(Zweckentfremdungsverbot von 1995 wurde 1999 wiederaufgehoben).

Wichtig ist in diesem Zusammenhang der Begriff **»Wohnraum«**, weil gerade für die **neuen Bundesländer** entscheidend ist, ob der Wohnraum überhaupt bewohnbar war oder aus Gründen der Lage, Größe, des Schnittes und Umweltbelastung nur mit unzumutbaren Aufwänden bewohnbar gemacht werden kann. Man muß davon ausgehen, daß beispielsweise Wohnraum, bei dem ein bauordnungswidriger Zustand herrscht, nicht als Wohnraum im Sinne der Zweckentfremdungsverordnung zu bewerten ist.

Welche Folgen hat der Verstoß gegen das Zweckentfremdungsverbot?

Ein gegen das Zweckentfremdungsverbot verstoßender Mietvertrag ist **nicht nichtig**. Der gewerbliche Mietvertrag leidet jedoch unter einem **Rechtsmangel**. Dieser Rechtsmangel berechtigt den Mieter, die in Betracht kommenden Ansprüche wie Mietminderung und Schadensersatz geltend zu machen oder gegebenenfalls eine fristlose Kündigung auszusprechen.

Empfehlung

Der Mieter wie der Vermieter ist bei einem Mietvertrag über Gewerberaum, der ein Wohnobjekt betrifft und gegen ein Zweckentfremdungsverbot verstößt, permanenten **Bußgeldanordnungen** der Behörde (bis zu 50.000 EUR) ausgesetzt. Zudem können sich nicht nur für Vermieter derartiger als Gewerberaum vermieteter Wohnräume Schadensersatzansprüche ergeben, sondern auch für die Vermittler und Verwalter, die derartige Mietverträge abschließen. Es empfiehlt sich daher dringend, vor Abschluß eines Mietvertrages über Gewerberaum in einem Wohnobjekt bei der zuständigen Behörde zu erfragen, ob in der Gemeinde ein Zweckentfremdungsverbot existiert und ob seit Bestehen des Zweckentfremdungsverbotes die Räume ohne Unterbrechung gewerblich genutzt worden sind.

Bauliches Nutzungsverbot

Empfehlung

Problematisch kann ein Mietvertrag werden, wenn ein sogenanntes **bauliches Nutzungsverbot** besteht. Dies könnte beispielsweise dann der Fall sein, wenn Räume baurechtlich ausschließlich als Gewerberäume ausgewiesen wurden und der Vermieter die Räume ohne Genehmigung der Behörden zu Wohnraum umgestaltet. Soweit Zweifelsfragen auftauchen, empfiehlt es sich, bei den zuständigen Behörden Erkundigungen darüber einzuholen, ob baurechtlich die gewünschte Nutzungsart genehmigt ist. Ist die Nutzungsart baurechtlich nicht genehmigt, dann liegt ein Rechtsfehler vor. Der Vertrag ist zwar wirksam, es ergeben sich aber die Rechtsfolgen eines Rechtsmangels: Die Ansprüche auf Minderung, Schadensersatz, das Zurückbehaltungsrecht von Miete, gegebenenfalls das Recht der fristlosen Kündigung, können sich demzufolge für den Mieter ergeben.

Sanierungsgebiet

Langfristige Mietverträge bedürfen in Sanierungsgebieten gem. § 172 Baugesetzbuch der **Genehmigung** durch die **Gemeinden**. Ist die Genehmigung nicht erteilt worden, ist der Vertrag nicht nichtig, sondern schwebend unwirksam. Das Fehlen der Genehmigung ist ebenfalls ein Rechtsmangel mit der Konsequenz, daß die Ansprüche auf Mietminderung, Schadensersatz oder ein Zurückbehaltungsrecht geltend gemacht oder die fristlose Kündigung erklärt werden kann, solange die Genehmigung nicht erteilt wird.

Denkmalschutz

Empfehlung

Gerade für Gewerberaummieter, aber auch für Wohnraummieter kann die Frage, ob sich die Gewerbeeinheit oder die entsprechende Mietwohnung in einem Anwesen befindet, welches dem Denkmalschutz unterliegt, wichtig sein. Für die Frage der baulichen Veränderungen müssen dann immer besondere **Genehmigungen** eingeholt werden bzw. entscheidet die Denkmalschutzbehörde oftmals bei der Art und Weise der Fenster-, Fassaden- sowie Farbgestaltung und Innenausbauten mit. Falls die Befürchtung besteht, daß die vermietete Einheit dem Denkmalschutz unterliegt, empfiehlt es sich, eine entsprechende Auskunft bei der zuständigen Denkmalschutzbehörde einzuholen.

Die fehlende denkmalschutzrechtliche Genehmigung für die vom Vermieter zugesagten baulichen Änderungen hat nicht zur Folge, daß der Mietvertrag nichtig ist, jedoch ergeben sich erhebliche Rechtsfolgen aus diesem Rechtsmangel, wie der Anspruch auf Mietminderung, Schadensersatz, das Zurückbehaltungsrecht oder das Recht zur fristlosen Kündigung.

Haustürwiderrufsgesetz

Ist das Haustürwiderrufsgesetz auf Mietverträge grundsätzlich anwendbar?

Das Haustürwiderrufsgesetz soll einen **Schutz** davor bieten, daß Besucher nicht **unaufgefordert** den Mieter oder Vermieter aufsuchen und Verträge abschließen, die später bereut werden. Derartige Überraschungstaten werden geschützt durch das Haustürwiderrufsgesetz. Das Haustürwiderrufsgesetz ist auch im Mietrecht **anwendbar**. Dies entspricht dem mit dem Haustürwiderrufsgesetz beabsichtigten Zweck, nämlich Mieter vor Überraschungen und Überrumpelungen zu schützen. Wie die Vereinbarung, auf die sich der Mieter und Vermieter berufen, inhaltlich getroffen wird, ist egal. Es kann sich um eine Anfertigung eines neuen Mietvertrags, um eine Reduzierung oder Erhöhung der Miete oder ähnliches handeln. Der Vertragspartner, der einen Überraschungsvertrag zu Hause oder an der Arbeitsstelle unterzeichnet hat, kann den Vertrag **innerhalb** der **gesetzlichen Frist** nach § 1 Abs. 1 Haustürwiderrufsgesetz i. V. m. § 361 a BGB (zwei Wochen) widerrufen. Die Frist beginnt allerdings erst zu laufen, wenn über das Widerrufsrecht belehrt wurde.

2. Wie kommt der Mietvertrag zustande?

Angebot und Annahme

Der **Abschluß** eines **Mietvertrages** setzt zwei übereinstimmende Willenserklärungen voraus, nämlich Angebot zum Abschluß eines Mietvertrages seitens des Vermieters und Annahme zum Abschluß des Mietvertrages seitens des Mieters. Es gelten hier die allgemeinen Voraussetzungen für Willenserklärungen. Das Angebot und die Annahme müssen praktisch deckungsgleich sein. Enthält die Annahme eine Reduzierung des Angebots oder mehr als das Angebot, so ist die Annahme als Ablehnung anzusehen, und die Erklärung, die der Mieter z.B. auf ein Angebot abgibt, ist dann als neues Angebot zu sehen (§150 Abs.2 BGB). Inhaltlich ist für den Vertragsabschluß **nicht wichtig,** daß man sich über **sämtliche Nebensächlichkeiten** geeinigt hat.

Verspätete Mietvertragsannahme – Mietvertragsangebot unwirksam

In der Praxis werden die Rechtsfolgen der §§147ff BGB oft verkannt. Der in Anwesenheit gemachte Antrag auf Abschluß eines Mietvertrages kann nur **sofort** angenommen werden. Dies gilt auch von einem mittels Fernsprecher von Person zu Person gemachten Antrag. Wichtig ist, daß der in Anwesenheit gemachte Antrag nur bis zu dem Zeitpunkt angenommen werden kann, in welchem der Antragende den Eingang der Anwort unter regelmäßigen Umständen erwarten darf. Im Klartext heißt dies, wenn ein Vermieter einen Mietvertrag unterzeichnet an den Mieter sendet (oder umgekehrt), dann kann das Mietvertragsangebot nur innerhalb der üblichen Zeit, die von der Rechtsprechung in fünf Tagen als gegeben angesehen wird, von dem anderen Vertragspartner angenommen werden. Geht also der Mietvertrag nach drei bis vier Wochen dem Mieter oder Vermieter zu, dann ist das Angebot unwirksam. Die Annahme ist ein **neuer Antrag auf Abschluß eines Mietvertrags.** Meist wird dieses Angebot wiederum nicht in der gleichen Frist angenommen bzw. überhaupt nicht angenommen, so daß ein wirksamer schriftlicher Mietvertrag nicht zustande kommt. Es taucht dann das Problem auf, ob durch schlüssiges Verhalten – Einzug oder Mietzahlung – ein Mietvertrag zustande kam, der mangels Schriftform jederzeit gekündigt werden kann.

Worüber muß man sich einigen?

Ausreichend ist bereits eine Einigung über die Überlassung **bestimmter Räumlichkeiten** zu Mietzwecken und zu einem **festgesetzten Mietzins** sowie daß das Mietverhältnis für eine **bestimmte Zeit** eingegangen wird. Ist einer der vorgenannten Punkte nicht voll ausgehandelt, so ist dennoch ein wirksamer Mietvertrag zustande gekommen, wenn das Mietverhältnis von allen unbedingt gewollt war. Hat man sich über die **Mietdauer** nicht geeinigt, so läuft das Mietverhältnis auf **unbestimmte Zeit**. Soweit keine Einigung über den Mietzins getroffen wurde, gilt der ortsübliche Mietzins als vereinbart.

Entscheidend ist, daß einzelne Regelungen bestimmbar sind und daß die Parteien bei Abschluß des Mietvertrags gewisse Nebenpunkte gar nicht regeln wollten.

Praxis

Die Rechtsprechung geht davon aus, daß im Zweifel durch den **Einzug** des Mieters ein **wirksamer Mietvertrag** gegeben ist. Wurde der Mietvertrag im Haus des Mieters abgeschlossen, ohne daß der Mieter den Vermieter vorher darum gebeten hat, kann gegebenenfalls auch das Haustürwiderrufsgesetz eine Rolle spielen (siehe auch Seite 67). Hat der Vermieter nach Abschluß des Mietvertrages **nicht** die **schriftliche Belehrung** gemäß § 2

Haustürwiderrufsgesetz getätigt, dann kann der Mieter sein Widerrufsrecht über Jahre hinaus geltend machen (§ 2 Haustürwiderrufsgesetz i. V. m. § 361a BGB). Dieses dürfte insbesondere dann zur Geltung kommen, falls der Vermieter überraschend in irgendeinem Mietshaus erscheint und Änderungen der Mietverträge bei den Mietern erreichen will. Anstelle des Haustürwiderrufsgesetzes könnte in einem solchen Fall auch die **Verletzung nebenvertraglicher Pflichten** gegeben sein und hierdurch sogar eine Schadensersatzverpflichtung des Vermieters aus Verschulden bei Vertragsabschluß oder Verletzung von vertraglichen Nebenpflichten begründet sein. Aus dieser Rechtsgrundlage heraus könnte der Mieter dann so gestellt werden, als hätte er die überraschende schnelle Vereinbarung nicht getroffen.

Form des Mietvertrages

Nach dem neuen § 550 BGB (früher § 566 BGB) muß ein Mietvertrag nach wie vor, soweit er auf eine längere Zeit als ein Jahr abgeschlossen worden ist, in **schriftlicher Form** abgeschlossen werden. Wird die Form nicht eingehalten, so gilt bei Wohnraum, daß die Kündigung frühestens zum Ablauf eines Jahres nach Überlassung des Wohnraums zulässig ist. Nachdem in dem neuen § 550 BGB der Gewerberaum hier nicht erwähnt wurde, kann man die Auslegung vertreten, daß bei **Gewerberaum**, falls die Schriftform nicht eingehalten wurde, die **Kündigung mit gesetzlicher Frist** möglich ist. Unglücklich dürfte auch die Regelung sein, daß § 550 BGB insgesamt im Kapitel Mietverhältnis über Wohnraum enthalten ist und in der Literatur die ersten Stimmen auftauchen, ob § 550 BGB überhaupt für Gewerberaummietverhältnisse gilt. Die Rechtsprechung wird hier erst eine Antwort geben müssen. Vorab sollte man davon ausgehen, daß § 550 BGB auch für Gewerberaummietverhältnisse gilt, weil ja auch die Extrahinweise auf Wohnraum in § 550 BGB bezüglich der Kulanzfristen darauf verweisen.

Vorkaufsrecht

Ist im Mietvertrag ein Vorkaufsrecht mit dem Mieter vereinbart worden, dann ist der gesamte Mietvertrag nichtig, **falls** das Vorkaufsrecht eine **wesentliche Bedingung** bei Abschluß des Mietvertrags darstellt. Bei dem Vorkaufsrecht handelt es sich um ein dingliches Recht, das im Grundbuch eingetragen werden muß. Nach der Rechtsprechung des Bundesgerichtshofes ist dann nicht nur ein Teil des Vertrages (Teil des Vorkaufsrechts) nichtig, sondern der gesamte Vertrag ist nichtig, soweit die Nichtigkeit nicht später durch Eintragung des Vorkaufsrechts im Grundbuch geheilt wurde.

Besonderheiten

Ist der Mietvertrag Teil eines Grundstücksgeschäftes, das insgesamt nach § 313 BGB beurkundet werden muß, dann muß auch der Mietvertrag mitbeurkundet werden.

Haben die Parteien mündlich vereinbart, daß der Mieter das Mietobjekt bezieht und daß man anschließend einen schriftlichen Mietvertrag abschließt, so haben der Vermieter und der Mieter einen klagbaren Anspruch auf Unterzeichnung eines Mietvertrages. Die Weigerung bedeutet nicht, daß kein Mietvertrag zustande gekommen ist, sondern es gilt ein mündlicher Mietvertrag. Die Weigerung des Mieters/Vermieters, einen derartigen schriftlichen Mietvertrag abzuschließen, der vereinbart war, kann dem Mieter/Vermieter ein Recht zur fristgemäßen Kündigung nach § 573 BGB (neu – früher § 564 b Abs. 2 Nr. 1 BGB) oder gegebenenfalls sogar zur fristlosen Kündigung nach § 543 BGB neu (früher § 554 a BGB) geben.

Formularverträge

Auf dem Markt ist eine **Vielzahl** von **Formularverträgen** verbreitet. **Gefährlich** sind die Formularverträge, die im Durchschreibeverfahren angeboten werden, weil hier eventuell gegen § 550 BGB neu (früher § 566 BGB) (Gebot der Schriftform und Einheitlichkeit der Urkunde) verstoßen wird. Dieses Problem ist, soweit ersichtlich, von der Rechtsprechung noch nicht erkannt worden. Sämtliche Formularmietverträge sind nach dem Gesetz über die allgemeinen Geschäftsbedingungen zu überprüfen.

Gefahren bei Formularverträgen

Die Gefahr bei allen Formularverträgen besteht darin, daß eine der Klauseln von der Rechtsprechung irgendwann einmal als **überraschende Klausel** oder als überaus **belastende Klausel** für **nichtig** angesehen wird. Gerade bei kniffligen Klauseln sollte daher eine eigene Formulierung gewählt werden. Man kann auch das **Gesetz über die allgemeinen Geschäftsbedingungen** (AGB-Gesetz) **nicht** dadurch **umgehen**, daß man die Verträge einzeln aus dem Computer ausdrucken läßt oder daß man die Verträge handschriftlich abfaßt. Das Gesetz über die allgemeinen Geschäftsbedingungen geht davon aus, daß auch Verträge, die mehrfach abgeschrieben werden oder mehrfach mit der Hand geschrieben werden, den Inhaltskontrollen nach dem AGB-Gesetz unterliegen (schon bei dreimaliger Verwendung setzt die Inhaltskontrolle ein).

Auch das schlichte Vorlesen des Formularvertrages bedeutet nicht, daß der Vertrag ausgehandelt wurde. Voraussetzung ist nämlich in der Rechtsprechung, daß der Verwender eine Abänderungsbereitschaft gezeigt hat. **Unklarheiten** in Formularmietverträgen gehen immer zu Lasten desjenigen, der den Formularvertrag vorgelegt hat. Sind einzelne Bestimmungen im Vertrag nicht ausgefüllt worden oder ist bei alternativen Vorschlägen nichts angekreuzt worden, so gilt zugunsten desjenigen, der den Vertrag nicht verwendet hat, daß die für ihn **günstigste Regelung** gilt. In der Praxis können wir dies oft feststellen bei Mietverträgen, in denen Schönheitsreparaturen enthalten sind und die folgenden Vermerk enthalten: *Schönheitsreparaturen trägt der Mieter/Vermieter.*

Ist in einem derartigen Fall vergessen worden, einen der beiden Begriffe auszustreichen, trägt die Schönheitsreparaturen der Vermieter. Eine brauchbare Aufstellung der unwirksamen und wirksamen Bestimmungen in Mietverträgen enthält die Broschüre »Unwirksame Mietvertragsklauseln«, die im Marian Buch- und Formularverlag, Postfach 11 14, 82058 Neuried, erschienen ist.

Wann ist ein Mietvertrag nichtig?

Wie jeder Vertrag unterliegt auch der Wohnraummietvertrag der Überprüfung durch das Gesetz nach verschiedenen Kriterien:

Sittenwidrigkeit

Ein Mietvertrag, der gegen die guten Sitten verstößt, kann nichtig sein (vgl. § 138 BGB). Die Sittenwidrigkeit muß sich nicht unbedingt auf den speziellen Wohnraummietvertrag beziehen. So ist die von manchen Vermietern geübte Praxis, sogenannte vorübergehende Nutzungsverträge abzuschließen, um das Wohnraummietrecht zu umgehen, sittenwidrig. In einem derartigen Fall wäre der kurzfristige Nutzungs- oder Überlassungsvertrag sittenwidrig und nichtig, und es würde an seine Stelle das tatsächlich Gewollte, nämlich der Wohnungsmietvertrag treten. Gleiches gilt für – um die sozialen Mietvorschriften zu umgehen – abgeschlossene Probemietverträge.

Wuchermiete (§ 302 a StGB/§ 5 Wirtschaftsstrafgesetzbuch)

Soweit im Rahmen eines Mietvertrages die Mietpreisbestimmung gegen die vorgenannten Wucherverbote verstößt, ist nicht der ganze Mietvertrag nichtig, sondern nur die **Mietpreisbestimmung**, und zwar in dem Rahmen, in dem sie über dem ortsüblichen Mietzins liegt.

Sozialwohnungen

Die Vermietung einer Sozialwohnung an einen Nichtberechtigten macht den Mietvertrag nicht nichtig.

Zweckentfremdung

Der Verstoß gegen die Zweckentfremdung, nämlich das Verbot, Wohnraum als Gewerberaum zu vermieten, macht den Mietvertrag nicht nichtig, weil es sich nicht um ein Schutzgesetz im Sinne des § 134 BGB handelt (OLG Köln, ZMR 1992, abgedruckt in DWW 1992, S. 7/8).

Fehlende Zustimmung der Eigentümergemeinschaft

Die Vermietung von Räumen in einer Eigentumswohnungsanlage, für die nach der Teilungserklärung die Zustimmung der Eigentümergemeinschaft notwendig ist und die ohne die Zustimmung erfolgt, bewirkt nicht die Nichtigkeit des Mietvertrages.

Anfechtung des Mietvertrages (§ 119 ff. BGB, § 123 BGB)

Der Mietvertrag kann, wie jeder andere Vertrag, auch wegen **Irrtums** (§ 119 ff. BGB) oder wegen **arglistiger Täuschung** (§ 123 BGB) angefochten werden. Derartige Anfechtungen kommen oft in Betracht, wenn der Mieter unrichtige Selbstauskünfte abgibt. Voraussetzung ist allerdings, daß die in der Selbstauskunft gestellten Fragen, z. B. im Wohnraummietrecht, überhaupt zulässig sind.

Die Nichtigkeit des Mietvertrages kann sich

auch daraus ergeben, daß offene **Einigungsmängel** vorliegen. Solange sich die Parteien nicht über alle Punkte eines Vertrages geeinigt haben, über die nach der Erklärung auch nur einer Partei eine Vereinbarung getroffen werden soll, ist im Zweifel der Vertrag nicht geschlossen (§ 154 Abs. 1 BGB). Die Rechtslage ist hier sehr kompliziert. Etwas anderes gilt, wenn die Parteien sich bei einem Vertrag, den sie als geschlossen ansehen, über einen Punkt in Wirklichkeit nicht geeinigt haben, dann gilt das vereinbarte, sofern anzunehmen ist, daß der Vertrag auch ohne eine Bestimmung über diesen Punkt geschlossen sein würde (§ 155 BGB).

Nach überwiegender Auffassung der Rechtsprechung gilt allerdings, daß eine Anfechtung oder ein Rücktritt **nur vor Beginn** des Mietverhältnisses möglich ist. Hat das Mietverhältnis begonnen, steht der Vertragspartei anstelle der Anfechtung oder eines Rücktritts nur die Kündigung zu. Das gilt ausdrücklich für das vertragliche Rücktrittsrecht nach § 570a BGB. Eine Anfechtung oder Rücktrittserklärung ist somit als eine Kündigung auszulegen.

3. Haftung für Verschulden bei Vertragsverhandlungen vor Abschluß des Vertrages (c. i. c.)

Wann liegt ein Verschulden vor?

Eine Haftung des Vermieters oder Mieters kann sich daraus ergeben, daß der Mieter/Vermieter die andere Partei in dem Glauben läßt, z. B. durch Verhandlungen über einen Vorvertrag, daß es zum Abschluß eines Mietvertrags kommt, obwohl die verhandelnde Vertragspartei längst mit einer anderen Partei einen Mietvertrag abgeschlossen hat oder eine feste Zusage gemacht hat.

Beispiele

Es liegt dann der gesetzlich nicht geregelte Tatbestand »culpa in contrahendo« vor. Nach diesem Rechtsinstitut, das im Gesetz nicht enthalten ist, sondern von der Rechtsprechung entwickelt wurde, hat **jeder Vertragspartner** die **Verpflichtung**, den anderen bei **Vertragsverhandlungen nicht** zu **schädigen**. So wäre z. B. ein **Schadensersatzanspruch** aus culpa in contrahendo gegeben, wenn ein Vertragspartner sich über die Aussichten und die Zielsetzungen eines Ladengeschäftes genau informiert und es dann aufgrund der »brandheißen« Informationen, die er von dem potentiellen Vertragspartner bekommen hat, selbst betreibt. Dies gilt insbesondere dann, wenn ein Weiterverhandeln vorliegt, obwohl z. B. längst mit einer Vertriebsfirma für die bestimmte Warengattung ein Vertriebsvertrag für das Ladengeschäft abgeschlossen wurde. Jegliche Art von vorvertraglicher Schädigung verpflichtet den Vertragspartner, der die Schädigung verursacht, zu Schadensersatz. Dies gilt insbesondere dann, wenn der eine Vertragspartner den anderen in dem Glauben läßt, es komme mit Sicherheit zu einem Vertragsabschluß, und dieser **Aufwendungen** macht, die er ohne diese Zusicherungen nicht gemacht hätte, z. B. wenn er die Ladeneinrichtung bestellt, Personal für das neue Geschäft anstellt oder sonstige Investitionen im Vertrauen auf den Abschluß des Vertrages tätigt. Die Haftung kann sich auch für eine dritte Person, die den Vertrag nicht abschließen will, ergeben. Dies gilt z. B. für einen Immobilienmakler oder Hausverwalter, der die andere Partei in dem Glauben läßt, daß es zum Vertragsabschluß kommen wird, obwohl er längst einem Dritten den Vertrag zugesagt hat.

Verletzung von Aufklärungspflichten

Die Haftung aus vorvertraglichem Verschulden ist auch dann gegeben, wenn der Vertragspartner **Aufklärungspflichten verletzt**, von denen er wußte, daß die andere Vertragspartei sie für wesentlich hielt, und bei deren Kenntnis die andere Vertragspartei den Vertrag nicht abgeschlossen hätte. So ist z. B. die Vermietung eines Ladengeschäftes, in dem für die gleiche Warengattung vor kurzem erst ein Räumungsverkauf durchgeführt wurde und in dem aus diesem Grund der Betreiber nicht mehr sofort die gleiche Warengattung verkaufen kann, ein aufklärungspflichtiger Tatbestand. Ebenso ist beispielsweise über die mangelnde Tragfähigkeit von Decken aufzuklären, wenn die Tragfähigkeit für den vom Mieter beabsichtigten Betrieb wesentlich ist. Selbstverständlich ist auch über eine aussichtslose Genehmigungssituation aufzuklären, beispielsweise wenn frühere Genehmigungen bereits abgelehnt wurden.

Beispiele

Die **Grenzen** sind hier sehr **schwer zu ziehen**, da sie immer vom Einzelfall abhängen. Es ist jedoch immer davon auszugehen, daß normalerweise jeder Vertragspartner von einem Vertrag Abstand nehmen würde, wenn ihm ein gewisser negativer Tatbestand bekannt wäre, und daher eine gewisse Aufklärungspflicht besteht, wobei es sich hier um spezifisch für das Mietobjekt notwendige Tatbestände handeln muß. Über **allgemeine Tatbestände**, die jeder sofort erkennen kann, ist **nicht** aufzuklären, wie z. B. laute Lage eines Mietobjektes, Lage nach einer bestimmten Himmelsrichtung, Teilvermietung eines Mietobjektes im Gewerbezentrum und damit mangelnder Kundenfluß. Wohl eine **aufklärungspflichtige Tatsache** ist aber der Beschluß der Eigentümergemeinschaft, gewisse Gemeinschaftsräume in einem Einkaufszentrum einzuschränken bzw. zu verändern, um damit die Kundenfluktuation völlig anders zu gestalten, oder zum Beispiel die Vermietung einer Wohnung zu einem günstigen Mietpreis, obwohl der Verwalter oder Makler bereits genau weiß, daß umfangreiche Modernisierungsmaßnahmen geplant sind und damit eine sehr hohe Mietpreissteigerung eintreten wird. Ebenso die Vermietung einer Wohnung mit, laut Werbung, traumhafter Aussicht, obwohl der Makler, Verwalter oder Vermieter genau weiß, daß schon die Baugenehmigung für eine umgrenzende Bebauung beantragt wurde und er selbst die entsprechenden Pläne unterzeichnet hatte. Hier ist es oftmals schwer, die Abgrenzung zu den Fällen der arglistigen Täuschung zu finden. Für den Mieter ist es entscheidend, daß er derartige, für ihn wichtige Tatbestände, die für ihn zum Abschluß des Mietvertrages unerläßlich sind, schriftlich dem Makler, Verwalter oder Vermieter vor Abschluß mitteilt, damit er später nicht in Beweisschwierigkeiten ist. Entscheidend für die Haftung des Dritten ist nach der Rechtsprechung, daß dieser in irgendeiner Form ein wirtschaftliches Interesse an dem Zustandekommen des Vertrages hatte (so BGH, DB 1975, S. 1694).

Die Haftung wegen Verschuldens bei Vertragsabschluß kann umgekehrt auch dahingehend eintreten, daß der eine Vertragspartner absichtlich irgendwelche **Gründe** nennt, um den anderen vom **Abschluß** des **Vertrages abzuhalten**. Dieser Fall wäre z. B. folgendermaßen zu konstruieren, daß sich die Parteien im Rahmen der vorvertraglichen Verhandlungen zum Abschluß des Vertrages völlig einig waren und z. B. der Vermieter plötzlich ein Angebot für einen höheren Mietzins erhält. Um nunmehr den Vertrag mit dem anderen Mieter zum höheren Mietzins abschließen zu können, behauptet er einfach, daß die Behörden für den bestimmten Gewerbezweig in diesen Räumen keine Nutzungsgenehmigung erteilen werden, obwohl er weiß, daß das Gegenteil der Fall ist. Ein anderer

Fall wäre, wenn der Hausverwalter im Rahmen der Vermietung laut Vermieterseite (z. B. einer Versicherungsgesellschaft) die Mieter nach gewissen Kriterien auszuwählen hat und dementgegen an einen anderen befreundeten Interessenten oder jemanden, der ihm eine höhere Provision verspricht, vermietet. Um den **Mietinteressenten** vom **Vertragsabschluß abzuhalten,** erklärt er im Rahmen der vorvertraglichen Verhandlungen, daß der Vermieter sich bereits für einen anderen Mieter entschieden hätte, obwohl er genau weiß, daß der Vermieter diesen Mietinteressenten auf jeden Fall genommen hätte. Auch in einem derartigen Fall ist eine Haftung des Hausverwalters oder Maklers wegen vorvertraglicher Pflichtverletzung gegeben.

4. Wegfall der Geschäftsgrundlage

Voraussetzungen und Rechtsfolgen

Ein von der Rechtsprechung entwickeltes Rechtsinstitut ist der sogenannte **Wegfall der Geschäftsgrundlage**. Vielfach meinen Mieter, insbesondere wenn die Geschäfte sehr schlecht gehen und sie dadurch die hohe Ladenmiete nicht mehr aufbringen können, daß sie sich über das Rechtsinstitut des Wegfalls der Geschäftsgrundlage aus dem Vertrag lösen können. Dies ist nicht richtig. Der Wegfall der Geschäftsgrundlage kann zwar zu einer **Reduzierung des Mietzinses**, zu einer **Anpassung des Vertrages** oder sogar zu einer **Auflösung** des ganzen **Vertrages** führen. Allerdings gibt es diese Möglichkeit nur dann, wenn ein Umstand eingetreten ist, an den keine der Vertragsparteien gedacht hatte und welcher Geschäftsgrundlage war. Zum Beispiel ist bei **Verträgen** in der **ehemaligen DDR** zu überlegen, ob hier nicht der Tatbestand des Wegfalls der Geschäftsgrundlage eingetreten ist (siehe hierzu BGH, Wertpapierabteilung 1970, S. 787). Allein die mangelnde Rendite eines Objektes oder fehlender wirtschaftlicher Erfolg eines Betriebes oder eines Ladengeschäftes reicht nicht dazu aus, über den Wegfall der Geschäftsgrundlage eine Anpassung des Mietzinses oder eine Auflösung des Mietvertrages zu erreichen, da es sich hier um Tatbestände handelt, mit denen jeder rechnen muß. Auch ein dem Vermieter zu niedriger Mietzins gibt ihm nicht das Recht, den Mietvertrag anzupassen. Über den Wegfall der Geschäftsgrundlage werden nur Tatbestände berücksichtigt, die ein **Festhalten** am **Vertrag unmöglich** machen und die **Grundlage** des Vertrages waren, aber deren Wegfall keine der Parteien je kalkuliert hatte. In erster Linie muß der Vermieter/Mieter über das Rechtsinstitut Wegfall der Geschäftsgrundlage versuchen, den Vertrag an die aktuelle Situation anzupassen. Sobald die Anpassung nicht möglich ist, kann eine der Parteien die Auflösung des Vertrags verlangen.

5. Mietgegenstand und Mietzweck

Die Festlegung von Mietgegenstand und Mietobjekt

Der Mietgegenstand sollte **möglichst genau** im Mietvertrag bezeichnet werden. Hier ist auf einen großen **Fehler hinzuweisen**, der vielen Vermietern häufig unterläuft, da diese den **Mietgegenstand** entweder **ungenau bezeichnen** oder **überdimensional ausweiten**, was zu erheblichen Streitigkeiten über Art und Ausmaß des Mietgegenstandes zwischen Mieter und Vermieter führen kann. Für den Vermieter ist es nachteilig, den Mietgegenstand allzusehr auszuweiten, da der Vermieter dadurch seine Dispositionsmöglichkeiten im Mietshaus einschränkt. Von seiten des Mieters muß natürlich das Interesse bestehen, den Mietgegenstand möglichst weit zu erfassen, da der Grundsatz gilt, »je größer der Mietgegenstand, desto größer sind die Pflichten des Vermieters«. Für die Flächen, die der Vermieter nicht unbedingt zum Mietgegenstand machen will, wie z.B. Speicherflächen, Kellerflächen, Garagenflächen und insbesondere Hof- und Gartenflächen, kann jederzeit eine **Nutzungsvereinbarung** getroffen werden, die die jederzeitige Änderung des Nutzungsgegenstandes beinhaltet oder das Recht begründet, den Nutzungsgegenstand jederzeit herauszuverlangen. Insbesondere bei Gartenflächen existiert oftmals Streit über die Art und Weise der Gartenpflege, so daß es hier für den Vermieter unvorteilhaft wäre, wenn er den Mietgegenstand auf die Gartenfläche erweitert und den Garten damit zum Bestandteil des Mietvertrages machen würde. Empfehlenswerter für den Vermieter ist es, folgende Formulierung zu verwenden:

Nutzungsvereinbarung – ohne daß sich der Mietvertrag hierauf erstreckt

»Der Keller/Speicher/Dachboden/Garten (bzw. eine bestimmte Fläche) wird dem Mieter zur stets widerruflichen Nutzung übergeben. Der Vermieter kann die Nutzung mit einer Frist von vier Wochen widerrufen. Der Mieter ist, soweit das Nutzungsverhältnis läuft, verpflichtet, die ordnungsgemäße Pflege dieser Räume durchzuführen und insbesondere im Gartenbereich folgende Arbeiten während des Jahres zu erledigen...

Der Vermieter kann im Rahmen seiner Dispositionsfreiheit dem Mieter auch andere Flächen anstelle der oben genannten Flächen zur Verfügung stellen.«

Zweck der Regelung

Der Hintergrund einer derartigen Regelung liegt darin, daß der **Vermieter** sich das **Recht sichern** sollte, auf unproblematischem Wege die Garten-, Hof- oder Parkfläche vom Mieter zurückzuerhalten, falls er beispielsweise einen Neu- oder Anbau auf dem Grundstück plant. Denn ist die Garten-, Hof- oder Parkplatzfläche im Hofbereich einmal Mietgegenstand geworden, besteht für den Vermieter nicht die geringste Möglichkeit, diese Fläche von dem Mieter herauszuverlangen, da es im Mietrecht ein **Verbot** der **Teilkündigung** gibt (siehe Seite 265 f.). Gerade bei **Garagenstellplätzen** taucht noch die besondere Problematik auf, daß, wenn diese einheitlich mit dem Mietvertrag vermietet worden sind, erhebliche Probleme bei der Mieterhöhung auftreten und auch hier Teilkündigungen unzulässig sind. Will der Vermieter die Disposition über die Garagenstellplätze für die Zukunft behalten, so muß er sie in einem gesonderten Mietvertrag vermieten und in diesem Mietvertrag ausdrücklich darauf hinweisen, daß dieser Mietvertrag in keinerlei Zusammenhang mit dem Wohnraummietvertrag steht.

Für die **Praxis** wird **empfohlen**, den **Garagen-** oder **Stellplatzmietvertrag** getrennt vom eigentlichen Wohnungsmietvertrag zu vereinbaren, da nach der Rechtsprechung allein der Hinweis, daß es sich um eine selbständige, voneinander unabhängige Mietvereinbarung handelt, nicht ausreichend ist (LG Baden-Baden, WM 1991, S. 34).

Mietfläche

Zirkafläche

Im Mietvertrag wird vielfach auch die Mietfläche angegeben. Empfehlenswert ist es, die **Mietfläche** als **Zirkafläche** anzugeben und diese nicht zu garantieren, da die feste Vereinbarung einer Mietfläche zu Streitigkeiten führen kann. Will der Vermieter, was im **Gewerberaummietrecht** oftmals **üblich** ist, die **Mietfläche zusichern**, dann sollte er auf jeden Fall eine Regelung darüber treffen, welche Auswirkungen eine **Minder-** oder **Mehrfläche** hat. Empfehlenswert ist folgende Klausel:

Minder-/Mehrfläche-Klausel

»Eine Mietflächenüberschreitung/-unterschreitung von +/-3 % bleibt bei der Mietpreiskalkulation unberücksichtigt.«

Wird allerdings die Mietfläche nur als Zirkafläche angegeben, so sieht die Rechtsprechung darin **keine Garantie** der tatsächlichen Mietgröße. Die Rechtsprechung geht sogar davon aus, daß der Vermieter an die im Mietvertrag vereinbarte Größe als Berechnungsfaktor für die Nebenkosten gebunden ist.

Empfehlung

Bei dieser Gelegenheit ist darauf hinzuweisen, daß es keine Norm für die **Berechnung der Wohnungsgröße** gibt, denn DIN 283 gilt nicht mehr. Die für die Mietpreisberechnung anwendbaren §§ 242–244 der II. Berechnungsverordnung gelten nur für Wohnungen, die der Mietpreisbindung unterliegen. Empfehlenswert ist es daher, im Mietvertrag entweder DIN 283 oder die §§ 42–44 der II. Berechnungsverordnung als Berechnungsmaßstab zu vereinbaren, wenn man eine feste Mietfläche in den Mietvertrag aufnehmen will.

Mietzweck

Die Aufnahme des Mietzwecks im Mietvertrag bewirkt für den Vermieter immer eine verschärfte Haftung und Verantwortlichkeit im Rahmen des Mietvertrags. Wird im Mietvertrag als Mietzweck »Wohnraum« aufgenommen, dann muß der Raum auch als Wohnraum geeignet sein. Gleiches gilt insbesondere im Gewerberaummietrecht. Wird als Mietzweck beispielsweise »chemische Reinigung« aufgenommen, dann ist der Vermieter auch verantwortlich für sämtliche Auflagen, Gesetze usw., die mit dem Betrieb einer chemischen Reinigung zusammenhängen, soweit nicht etwas anderes im Mietvertrag geregelt ist.

Ratsam ist es, im **Gewerberaummietvertrag** den **Mietzweck nicht aufzunehmen**, da nach der Rechtsprechung des Bundesgerichtshofes dadurch automatisch der Vermieter die Garantie übernimmt, daß die Mietfläche oder das Mietobjekt für diesen Mietzweck geeignet ist. Darüber hinaus geht die Rechtsprechung auch davon aus, daß durch die Bezeichnung des Mietzweckes im Mietvertrag dem Mieter **automatisch Konkurrenzschutz** gewährt wird.

Empfehlenswert für den **Vermieter** ist es daher, umgekehrt im Mietvertrag aufzunehmen

»Der Mieter bezweckt den Betrieb eines... Der Vermieter gibt für den Mietzweck keine Garantie oder Zusicherung ab.«

Seitens des **Mieters** ist es jedoch **empfehlenswert**, den **Mietzweck aufzunehmen**, um die vorher angesprochenen Vorteile und Garantien zu erhalten.

6. Die Parteien des Mietvertrages

Die Anschrift der Parteien

Sinn und Zweck

Bei allen Arten von Mietverträgen ist es von großer Bedeutung, daß hinsichtlich der Vertragsparteien **unbedingt** die **genaue Anschrift** (auch der genaue Ort) angegeben wird, unter der die betreffende Person gemeldet ist. Vielfach ziehen Mieter weg, ohne ihre neue Anschrift zu hinterlassen, was oftmals zur Folge hat, daß erst in langwierigen Verfahren ausfindig gemacht werden kann, wo die betreffenden Personen wohnen.

Besonderheiten bei Kapitalgesellschaften

Bei **Kapitalgesellschaften** empfiehlt es sich, den **Handelsregisterauszug** und die **Gesellschafterliste** anzufordern. Bei Kapitalgesellschaften sollte zudem noch eine besondere Klausel im Mietvertrag aufgenommen werden, wonach die **Zustellung** an den einen der Gesellschafter bzw. an den Geschäftsführer die Zustellung an die Gesellschaft ersetzt. Der Hintergrund ist folgende Überlegung:

Viele Vermieter erleben es, daß Kapitalgesellschaften einfach ihre Geschäftsräume zumachen, der Geschäftsführer seinen Posten aufgibt und somit Räumungsklagen nicht zustellbar sind. In einer derartigen Konstellation ist ein Räumungsurteil nicht zu erreichen. Der Vermieter müßte beim zuständigen Amtsgericht einen Notgeschäftsführer für die Zustellung und für die Durchführung des Räumungsverfahrens beantragen. Es gibt also gute Gründe dafür, die vorgeschlagene Regelung, nämlich die Zustellung an einen Geschäftsführer bzw. Gesellschafter als Zustellung an die Gesellschaft, zu vereinbaren. Aus diesem Grund sollten auch die Adresse des Geschäftsführers (Privatadresse) und die Privatadressen der Gesellschafter bekannt sein.

Die Aufnahme des Lebenspartners

Besteht ein Anspruch auf Erlaubnis durch den Vermieter?

Nach der Grundsatzentscheidung des Bundesgerichtshofs vom 3. 10. 1984 (VIII ARZ 2/84) hat der **Mieter** einen **Anspruch** darauf, vom Vermieter die **Erlaubnis** zu bekommen, einen **Lebenspartner** für eine auf Dauer angelegte Wohngemeinschaft in die **Wohnung aufzunehmen**. Der Mieter muß im Rahmen eines derartigen Verlangens die **konkreten Gründe** darlegen, die sein Interesse begründen. Nach dem Urteil des Bundesgerichtshofs ist jedes höchstpersönliche Interesse von nicht ganz unerheblichem Gewicht als ausreichend für die Aufnahme des Lebenspartners anzusehen. Auch wirtschaftliche Gründe, weil man sich z. B. die Kosten teilen will, sind ausreichend. Der Vermieter kann nur in engen Grenzen der Zumutbarkeit der Aufnahme des Lebenspartners widersprechen. Die Tatsache, daß die **Partner nicht verheiratet** sind, gibt **kein Widerspruchsrecht**. Ein Widerspruchsrecht hat der Vermieter nur, wenn es sich um eine Überbelegung der Wohnung handelt oder **persönliche Gründe** gegen den Lebenspartner sprechen, die triftig sind.

Rechtslage bei Tod des Mieters

Nach dem neuen Mietrecht gilt hier § 563 BGB. Der Ehegatte, der mit dem Mieter einen gemeinsamen Haushalt führt, **tritt mit dem Tod des Mieters in das Mietverhältnis ein**. Dasselbe gilt für den Lebenspartner. Leben in dem gemeinsamen Haushalt Kinder des Mieters, treten diese mit dem Tod des Mieters in das Mietverhältnis ein, wenn nicht der Ehegatte eintritt. Der Eintritt des Lebenspartners bleibt vom Eintritt der Kinder des Mieters unberührt. Andere Familienangehörige, die mit dem Mieter einen gemeinsamen Haushalt führen, treten mit dem Tod des Mieters in das Mietverhältnis ein, wenn nicht der Ehegatte oder

der Lebenspartner eintritt. Dasselbe gilt für Personen, die mit dem Mieter einen auf Dauer angelegten gemeinsamen Haushalt führen oder eine eingetragene Lebenspartnerschaft bilden.

Damit haben seit dem 1. August 2001 auch gleichgeschlechtliche Gemeinschaften eine verbesserte Rechtsstellung.

Neue Bundesländer

Bei der Überprüfung der Altverträge in den neuen Bundesländern ist es unbeachtlich, ob der Mietvertrag schriftlich oder nicht schriftlich abgeschlossen wurde, weil § 100 Abs. 1 Satz 2 ZGB lediglich eine Sollvorschrift enthält.

Für **Altverträge** in den neuen Bundesländern gilt, daß kraft Gesetz (§ 110 ZGB) auf Mieterseite der **Mietvertrag mit beiden Ehegatten** zustande gekommen ist, auch wenn nur ein Partner den Mietvertrag unterschrieben hat. Die Kündigung muß daher auch gegenüber dem Ehepartner erklärt werden, der nicht unterzeichnet hat (Amtsgericht Burg, Urteil vom 3. 2. 1993, AZ 3 C 480/92, WM 1993, S. 111). Unerheblich hierfür ist es, wer bei Abschluß des Vertrages beteiligt war. War nur einer der beiden Ehepartner beteiligt und wurde die Ehe später (vor dem 3. 10. 1990) geschlossen, dann ist der Ehepartner später über den § 100 Abs. 3 ZGB Vertragspartner geworden.

7. Mietdauer

Auf welche Zeit sollte man einen Mietvertrag abschließen?

Befristete und unbefristete Mietverträge

Im Mietrecht gibt es **keinerlei Beschränkungen** bezüglich der Mietdauer, so können beispielsweise unproblematisch befristete oder unbefristete Mietverhältnisse vereinbart werden. **Befristete** Mietverhältnisse sind Mietverhältnisse auf eine bestimmte Zeit. **Unbefristete** Mietverhältnisse sind Mietverhältnisse, die ab einem bestimmten Datum laufen und unbefristet gelten, wobei der Mieter oder Vermieter jederzeit mit gesetzlicher Kündigungsfrist kündigen kann, soweit dies im Mietvertrag nicht ausgeschlossen ist.

Wichtig ist in diesem Zusammenhang, daß im **Mietvertrag Mietbeginn und Mietende** vereinbart werden, wobei der Mietvertragsbeginn oft mit Beginn der Mietzahlungspflicht auseinanderfallen kann. Zu berücksichtigen ist auch, falls eine **Indexklausel** vereinbart wurde, ob diese bereits mit der Unterzeichnung des Mietvertrages zu laufen beginnen soll oder ob diese erst dann beginnen soll, wenn das Mietobjekt vom Mieter bezogen wird. Hier ist, nachdem eine bestimmte Regelung nicht existiert, unbedingt vertraglich eine saubere Lösung notwendig.

Unbefristeter Mietvertrag mit Ausschluß der Kündigung

Will man sich dagegen nicht auf eine **bestimmte Frist** festlegen, empfiehlt sich die Vereinbarung der Mietzeit auf **unbestimmte Zeit**. Auf unbestimmte Zeit heißt nichts anderes, als daß das Mietverhältnis so lange läuft, bis eine der Vertragsparteien kündigt. Es ist auch möglich, das Mietverhältnis auf unbestimmte Zeit zu vereinbaren und das **Kündigungsrecht** für eine **gewisse Zeit** für den einen oder den anderen Vertragspartner **auszu-**

schließen. Eine Klausel würde folgendermaßen lauten:

> *»Das Mietverhältnis wird auf unbestimmte Zeit abgeschlossen. Mietbeginn ist der… Der Vermieter kann das Mietverhältnis frühestens nach fünf Jahren kündigen.«*

Durch eine solche Regelung würde erreicht werden, daß der Vermieter an eine Mietdauer von fünf Jahren gebunden ist, der Mieter aber jederzeit das Mietverhältnis mit gesetzlicher Frist kündigen kann.

Kann der Mieter sich aus einem langfristigen Vertrag lösen?

Hinweise zu häufigen Problemstellungen

Im **Gewerberaummietrecht** werden meistens langfristige Verträge vereinbart. Der Mieter stellt oftmals erst nach einiger Zeit fest, daß die Geschäftserwartungen nicht eingetroffen sind, und er versucht deshalb, aus seinem langfristigen Vertrag herauszukommen. Im Gewerberaummietrecht gibt es so gut wie keinerlei Chancen, aus einem langfristigen Vertrag vorzeitig auszusteigen. Die einzige Möglichkeit wäre, daß der Gewerberaummieter vom Vermieter die Genehmigung zur Untervermietung verlangt und er bei deren Verweigerung dann gemäß § 540 Abs. 1 Satz 2 BGB (neu – früher § 549 Abs. 1 Satz 2 BGB) die außerordentliche Kündigung ausspricht.

Auch wenn die Geschäftsverläufe noch so gut sind, **empfiehlt** sich daher für den Gewerberaummieter dringend, das **Recht**, einen **Nachmieter** oder einen **Untermieter** zu stellen, oder das **Recht** der **vorzeitigen Kündigung** des Mietvertrages im Mietvertrag aufzunehmen. Die vielfach von Vermietern getätigte Praxis, das Mietverhältnis auf 10 Jahre abzuschließen, weil sonst die automatische Indexklausel nicht genehmigt wird (§ 3 Währungsgesetz), betrifft nur den Vermieter. Der Mieter muß nicht auf 10 Jahre gebunden sein, damit die automatische Indexänderung genehmigt wird. Umgekehrt sollte aber der Mieter, der durch erhebliche Investitionen und Arbeitskraft ein Geschäft aufbaut, in jedem Mietvertrag eine **Verlängerungsklausel** vereinbaren und daß er einen Nachmieter benennen kann. Der Verkauf eines Geschäfts, einer Arztpraxis oder eines Ladens ist praktisch unmöglich, wenn man dem Käufer nicht das Recht anbieten kann, den Mietvertrag zu übernehmen, und dieser Mietvertrag, zudem noch langfristig, zu den gleichen Bedingungen weiter gilt. Dies wird in der Praxis aus unerklärlichen Gründen immer wieder beim Abschluß von Mietverträgen übersehen und bewirkt, daß am Ende des Mietverhältnisses nichts bezahlt wird.

Bei der **Neuvermietung** kann sich dann der Vermieter bezüglich des Geschäftswertes dadurch bereichern, daß er einen höheren Mietzins verlangt, obwohl er hierfür im Prinzip in den vergangenen Jahren oder Jahrzehnten keinerlei Leistung erbracht hat. Für den Fall, daß es irgendwann einmal zum Verkauf der Firma, des Ladengeschäftes oder der Arztpraxis kommen sollte, sollte man immer das Recht der Übertragung des Mietvertrages auf einen neuen Mieter, das Recht der Stellung eines Nachmieters oder das Recht auf Untervermietung im Mietvertrag aufnehmen. Wenn der Vermieter keine dieser drei Alternativen akzeptiert, besteht auch die Möglichkeit, einen **weiteren Mie-**

ter im **Mietvertrag** aufzunehmen. In einem solchen Fall hat dann der Mieter die Möglichkeit, sich den Firmen-Goodwill bezahlen zu lassen, indem er den Verkauf seiner Firma vornimmt und den Käufer als Mitmieter im Vertrag aufnimmt.
Folgende Klauseln sind denkbar:

Untermietklausel

> *»Der Mieter erhält das Recht, die Fläche ganz oder teilweise unterzuvermieten. Im Falle der Untervermietung vereinbaren die Parteien jetzt schon, daß sämtliche Ansprüche aus dem Untermietvertrag an den Vermieter abgetreten werden. Der Vermieter nimmt die Abtretung an.«*

Nachmieterklausel
Wichtig für den Geschäfts- oder Firmenverkauf

> *»Zwischen den Parteien wird vereinbart, daß der Mieter einen Nachmieter stellen kann. Der Nachmieter tritt mit allen Rechten und Pflichten in den Mietvertrag ein.«*

Vorsicht

Falls ein Nachmieter gestellt wird, könnten für die Vermieterseite Probleme auftauchen, da bei einem 10jährigen Mietvertrag die Gerichte sich gegebenenfalls auf den Standpunkt stellen könnten, daß hier ein neuer Mietvertrag geschaffen wurde und somit die 10-Jahres-Bindungsfrist als Voraussetzung für die Genehmigung einer Automatikklausel nicht mehr gegeben ist. Aus diesem Grund **empfiehlt** sich, im **Vertrag aufzunehmen**, daß sich die Parteien einig sind, daß sich an der **Indexklausel** durch die Nachmieterstellung **nichts ändert** und gegebenenfalls der Nachmieter verpflichtet ist, einen Vertrag auf Dauer von 10 Jahren zu schließen. Der Vermieter sollte sich auch überlegen, ob er den Nachmieter ohne weiteres in den Vertrag eintreten läßt. Es besteht auch die Möglichkeit, daß zwischen den Parteien vereinbart wird, daß der Mieter zwar einen Nachmieter stellen darf, daß aber gewisse Bedingungen im Nachmietervertrag geändert werden dürfen, wie z. B. der Mietzins oder die Mietdauer. Der Mieter wiederum sollte darauf bestehen, daß der Vertrag zu gleichen Bedingungen vom Nachmieter übernommen werden kann.

Mitmieterklausel

> *»Der Mieter ist berechtigt, jederzeit einen Mitmieter aufzunehmen, der mit allen Rechten und Pflichten den Vertrag mitübernimmt.«*

In diesem Zusammenhang sollte man auch unbedingt auf die sogenannte **Umwandlungsklausel** hinweisen. Unter einer Umwandlungsklausel verstehen wir, daß der Mieter das Recht hat, falls er ein Unternehmen in irgendeine andere Rechtsform umwandeln will, schuldbefreiend das Unternehmen mit der neuen Rechtsform in den Mietvertrag aufzunehmen. Die Klausel könnte folgendermaßen lauten:

Umwandlungsklausel

> *»Der Mieter beabsichtigt, sein Unternehmen in der Rechtsform einer Kapitalgesellschaft weiterzuführen. Zwischen den Parteien wird vereinbart, daß, sobald die Kapitalgesellschaft gegründet und eingetragen wurde, der Mietvertrag mit der Kapitalgesellschaft als abgeschlossen gilt.«*

Langfristiger Gewerberaummietvertrag und Sonderkündigungsrecht

Für **gewerbliche Mieter**, die erhebliche Investitionen in den Mieträumen tätigen, muß eine Warnung dahingehend erteilt werden, daß auch **trotz** eines **langfristigen Mietvertrages** die Gefahr besteht, daß das Mietverhältnis während der Mietzeit mit **gesetzlicher Kündigungsfrist gekündigt** wird. Nach § 57 a des Zwangsversteigerungsgesetzes hat nämlich der Ersteher einer im Rahmen einer Zwangsversteigerung erworbenen Immobilie das Recht, jeden Mietvertrag zum nächstmöglichen Termin mit gesetzlicher Kündigungsfrist zu kündigen. Für Mieter, die ein derartiges Kündigungsrecht verhindern wollen, empfiehlt sich in einem solchen Fall die Absicherung des Mietvertrages durch eine **Grunddienstbarkeit im Grundbuch**. Die Grunddienstbarkeit muß aber an erster Rangstelle eingetragen werden. Eine weitere Möglichkeit, die Konsequenzen einer überraschenden Zwangsversteigerungskündigung zu verhindern, liegt noch darin, daß zwischen Mieter und Vermieter Mietvorauszahlung oder Baukostenzuschuß vereinbart wird. In derartigen Fällen kann das außerordentliche Kündigungsrecht im Rahmen der Zwangsversteigerung ausgeschlossen sein. Voraussetzung ist allerdings eine wirksame vertragliche Regelung, die den Regeln des Zwangsversteigerungsrechts für Ausschluß von Kündigung bei Baukostenvorschüssen oder Mietvorauszahlungen entspricht.

Langfristiger Mietvertrag und Mieterhöhung

Geltendmachung der gesetzlichen Mieterhöhung

Ein langfristiger Wohnraummietvertrag, in dem nicht die Klausel enthalten ist, daß während der Dauer des Mietverhältnisses die Miete nach den gesetzlichen Bestimmungen erhöht werden kann, bedeutet den **Ausschluß jeglicher Mieterhöhungsmöglichkeiten.** Es muß deswegen bei einem langfristigen Mietvertrag unbedingt darauf hingewiesen werden, daß die Langfristigkeit nicht bedeutet, daß die **gesetzlichen Mieterhöhungen** während der Laufdauer des Vertrags nicht geltend gemacht werden können. Bei einem befristeten Wohnungsmietverhältnis ist des weiteren auf die verschiedenen gesetzlichen Möglichkeiten der Mieterhöhung hinzuweisen. Im **Gewerberaummietrecht** können sich die Parteien bei einem langfristigen Vertrag ebenfalls das Recht zur Mieterhöhung vorbehalten.

8. Mietzins und Nebenkosten

Welche Mietzinsarten gibt es?

Geld- oder Sachleistungen

Bezüglich der Mietzinsvereinbarung gilt, daß der Mietzins **nicht unbedingt** in Form einer **Geldleistung** erfolgen muß. Auch **Sachleistungen** des Mieters, wie z. B. die Gartenpflege, können als Gegenleistung gewertet werden. Oftmals gehen genau deswegen die Parteien davon aus, daß kein Mietverhältnis zwischen ihnen zustande gekommen ist, weil ja kein Geld geschuldet wird, sondern weil der Mieter eben nur wöchentlich das Rasenmähen übernimmt. In einem derartigen Fall liegt jedoch ein Mietvertrag vor.

Der Vermieter, der **Mehrwertsteuer** verlangen

will, muß diese gesondert im Mietvertrag aufführen oder etwa folgende Klausel im Mietvertrag formulieren:

Mehrwertsteuerklausel

»Der Vermieter ist berechtigt, die jeweils geltende Mehrwertsteuer zu verlangen.«

Bezüglich der Mietzinsvereinbarungen gibt es verschiedene Alternativen:

Bruttomiete

Unter einer Bruttomietvereinbarung verstehen wir, daß **sämtliche Nebenkosten** im Mietzins **enthalten** sind. Dies entspricht der gesetzlichen Regelung, nach der die Nebenkosten in der Miete enthalten sind (§ 535 Abs. 1 Satz 3 BGB neu – früher § 546 BGB). In der Praxis vereinbaren die Vermieter meistens Nettomiete zuzüglich Nebenkosten, um die ständigen Nebenkostenerhöhungen aufzufangen und damit die Möglichkeit geschaffen wird, diese an den Mieter weiterzugeben. Unter **Nettomiete** versteht man die Miete ohne jegliche Nebenkosten. In einem solchen Fall müssen sämtliche Nebenkosten, die umlagefähig sind, im Mietvertrag extra erwähnt werden. Des weiteren muß erwähnt werden, daß die Nebenkosten nach der jährlichen Abrechnung erhöht werden können.

Genaue Aufführung der Nebenkosten

Wichtig ist, daß die **Nebenkosten** im Mietvertrag genau aufgeführt werden. Nicht umlagefähig sind im Wohnraummietrecht die Kosten der Rechtsschutzversicherungen, der Hausverwaltungen, Instandsetzungskosten oder sonstige Kosten, die z. B. bei Eigentumswohnungsanlagen umgelegt werden. Im Gewerberaummietrecht gibt es eine Beschränkung der Nebenkosten nicht. Hier können Kosten der Sprinkleranlage, Kosten der Hausbeschilderung, Kosten einer Informationszentrale,

Kosten einer Parkplatzbeschilderung usw. umgelegt werden.

Bruttokaltmiete

Bei der Bruttokaltmiete sind in der Miete **sämtliche Nebenkosten** mit **Ausnahme** der **Heizkosten** enthalten.

Staffelmiete

Nach § 557 a BGB (neu – früher § 10 Abs. 2 MHG) kann im Mietvertrag die Miete für bestimmte Zeiträume in unterschiedlicher Höhe schriftlich vereinbart werden. In der Vereinbarung ist die jeweilige Miete oder die jeweilige Erhöhung in einem Geldbetrag auszuweisen (Staffelmiete). Die bisherige zeitliche Beschränkung auf 10 Jahre ist nunmehr durch das neue Mietrecht weggefallen. Zulässig sind demnach nunmehr auch Staffelmietvereinbarungen über eine längere Zeit als 10 Jahre. Voraussetzung für die jeweiligen Staffelmieterhöhungen ist nach § 557 a II BGB (neu), daß die Miete mindestens um ein Jahr unverändert geblieben sein muß. Wichtig in diesem Zusammenhang ist auch die Tatsache, die vielfach in Mietverträgen übersehen wird, daß während der Laufzeit einer Staffelmiete die Mieterhöhungen nach § 558 BGB bis § 559 b BGB (neu) ausgeschlossen sind. Dies sind die Mieterhöhungen wegen Vergleichsmiete und insbesondere auch die Mieterhöhung wegen **Modernisierungsmaßnahmen** (!). Zwischen Mieter und Vermieter kann auf keinen Fall im Mietvertrag eine Vereinbarung dahingehend getroffen werden, daß auch während der Staffelmiete eine Mieterhöhung nach Vergleichsmiete oder Wohnungsmodernisierung möglich ist. Eine derartige Vereinbarung wäre nach dem neuen § 557 a Abs. 4 BGB nichtig (!).

Wichtige **Voraussetzungen** der Staffelmiete sind:

1. Der Mietzins darf mindestens **ein Jahr** nicht erhöht worden sein.

2. Der **Erhöhungsbetrag** sollte **betragsgemäß** und nicht prozentual angegeben werden.

Wichtig

Bei Staffelmietvereinbarungen sind Mieterhöhungen nach §§ 558, 559 BGB (neu – früher §§ 2, 3 und 5 im MHG) ausgeschlossen. Dies gilt auch, wenn der Vermieter unvorhergesehene Kostensteigerungen erdulden muß.

Besonderheiten bei Wohnraummietverträgen

Bei Wohnraummietverträgen ist bei Vereinbarung einer Staffelmiete eine **besondere Klarstellung** der Mietzeit notwendig. Einige Meinungen in der Literatur gehen nämlich davon aus, daß im Falle einer im Mietvertrag vereinbarten Staffelmiete, auch dann, wenn der Mietvertrag über eine kürzere Laufzeit abgeschlossen ist, der Mieter darauf vertrauen kann, daß während der Zeit der vereinbarten Staffelmiete keine Kündigung möglich ist. Aus diesem Grund empfiehlt sich zugunsten des Vermieters folgende Klausel:

> *»Die hier festgelegten Sätze der Staffelmiete während der vorgenannten Zeit bedeuten nicht, daß die anderweitig vereinbarte Laufzeit des Vertrags dadurch abgeändert wird. Die Kündigung oder eine Beendigung des Mietvertrages richtet sich ausschließlich nach der in diesem Vertrag hierfür getroffenen Regelung.«*

Die Mietzahlung

Form

Für die vertragliche Vereinbarung der Mietzahlungen sollte zunächst geklärt werden, in welcher **Form** die **Miete** zu zahlen ist. Für die Wirksamkeit des Mietvertrages ist es nicht unbedingt erforderlich, daß die Miete in Form von Geldleistungen erbracht wird. Es ist auch möglich, die Miete in

Form von Sach- oder Arbeitsleistungen zu erbringen. Das heißt, Miete liegt immer dann vor, wenn ein Mietobjekt gegen Geld oder eine geldwerte Leistung (z. B. Arbeitsleistung) überlassen wird.

Soweit im Mietvertrag eine Reduzierung des Mietzinses vereinbart wird, weil der Mieter z. B. auch als Hausmeister tätig ist, ist eine Regelung, wonach die Mietzahlung in voller Höhe zu leisten ist, falls der Hausmeistervertrag beendet wird, unzulässig. In einem solchen Fall läßt sich die Miete nur nach den gesetzlichen Bestimmungen erhöhen.

Zeitpunkt

Konkret geregelt werden muß im Bereich der Mietzahlungen auch, wann die Mietzahlung zu leisten ist. Nach dem Gesetz ist nicht mehr, wie nach altem Recht, der Vermieter vorleistungspflichtig (früher § 551 Abs. 1 Satz 1 BGB). Das neue Mietrecht legt nunmehr in dem § 556 b BGB neu fest, daß die Wohnraummiete zu Beginn – spätestens bis zum dritten Werktag, soweit die Miete nach Monaten bemessen ist, vom Mieter entrichtet werden muß. Nachdem diese Regelung nur im Wohnraummietrecht enthalten ist, dürfte es empfehlenswert sein, weiterhin in Gewerberaummietverträgen die Zahlungspflicht als Vorleistungspflicht zu vereinbaren. Bei der Miete handelt es sich um eine Schickschuld, so daß nach dem Gesetz der maßgebliche Zeitpunkt für die Erfüllung/Bezahlung der Mietschuld die Überweisung des Geldes vom Konto des Mieters ist. Nachdem der Vermieter aber meist das Risiko des rechtzeitigen Geldeinganges auf seinem Konto nicht tragen will, **empfiehlt** sich, im Mietvertrag zu vereinbaren, daß es für die Rechtzeitigkeit der Zahlung nicht auf die Absendung des Geldes, sondern auf den **Eingang** des **Geldes** beim Vermieter ankommt.

Weitere mögliche Regelungen

Mahnkosten kann der Vermieter für den Fall des Zahlungsverzugs im Mietvertrag nicht vereinbaren. Genauso sind Regelungen bezüglich einer bestimmten, festgelegten Höhe von Verzugszinsen unwirksam, weil eine derartige Regelung bewirken würde, daß Verzugszinsen in einer gewissen Höhe zu bezahlen wären, egal, ob der Vermieter wirklich in dieser Höhe einen Schaden hatte. **Zulässig** sind **Regelungen** im Mietvertrag über die **Art und Weise der Zahlung**, wie z. B. Lastschriftverfahren, Einzugsermächtigung oder in Form der Abbuchungsermächtigung. Allerdings ist bei der Vereinbarung einer derartigen Zahlungsweise zu berücksichtigen, daß dadurch gegebenenfalls die Urkundenklage zum Zwecke der Einziehung der Mieten unzulässig wird, weil im Bereich der Abbuchungs- oder Einzugsermächtigung der Mieter nicht durch Nichtzahlung in Verzug kommt, wenn der Vermieter trotz vertraglicher Vereinbarungen den Mietzins nicht abbucht.

Der Unterschied zwischen Einzugsermächtigung und dem Abbuchungsverfahren liegt darin, daß bei der Einzugsermächtigung der Mieter nachträglich ohne jegliche Angabe von Gründen der Abbuchung von seinem Konto widersprechen kann und dadurch erreicht, daß die Bank den abgebuchten Betrag zurückbezahlt. Bei der Abbuchungsermächtigung gilt eine einmal durchgeführte Lastschrift als unwiderruflich. Unzulässig ist im Rahmen der Mietzahlungsvereinbarung eine Regelung dahingehend, daß der Mieter in Höhe der jeweiligen Miete eine Lohnabtretung vornimmt, weil diese gegen das Gesetz über die allgemeinen Geschäftsbedingungen verstößt.

Zurückbehaltungsrecht

Wegen Ansprüchen, die der Mieter/Vermieter gegenüber dem Vermieter/Mieter hat, könnte ihm die Einrede des Zurückbehaltungsrechts zustehen. Die **Einrede des Zurückbehaltungsrechtes** bedeutet, daß er einen Teil oder den gesamten Mietzins zurückhalten kann, wenn er **Gegenforderungen** besitzt. Dieser Fall liegt z. B. dann vor, wenn der Mieter den Vermieter aufgefordert hat, Mietmängel zu beseitigen, und der Vermieter diesbezüglich in Verzug ist. In Höhe der zur Beseitigung anfallenden Kosten könnte der Mieter die Einrede des Zurückbehaltungsrechtes geltend machen. Gleiches gilt für irgendwelche Schadensersatzansprüche wegen Durchnässung von Gegenständen in den Mieträumen usw. Das Zurückbehaltungsrecht nach § 273 BGB kann durch Formularvertrag nicht ausgeschlossen werden.

Aufrechnungsverbot

Das neue Mietrecht regelt die umstrittene Rechtslage bezüglich der Aufrechnungsverbote im Mietvertrag. Nach § 556 b Abs. 2 BGB (neu) gilt, daß der Mieter entgegen einer vertraglichen Bestimmung gegen eine Mietforderung mit einer Forderung aufgrund des § 536 a BGB (Schadens- und Aufwendungsersatzanspruch des Vermieters wegen eines Mangels) und § 539 BGB (Ersatz sonstiger Aufwendungen und Wegnahmerecht des Mieters oder aus ungerechtfertigter Bereicherung wegen zuviel gezahlter Miete) aufrechnen oder wegen einer solchen Forderung ein Zurückbehaltungsrecht ausüben kann. Nach der neuen gesetzlichen Regelung muß er allerdings seine Absicht dem Vermieter mindestens **einen Monat vor Fälligkeit der Miete in Textform anzeigen.** Jegliche mietvertragliche Vereinbarungen, die diese Rechtslage ausschließen, sind ausdrücklich nach § 556 b Abs. 2 Satz 2 BGB unwirksam.

Unter Aufrechnungsverbot verstehen wir eine Klausel im Mietvertrag, wonach dem Mieter **untersagt** wird, gegenüber **fälligen Mietzinsansprüchen** des Vermieters die **Aufrechnung** zu erklären. Umstritten ist, ob ein Aufrechnungsverbot im Mietvertrag zulässig ist. Unzulässig ist eine

Formularklausel, wonach mit unbestrittenen, rechtskräftig festgestellten Forderungen oder entscheidungsreifen Forderungen die Aufrechnung verboten wird.

Wir unterscheiden Mietzinserhöhungen im Wohnraummietrecht und Mietzinserhöhungen im Gewerberaummietrecht

Mietzinserhöhung Gewerberaummietrecht

Für den Vermieter im **Gewerberaummietrecht** gibt es mehrere Möglichkeiten, den Mietzins veränderten Umständen anzupassen. Zulässig ist eine prozentuale Mieterhöhung, die nach einem gewissen Zeitraum eintritt. Hier gibt es keine gesetzlichen Regelungen, sondern entscheidend ist immer die vertragliche Konstellation. Wir unterscheiden im Gewerberaummietrecht zwischen genehmigungs**fähigen** und genehmigungs**bedürftigen** sowie **nicht genehmigungsbedürftigen** Klauseln (siehe Seite 102). Unterschieden wird also zwischen Wertsicherungsklauseln, Leistungsvorbehalt und Spannungsklauseln im Gewerberaummietrecht. Unter einer Wertsicherungsklausel versteht man eine Klausel, bei der die Höhe der geschuldeten Geldleistung durch die Bezugsgröße derart bestimmt wird, daß die Änderung der Bezugsgröße unmittelbar und zwangsläufig ohne Zutun der Parteien eintritt.

Mieterhöhungen – Indexklausel bei Gewerberaummietverträgen

Im Gewerberaummietrecht ist – anders als im Wohnraummietrecht – eine gesetzliche Regelung für die Mieterhöhung nicht vorhanden. Aus diesem Grund muß die **Mieterhöhung vertraglich** geregelt werden. Die entsprechenden Verträge zu formulieren bereitet in der Praxis oftmals Schwierigkeiten, insbesondere, wenn es sich um Indexklauseln handelt, die völlig neu formuliert werden müssen, da § 3 Währungsgesetz durch das Euroeinführungsgesetz weggefallen ist. Die Praxis unterscheidet hier zwischen **zwei Arten** von Index- oder Wertsicherungsklauseln:

1. Die Klauseln, die einer Genehmigung bedürfen.
2. Die Klauseln, die keiner Genehmigung bedürfen.

Nicht genehmigungsbedürftig sind alle die Klauseln, die zu keiner automatischen Erhöhung des Mietzinses führen. Ist entweder ausdrücklich die automatische Erhöhung formuliert oder ist die Formulierung so gewählt, daß sie zu einer automatischen Erhöhung des Mietzinses führt, dann ist die Klausel **genehmigungsbedürftig**. Nach dem bisher weggefallenen § 3 des Währungsgesetzes war entscheidend dafür, daß eine Automatikklausel genehmigt wird, daß die Bindung auf seiten des Vermieters (nicht auf seiten des Mieters) **10 Jahre** besteht, keine überproportionalen Steigerungen enthalten sind und die Änderungen der Indexmiete nach oben und nach unten vereinbart werden.

Diese bisherige Genehmigungspraxis basierte auf § 3 Währungsgesetz, der zum 31. 12. 1998 aufgehoben wurde (Artikel 9 § 1 EuroEG).

Wohnraummietrecht

Für die Wohnraummiete ist von Anfang an eine Ergänzung oder als Bezahlregelung in § 557 b BGB (neu) enthalten gewesen. Die analoge Regelung für das Geschäftsraummietrecht befindet sich nunmehr in Artikel 9 § 4 EuroEG und in § 3 Preisanpassungsklauselgesetz.

Preisangabeklauselgesetz

§ 2 Abs. 2 des Preisangabeklauselgesetzes ergibt sich aus der Ermächtigung der Bundesregierung, die Voraussetzungen der Genehmigungspraxis näher zu bestimmen. Aufgrund dieser Ermächtigungsnorm wurde die Preisklauselverordnung vom 23. 9. 1998, abgedruckt im BGBl. 1998 I, S. 3043, praktisch als Ausführungsgesetz erlassen.

Dieses Gesetz trat zum 1. 1. 1999 in Kraft.

Aus § 1 Nr. 1 der Preisklauselverordnung ergibt sich, daß **Spannungsklauseln** und **Kostenelementklauseln** (§ 1 Nr. 3) genehmigungsfrei sind. Dies entspricht auch der bisherigen Rechtslage.

Wichtig ist § 2 Abs. 2 Nr. 1, 2 Preisklauselverordnung, wonach eine Genehmigungsfähigkeit einer automatischen Preisklausel dann nicht gegeben ist, wenn ein Vertragspartner unangemessen benachteiligt wird. Damit wird festgehalten, daß die Indexänderung die Obergrenze der Mieterhöhung bei einer Preisanpassungsklausel ist und auch einseitige Änderungen (beispielsweise es werden nur die Erhöhungen erwähnt) unzulässig sind. Eine wichtige Regelung ergibt sich aus § 4 Preisklauselverordnung, wonach eine bisher genehmigungsfähige Klausel nicht mehr extra genehmigt werden muß. D. h., daß der Vertrag auch deswegen nicht schwebend unwirksam bleibt, bis die Genehmigung vorliegt, sondern eine bisherige genehmigungsfähige Klausel gilt als genehmigt, da nach § 4 Abs. 1 Nr. 2 Preisklauselverordnung auch wieder für die Genehmigungsfähigkeit bzw. für die Unterstellung der Genehmigung die 10jährige Bindungsfrist notwendig ist.

Wie die 10jährige Bindungsfrist erreicht wird, ist unerheblich. Es kann also beispielsweise im Mietvertrag vereinbart werden, daß der Vermieter fünf

Jahre gebunden ist und der Mieter eine 5jährige Option erhält. Entscheidend ist die 10jährige Bindungsfrist. Wie oben ausgeführt, ist eine ausdrückliche Genehmigung bei genehmigungsfähigen oder bisher genehmigten Klauseln nicht notwendig. Will der Vermieter oder Mieter doch sichergehen, kann er die Bestätigung, daß die Klausel eine zulässige Klausel darstellt, bei der zuständigen Behörde nunmehr nach § 7 Preisklauselverordnung des Bundesamtes für Wirtschaft einholen. Es handelt sich hierbei nicht um eine Genehmigung, sondern um ein sog. **Negativattest**. Es wird nur bestätigt, daß die Wertsicherungsklausel als genehmigt gilt.

Wichtig

Diese Neuregelung bedeutet nicht, daß die bisherigen Genehmigungen nach § 3 Währungsgesetz für die schon laufenden Verträge weggefallen sind. Gem. § 8 Satz 1 der Preisklauselverordnung wird festgehalten, daß die bisher erteilten Genehmigungen weiterhin Bestand haben.

Außer diesen Indexklauseln gibt es sog. **Leistungsvorbehalte** und **Spannungsklauseln**: Ein Leistungsvorbehalt liegt dann vor, wenn eine Partei bei der Mietfestsetzung einen Ermessensspielraum hat.

Leistungsvorbehalt und Spannungsklausel

Ein **Leistungsvorbehalt** liegt dann vor, wenn eine Partei bei der **Mietfestsetzung** einen **Ermessensspielraum** hat. Ist der Ermessensspielraum auf null reduziert worden, so liegt wiederum eine genehmigungsbedürftige Gleitklausel vor. Eine **Spannungsklausel** muß nicht genehmigt werden, wenn der zum Maßstab für den Mietzins genommene Wertmesser mit der Geldschuld gleichartig, zumindest aber vergleichbar ist. Die Besonderheit bei dem Leistungsvorbehalt ist, daß der Vertragspartner, der die Leistung bestimmen kann – und dies sollte im Mietvertrag geklärt werden –, anhand vorbestimmter Kriterien verlangen kann, daß der Mietzins sich erhöht.

Praxis Gewerberaummietrecht

Üblich in der Praxis und sicherlich auch **sehr schlecht** sind Klauseln wie *»Ändert sich der ortsübliche gewerbliche Mietzins, so kann der Vermieter eine gleichwertige Änderung verlangen«*. Die Änderungen richten sich nach den §§ 315 und 316 BGB. Sie treten erst zu dem Zeitpunkt ein, ab dem der Vermieter von seinem Leistungsbestimmungsrecht Gebrauch macht. Enthält der Mietvertrag die **Klausel**, daß die Parteien bei **Änderung** des **ortsüblichen** Mietzinses über einen **neuen** Mietpreis **verhandeln**, so muß der Vermieter dem Mieter Vorschläge machen und ihn zu einer Vereinbarung über die Mietzinshöhe bringen. Auch hier ist eine Rückwirkung nicht möglich. Manche Klauseln sehen vor, daß **Sachverständige** den **Mietpreis** festsetzen. Auch kann dem Sachverständigen die Bestimmung übertragen werden, ab welchem Zeitpunkt die Änderung verlangt wird. Die vorgenannten Ausführungen gelten für das **Gewerberaummietrecht**.

Praxis Wohnraummietrecht

Im Wohnraummietrecht gibt es nach dem neuen § 557b BGB ebenfalls die Möglichkeit einer **Wertsicherungsklausel** (früher § 10a MHG). Nach § 557b BGB können die Mietvertragsparteien eine Indexmiete schriftlich im Mietvertrag niederlegen. Neu ist an der Regelung in § 557b BGB, daß der Vertrag nicht mehr für mindestens zehn Jahre abgeschlossen sein muß bzw. der Vermieter zehn Jahre lang nicht kündigen darf. Es gibt nach dem neuen § 557b BGB **keine Mindestlaufzeit** mehr für den Mietvertrag. Eine Indexmiete kann also bei jeder Art von zeitlicher Befristung getroffen werden, also auch bei unbefristeten Mietverhältnissen. Der neue § 557b BGB sieht nur noch mehr als **Indexgröße** den vom Statistischen Bundesamt ermittelten **Preisindex für Lebenshaltung aller privaten Haushalte in Deutschland** vor. Die Miete muß jeweils mindestens ein Jahr unverändert bleiben, bevor eine neue Indexmieterhöhung eintreten darf. Eine Ausnahme gilt, falls die Mieterhöhung wegen baulicher Maßnahmen nach § 559 BGB (neu) aufgrund von Umständen durchgeführt wurde, die der Vermieter nicht zu vertreten hat, sowie bei der Erhöhung von Betriebskosten, entsprechend der neuen Regelung nach § 560 BGB. Die Indexmieterhöhung muß vom Vermieter, damit diese wirksam ist, durch schriftliche Erklärung geltend gemacht werden. In der schriftlichen Erklärung sind die eingetretenen Änderungen des Preisindexes sowie die jeweilige Miete oder Erhöhung in einem Geldbetrag anzugeben. Die geänderte Miete ist mit Beginn des übernächsten Monats nach dem Zugang der Erklärung zu entrichten. Im Mietvertrag können keine Regelungen getroffen werden, die von den hier genannten Vorschriften abweichen.

Was versteht man unter Nebenkosten?

Nach § 535 Abs. 1 (neu – früher § 546 BGB) hat der Vermieter die **Lasten** auf die **Mietsache** zu tragen. Dies bedeutet, daß prinzipiell der Vermieter **sämtliche Nebenkosten/Betriebskosten** zu zahlen hat. Etwas anderes gilt nur, wenn eine entsprechende Vereinbarung zwischen Mieter und Vermieter, entweder im Mietvertrag oder außerhalb des Mietvertrages, getroffen worden ist, wonach der Mieter die Nebenkosten zu tragen hat. Die Vereinbarung muß wirksam sein. Die **Nebenkostenarten** müssen in der Vereinbarung **genau** erwähnt werden. Eine pauschale Bezugnahme ist unzulässig.

Begriff

Einen festen Begriff für Nebenkosten gibt es nicht. Manche nennen die Nebenkosten auch **Betriebskosten**. In der Praxis sind beide Ausdrücke gleichwertig. Ob der Mieter Nebenkosten schuldet, ergibt sich aus dem Mietvertrag, falls keine gesonderte Regelung getroffen wird, auch aus dem Begriff, der für den Mietzins gewählt wurde. Vereinbaren die Parteien im Mietvertrag einen Bruttomietzins, so ist davon auszugehen, daß hier sämtliche Nebenkosten enthalten sind. Vereinbaren die Parteien einen Nettomietzins, so bedeutet dies einen Mietzins ohne Nebenkosten. Vielfach wird auch ein sogenannter Mischmietzins vereinbart. Hier geht man von einer Bruttokaltmiete aus. Bei einer derartigen Miete sind die Nebenkosten *mit Ausnahme der Heizkosten* im Mietzins enthalten.

Hinweise

Empfehlenswert in der Praxis ist für den Vermieter eine Regelung, wonach die **reine Nettomiete** verlangt wird, da die Kostenerhöhungen bezüglich der Nebenkosten nicht kalkulierbar sind und in der Bruttomiete das Risiko der ständigen Nebenkostenerhöhung bewirkt, daß die Miete, die der Vermieter tatsächlich erhält, immer geringer wird. Bezüglich der Nebenkosten verlangt die Rechtsprechung, daß eine genaue Regelung in den Mietvertrag aufgenommen wird. Es gibt zwei Arten der Nebenkostenregelung:

Mögliche Nebenkostenregelungen

Es gibt die Möglichkeit, daß man für die Nebenkosten eine **Pauschale** verlangt. Eine Pauschale bedeutet, daß keine Rückerstattung erfolgt, wenn die Nebenkosten tatsächlich geringer sind. Die Pauschale bedeutet aber auch, daß keine Erhöhung verlangt werden kann, wenn die Nebenkosten höher sind. Vielfach verwenden die Parteien den Ausdruck »Pauschale«, meinen aber in Wirklichkeit Vorauszahlung. Es ist also in der Praxis darauf zu achten, welchen Begriff man verwendet.

Des weiteren gibt es die Möglichkeit, eine **Nebenkostenvorauszahlung** zu verlangen.

Sind die Parteien sich nicht einig darüber, ob der Mietvertrag eine wirksame Bestimmung zur Umlage von Nebenkosten enthält, oder kann man sich über eine mündliche, nachträgliche Vereinbarung bezüglich der Nebenkosten nicht einigen, hat der Mieter oder Vermieter das Recht, durch eine **gerichtliche Feststellungsklage** entscheiden zu lassen, ob Nebenkosten geschuldet sind oder nicht. Wichtig in diesem Zusammenhang ist, daß prinzipiell die Nebenkostenzahlungsverpflichtung nur durch einen Vertrag geregelt werden kann. Ein einseitiges Bestimmungsrecht des Vermieters, daß der Mieter ab einem gewissen Zeitpunkt mehr Nebenkosten zu zahlen hat, oder der in der Praxis oftmals vorgekommene Trick, daß man dem Mieter einfach Nebenkostenabrechnungen zuschickt und dieser durch Zahlung dieser Nebenkostenabrechnungen die Nebenkosten schuldet, greift nicht. Zu einer **Abänderung des Mietvertrages** kommt es **nur**, wenn eine Partei dies wünscht und die andere Partei das Angebot annimmt. Dabei muß der Annehmende auch wissen, daß er gegebenenfalls durch sein Verhalten den Vertrag abändert.

So regeln Sie Nebenkosten sinnvoll

Vertragsgestaltung bezüglich der Nebenkosten

Wie schon oben ausgeführt, verlangt die Rechtsprechung eine ausdrückliche und eindeutige Regelung bezüglich der Verpflichtung zur Zahlung der Nebenkosten. **Unwirksam** dürften **Klauseln** sein wie *»Der Mieter trägt die Nebenkosten«*.

Empfehlenswerte Regelungen

Die Unwirksamkeit ergibt sich daraus, daß die Kosten nach oben nicht begrenzt sind. Es ist daher dringend notwendig, im Rahmen einer Nebenkostenvereinbarung die einzelnen **umlagefähigen Nebenkosten** zu erwähnen. Bei Eigentumswohnungen dürfte die Klausel *»Der Mieter zahlt das Wohngeld«* bedeuten, daß der Mieter überhaupt keine Nebenkosten schuldet. Zulässig dürfte die Klausel sein, wonach der Mieter sämtliche Nebenkosten nach der II. Berechnungsverordnung zu zahlen hat. Empfehlenswert ist, die Nebenkosten nach der II. Berechnungsverordnung im Mietvertrag aufzuführen. Hinzunehmen könnte man noch die Klausel, daß der Mieter sich verpflichtet, Nebenkosten zu bezahlen, die erst später eingeführt werden, unabhängig vom Zeitpunkt der Vermietung.

Im **Wohnraummietrecht** dürfen nur die Nebenkosten nach Anlage 3 zu § 27 der II. Berechnungsverordnung umgelegt werden. **Empfehlenswert** ist eine Klausel dahingehend, daß auch bei **Erweiterungen** oder **Änderungen** der **Nebenkostenarten** dieser Aufstellung die Nebenkosten als geschuldet gelten. Uneinig ist sich die Rechtsprechung darüber, ob allein der Verweis auf Anlage 3 zu § 27 der II. Berechnungsverordnung (Aufstellung der Betriebskosten für preisgebundene Wohnungen) ausreichend ist oder ob die Nebenkosten im einzelnen aufgeführt werden müssen.

Daher ist es dringend empfehlenswert, die Nebenkosten nach der Anlage 3 zu § 27 der II. Berechnungsverordnung aufzuführen (siehe Seite 111 ff.). Unzulässig ist im Wohnraummietrecht nach der II. Berechnungsverordnung die Erweiterung der Nebenkosten. Der Mieter schuldet nicht die Verwaltungskosten oder Kosten etwaiger Rechtsschutzversicherungen. Eine derartige Klausel wäre unzulässig. Auch Klauseln wie:

Unwirksame Klausel

> *»Die Nebenkosten trägt der Mieter«,*
> *»Alle anfallenden Nebenkosten gehen zu Lasten des Mieters«,*
> *»Der Mieter trägt folgende Nebenkosten ...«*

sind unwirksam, da Art und Umfang der Nebenkosten nicht bestimmbar sind.

Es sollte daher im Rahmen einer Nebenkostenvereinbarung genau die **Art der Nebenkosten** im einzelnen aufgeführt werden. Außerdem sollte geklärt werden, ob es sich um eine **Nebenkostenpauschale oder** um eine **Nebenkostenvorauszahlung** handelt. Es muß geklärt werden, wann die Vorauszahlung (monatlich im voraus) und in welcher Höhe die Vorauszahlung zu leisten ist.

Es muß in der vertraglichen Vereinbarung über die Nebenkosten auch geklärt werden, wann über die Nebenkosten abzurechnen ist. Auch der Abrechnungszeitraum muß geregelt werden. Nach der neuen gesetzlichen Regelung muß jährlich gemäß § 556 Abs. 3 BGB (neu) über die Nebenkosten abgerechnet werden. Die Abrechnung ist bis zum Ablauf des 12. Monats nach Ende des Abrechnungszeitraums dem Mieter mitzuteilen. Einwendungen gegen die Abrechnung hat der Mieter dem Vermieter spätestens bis zum Ablauf des 12. Monats nach Zugang der Abrechnung mitzuteilen. Nach Ablauf dieser Frist kann der Mieter Einwendungen nicht mehr geltend machen, es sei denn, der Mieter hat die verspätete Geltendmachung nicht zu vertreten.

Die Nebenkosten/Betriebskosten nach dem Wohnraummietrecht

Vorbemerkung

Die **Nebenkosten**, die hier aufgeführt werden, sind für das Wohnraummietrecht **abschließend**. Eine Erweiterung der Nebenkosten, ganz gleich, welchen Trick der Vermieter hier anwendet, ist unzulässig. So dürfen im Wohnraummietrecht z. B. weder Kosten der Sprinkleranlage noch Verwaltungskosten umgelegt werden.

Die Nebenkosten nach Anlage 3 zu § 27 Abs. 1 der II. Berechnungsverordnung:

1. Die laufenden öffentlichen Lasten des Grundstücks
Hierzu zählen die vollen Grundsteuerbeträge, wenn diese im Mietvertrag vereinbart wurden oder in den neuen Bundesländern durch Erklärung gegenüber den Mietern umgelegt wurden. Selbstverständlich zählen hierzu auch Grundsteuererhöhungsbeträge. Nicht umlagefähig ist im Rahmen dieser Nebenkostenart die Hypothekengewinnabgabe oder die Vermögensteuer. Nicht dazu gehören auch Anlieger-, Erschließungs-, Straßenbaugebühren, auch wenn diese gesetzlich eingeführt wurden.

2. Die Kosten der Wasserversorgung
Hierzu zählen folgende Kosten:
- Wasserverbrauchskosten
- Grundgebühren und die Zählermiete für die Wasserhähne
- die Kosten für die Verwendung von Zwischenzählern
- Wasseraufbereitungsanlagekosten
- Wasseraufbereitungsstoffe (z. B. Wasserenthärter)
- Wasserversorgungsanlage, Strom-, Wartungs- und Pflegekosten
- Wasserpumpe-Stromkosten
- Untersuchungskosten des Wassers, soweit die Untersuchung behördlich angeordnet wurde, weil sich die Untersuchungspflicht nach den einschlägigen Landes- oder Bundesgesetzen ergibt

3. Die Kosten der Entwässerung

Hierzu zählen:

- die Kanal- oder Sielgebühren
- die Gebühren für die Haus- und Grundstücksentwässerung
- die Kosten des Betriebs einer entsprechenden nichtöffentlichen Anlage
- die Kosten des Betriebs einer Entwässerungspumpe

Zur Abwasserbeseitigung zählt auch die **Oberflächenabwasserbeseitigung**. Es zählen hierzu also nicht nur die reinen Abwässer im Haus, sondern auch die **Grundstücksentwässerung**. Die Kosten der Entwässerung umfassen alle Kosten, die für eine hygienische und ordnungsgemäße Entwässerung notwendig sind:

- Abfuhr des Klärschlamms
- Absaugen der Kläranlage
- Entwässerungspumpe, Betriebs- und Wartungskosten

Nicht hinzu zählen Reparaturen an Fäkaliengruben, Kanalanschlußgebühren oder Bau-, Instandhaltungs- oder Reparaturkosten von hauseigenen Entwässerungsanlagen.

4.a) Die Kosten des Betriebs der zentralen Heizungsanlage

- Kosten der Abgasanlage
- Brennstoffkosten
- Brennstofflieferungskosten
- Betriebsstrom
- Kosten der Heizungsbedienung (evtl. Mietreduzierungsbetrag des Mieters, der die Heizung bedient; wenn der Hausmeister die Heizung bedient, können diese Kosten im Rahmen der Hausmeisterkosten berücksichtigt werden)
- Kosten der Überwachung, Pflege und Wartung der Anlage
- Kosten der Prüfung der Betriebsbereitschaft und Sicherheit
- Kosten der Einstellung der Heizung
- Kosten der Reinigung der Anlage
- Kosten der Reinigung des Betriebsraumes
- Kosten der Messung nach dem Bundesimmissionsschutzgesetz

- Kosten der Anmietung oder anderer Arten der Gebrauchsüberlassung einer Ausstattung zur Verbrauchserfassung
- Kosten der Verwendung einer Ausstattung zur Verbrauchserfassung (Wärmezähler, Heizkostenverteiler, wobei die Anschaffung und der Einbau kostenmäßig über § 559 BGB (neu – früher § 3 MHG) mit 11 % der Anschaffungskosten umgelegt werden)
- Kosten der Berechnung und Aufteilung der Heizkosten (z. B. Kosten der Firma des Wärmemeßdienstes)

4.b) Kosten des Betriebs der zentralen Brennstoffversorgungsanlage (Gas- oder Öltank, der sich auf dem Grundstück befindet)

- Kosten der verbrauchten Brennstoffe bei dem Betrieb der zentralen Brennstoffversorgungsanlage
- Kosten der Lieferung des Betriebsstroms
- Kosten der Überwachung und Reinigung der Anlage und des Betriebsraumes

4.c) Die Kosten der eigenständig gewerblichen Lieferung von Wärme, auch aus Anlagen im Sinne des Buchstaben a)

- Kosten des Entgelts der Wärmelieferung, soweit eine eigenständige gewerbliche Lieferung von Wärme vorliegt, auch wenn die Wärme aus einer zentralen Heizungsanlage geliefert wird
- Kosten des Betriebs der zugehörigen Hausanlage (Übergabestation, Absperrventile usw.)
- Kosten der Einstellung und Wartung von Heizungen (zzgl. kleiner Erneuerungsteile, Dichtungen usw.)
- Kosten der Schornsteinreinigung des Heizungsschornsteins

4.d) Kosten der Reinigung und Wartung von Etagenheizungen

- Kosten der Beseitigung von Wasserablagerungen und Verbrennungsrückständen in der Anlage
- Kosten der regelmäßigen Prüfung der Betriebsbereitschaft
- Kosten der regelmäßigen Prüfung der Betriebssicherheit

- Kosten der damit zusammenhängenden Einstellung durch einen Fachmann
- Kosten der Messung nach dem Bundesimmissionsschutzgesetz

5. Warmwasserkosten

Die Warmwasserkosten können sich in drei Bereiche aufteilen:

a) die Kosten des Betriebs der zentralen Warmwasserversorgungsanlage, wozu die Kosten der Wasserversorgung und die Kosten der Wassererwärmung zählen

b) die Kosten der eigenständig gewerblichen Lieferung von Warmwasser; hierzu gehören das Entgelt für die Lieferung des Warmwassers und die Kosten des Betriebs der dazugehörigen Hausanlagen entsprechend Nr. 4.a)

c) die Kosten der Reinigung und Wartung von Warmwassergeräten, die Kosten der Beseitigung von Wasserablagerungen und Verbrennungsrückständen im Inneren der Geräte sowie die Kosten der regelmäßigen Prüfung der Betriebsbereitschaft und Betriebssicherheit und der damit zusammenhängenden Einstellung durch einen Fachmann; Voraussetzung ist allerdings, daß die Warmwassergeräte funktionsfähig sind und daß sie vom Vermieter angeschafft wurden

6.

a) Die Kosten der verbundenen Heizungs- und Warmwasserversorgungsanlagen bei zentralen Heizungsanlagen entsprechend Nr. 4.a) und entsprechend Nr. 2., soweit sie dort nicht bereits berücksichtigt sind, oder

b) bei der eigenständig gewerblichen Lieferung von Wärme entsprechend Nr. 4.c) und entsprechend Nr. 2., soweit sie nicht bereits berücksichtigt sind, oder

c) bei verbundenen Etagenheizungen und Warmwasserversorgungsanlagen entsprechend Nr. 4.d) und entsprechend Nr. 2., soweit sie nicht dort bereits berücksichtigt sind

7. Die Kosten des Betriebs der maschinellen Personen- oder Lastenaufzüge

- Kosten des Betriebsstroms
- Kosten der Beaufsichtigung
- Kosten der Bedienung
- Kosten der Überwachung und Pflege der Anlage
- Kosten der regelmäßigen Prüfung ihrer Betriebsbereitschaft
- Kosten der regelmäßigen Prüfung ihrer Betriebssicherheit, einschließlich der Einstellung durch einen Fachmann
- Kosten der Reinigung der Anlage

Es dürfte auch zulässig sein, daß **Erdgeschoßmieter** zur Kostenumlage herangezogen werden können. Problematisch ist es, wenn das Mietobjekt aus zwei Häusern besteht und im Nachbarhaus als Wirtschaftseinheit kein Aufzug vorhanden ist. Dann dürften die Mieter des Nachbarhauses nicht zu den Aufzugskosten herangezogen werden. Problematisch ist auch die Abgrenzung der **Reinigungskosten**. Die Reinigung des Fahrstuhlschachtes fällt unter diese Rubrik. Die Reinigung des Fahrstuhls selbst und der Türen muß man wohl unter Hausreinigung zählen.

8. Die Kosten der Straßenreinigung und Müllabfuhr

- die Gebühren für die öffentliche Straßenreinigung
- die Gebühren für die öffentliche Müllabfuhr
- die Kosten für Firmen, die auf privater Basis die Straßenreinigung und Müllabfuhr übernehmen
- die Kosten für das Schneeräumen und die Kosten für das Streuen

Soweit Mietparteien die **Straßenreinigung** oder das **Schneeräumen** und das Streuen gegen Glätte übernehmen, ist, soweit diese Mieter eine Kostenerstattung bekommen, der Kostenansatz auf die anderen Mieter umzulegen; dies gilt auch, wenn eine Mietreduzierung mit dem Mieter vereinbart wurde; in Höhe des Mietausfalls werden dann die Straßenreinigungskosten, soweit sie ortsüblich sind, kalkuliert. Wenn der Vermieter die Arbeiten selbst durchführt, müssen die Kosten in Ansatz gebracht werden, die ein Dritter oder eine Drittfirma hierfür in Ansatz bringen würde (ohne Mehrwertsteuer).

9. Die Kosten der Hausreinigung und Ungezieferbekämpfung

- die Kosten der Säuberung der von den Bewohnern gemeinsam genutzten Gebäudeteile wie Zugänge, Flure, Treppen, Keller, Bodenräume, Waschküchen, der Fahrkorb des Aufzugs
- die Kosten der Fensterreinigung der Gemeinschaftsfenster

Zu den **Kosten** der **Reinigung** zählt auch der Kostenansatz für das Reinigungsmaterial wie Wischtücher, Schrubber, Fensterleder, Reiniger und Reinigungsmittel. Reinigungskosten können nicht umgelegt werden, wenn die Mieter nach einem im Mietvertrag vereinbarten Plan die Reinigung selbst übernehmen. Der Vermieter kann diese Verpflichtung auch nicht einseitig aus dem Mietvertrag herauslösen, wenn sie einmal mit den Mietern vereinbart ist.

Zur **Ungezieferbekämpfung** zählt die Bekämpfung von jeder Art von Ungeziefer in den Gemeinschaftsflächen. Soweit sich die Ungezieferbekämpfung auf eine Wohnung bezieht, müssen diese Kosten aus den Gesamtkosten, wenn diese auch Gemeinschaftsflächen betreffen, herausgerechnet werden.

10. Die Kosten der Gartenpflege

- die Kosten der Pflege gärtnerisch angelegter Flächen
- die Kosten der Erneuerung von Pflanzen und Hölzern
- die Kosten der Pflege von Spielplätzen
- die Kosten der Erneuerung von Sand
- die Kosten der Pflege von Plätzen, Zugängen und Zufahrten, die dem nichtöffentlichen Verkehr dienen und sich auf dem Grundstück befinden, auf dem das Mietobjekt steht

Zu den **Gartenpflegekosten** zählen das Rasenmähen, die Kosten für das Benzin des Rasenmähers und die Unkrautbeseitigung sowie die Abfuhr der Gartenabfälle.

11. Die Kosten der Beleuchtung

- die Kosten des Stroms für die Außenbeleuchtung
- die Kosten des Stroms für die Innenbeleuchtung der Gemeinschaftsflächen wie Zugänge, Flure, Treppen, Keller, Bodenräume und Waschküchen

Nicht zu den **umlagefähigen Kosten** zählen Stromkosten, die dem Mieter in seiner Wohnung selbst entstehen. Nicht zu den Stromkosten oder Kosten der Beleuchtung zählen auch die Kosten für die Glühbirnen, Leuchtstoffröhren oder die sonstigen Beleuchtungsmittel. Derartige Kosten sind Instandhaltungskosten und als solche nicht umlagefähig.

12. Die Kosten der Schornsteinreinigung
- die Kosten des Kaminkehrers (oder Kaminkehrergebühren, soweit eine Gebührenordnung existiert)

Soweit es sich um Kosten für den Heizungskamin handelt, können diese über die Heizungskosten umgelegt werden.

13. Die Kosten der Sach- und Haftpflichtversicherung
- Feuerversicherung
- Sturmversicherung
- Wasserschädenversicherung
- Glasversicherung
- Haftpflichtversicherung für das Gebäude
- Versicherung für den Öltank
- Versicherung für den Aufzug

Nicht hierzu zählen die Kosten der **Rechtsschutzversicherung.**

14. Die Kosten für den Hauswart/Hausmeister
Hierzu gehören die **Vergütung,** die **Sozialbeiträge** und alle geldwerten Leistungen, die der Eigentümer (Erbbauberechtigte) dem Hauswart für seine Arbeit gewährt, soweit diese nicht die Instandhaltung, Instandsetzung, Erneuerung, Schönheitsreparaturen oder die Hausverwaltung betreffen.
Keinesfalls fallen hierunter die **Kosten** für den Hausverwalter. **Hausverwaltungskosten** sind im Wohnraummietrecht prinzipiell nicht umlagefähig. Im Gewerberaummietrecht gibt es hierzu keine Regelung. Im Einzelfall kann die Abgrenzung kompliziert sein. Unter den **Hausmeisterkosten** kann man nicht die Kosten für die Überwachung von Baumaßnahmen oder Durchführung von In-

standhaltungs- oder Instandsetzungsmaßnahmen eingruppieren. Empfehlenswert ist es in einem solchen Fall, sich immer den Hausmeistervertrag zeigen zu lassen und die Kosten herauszurechnen, die als Wartungskosten anzusehen sind oder die deshalb anfallen, weil der Hauseigentümer an einem anderen Ort wohnt und der Hausmeister den Hauseigentümer auch vertritt, wofür er geldwerte Leistungen vom Hauseigentümer erhält. Wichtig ist in diesem Zusammenhang auch immer, daß die Bedienungskosten des Hausmeisters in die einzelnen Rubriken eingruppiert werden müssen. So sind z. B. die Bedienung der Warmwasserversorgungsanlage oder der Heizungsanlage in die entsprechenden Rubriken einzuordnen. Wenn der Vermieter oder ein Angehöriger des Vermieters derartige Leistungen selbst durchführt, kann er die Kosten in Rechnung stellen, die er einem Dritten zahlen würde (ohne Umsatzsteuer).

15. Die Kosten der Antennenanlage

Die II. Berechnungsverordnung teilt diese Kosten in zwei Bereiche auf:

a)
- die Kosten des Betriebs der Gemeinschaftsantennenanlage
- die Kosten des Betriebsstroms
- die Kosten der regelmäßigen Prüfung der Betriebsbereitschaft
- die Kosten der Einstellung durch einen Fachmann
- die Kosten des Nutzungsentgelts für eine nicht zur Wirtschaftseinheit gehörende Antennenanlage oder

b)
- die Kosten des Betriebs der mit einem Breitbandkabelnetz verbundenen privaten Verteileranlage
- Kosten wie a), ferner die laufenden monatlichen Grundgebühren für Breitbandanschlüsse

16. Die Kosten des Betriebs der maschinellen Wascheinrichtungen

Hierzu gehören:
- die Kosten des Betriebsstroms

- die Kosten der Überwachung
- die Kosten der Pflege
- die Kosten der Reinigung der maschinellen Einrichtung
- die Kosten der regelmäßigen Prüfung ihrer Betriebsbereitschaft und Betriebssicherheit
- die Kosten der Wasserversorgung, falls sie nicht bereits unter 2. berücksichtigt sind

Zur **Wascheinrichtung** zählen Waschmaschinen, Wäscheschleudern, Trockengeräte, Trockenschränke, gegebenenfalls auch Bügelmaschinen; Voraussetzung ist, daß alle Bewohner des Mietshauses diese benutzen können.

17. Sonstige Betriebskosten

Unter die sonstigen Betriebskosten fallen die **Betriebskosten**, die in **1.–16.** nicht genannt wurden. Nach der Rechtsprechung zählen hierzu die **Kosten** für **Dachrinnenreinigung**, soweit sie aufgrund eines Mietvertrages umlagefähig sind. Weiter die Kosten für **Müllschlucker, Müllabsauganlagen,** Kosten für **Wartung** und **Prüfung** der **Feuerlöscher**, soweit diese im Mietvertrag vereinbart worden sind. Außerdem die Kosten für Wartung und Prüfung von **Blitzschutzanlagen** mit TÜV-Abnahme, die Kosten für die Wartung einer **Rückstrahlsicherung**, die Kosten für die Wartung einer **Lüftungsanlage** und gegebenenfalls, soweit im Haus vorhanden, die Kosten für ein **Schwimmbad** oder eine **Sauna**.

Anmerkung

Nach der Rechtsprechung sind sonstige Betriebskosten nur dann geschuldet, wenn diese extra im Mietvertrag erwähnt werden. Es empfiehlt sich daher dringend, im Mietvertrag die hier aufgeführten sonstigen Betriebskosten zu erwähnen, damit eine wirksame Umlage erreicht wird (siehe Seite 95f.). Vergißt dies der Vermieter, muß der Mieter die Nebenkosten und die sonstigen Betriebskosten nicht bezahlen (derzeitige Rechtsprechung).

Verteilerschlüssel

Eine **wirksame Nebenkostenvereinbarung** setzt auch voraus, daß sich die Parteien bezüglich der Nebenkosten über den **Verteilungsschlüssel** geeinigt haben. Für die **Heizkosten** gilt als vorrangiges Recht die Heizkostenverordnung. Hinsichtlich der sonstigen Nebenkosten kann nach der Personenzahl, der Wohnfläche oder dem Verhältnis der Mietentgelte der einzelnen Wohnungen abgerechnet werden. Empfehlenswert ist die **Abrechnung** nach **Quadratmeterfläche**, da die Abrechnung nach Personenzahl in der Praxis immer Schwierigkeiten mit sich bringt, weil der Mieter sich gegebenenfalls darauf berufen kann, daß bei anderen Mietern längere Zeit weitere Personen wohnten. Der neu gefaßte § 556 a BGB regelt nunmehr den früher bestehenden Streit, was gilt, wenn im Mietvertrag vergessen worden ist, eine Regelung über den Abrechnungsmaßstab der Nebenkosten-/Betriebskosten zu treffen. **Nach dem neuen § 556 a BGB** gilt nunmehr folgendes: Haben die Vertragsparteien nichts anderes vereinbart, sind die Betriebskosten vorbehaltlich anderweitiger Vorschriften nach dem Anteil der Wohnfläche umzulegen. Betriebskosten, die von einem erfaßten Verbrauch oder einer erfaßten Verursachung durch den Mieter abhängen, sind nach einem Maßstab umzulegen, der dem unterschiedlichen Verbrauch oder der unterschiedlichen Verursachung Rechnung trägt. Dies gilt beispielsweise für Kosten für Wasser und Müll. Der Vermieter hat in diesem Bereich nach § 556 a Abs. 1 Satz 2 BGB die Pflicht, die Kosten nach Verbrauch abzurechnen. Das früher bestehende Wahlrecht des Vermieters trotz erfaßten Verbrauchs nach Wohnfläche abzurechnen gibt es nicht mehr.

Ist eine **Nebenkostenart nicht** genau **bestimmt**, so geht dieser Mangel meistens zu **Lasten** des **Ver-**

mieters. Eine Umlage dieser Nebenkostenart ist dann in der Regel ausgeschlossen.

Die Vereinbarung im Mietvertrag, »Wassergeld« umzulegen, bedeutet, daß die Parteien neben den Kosten für Frischwasser auch die Umlagefähigkeit von Abwasserkosten begründen wollten.

Auf der anderen Seite fallen für den Vermieter oft Kosten an, die keinem genauen Mieter zugeordnet werden können. In diesem Fall kann der Vermieter berechtigt sein, die anfallenden Kosten auf alle Mieter umzulegen, sofern bestimmte Voraussetzungen erfüllt sind. So stellen beispielsweise die **Kosten** für die **Entrümpelung** eines sich auf dem Mietgrundstück befindlichen Schuppens umlagefähige Kosten der Gebäudereinigung bzw. Müllentsorgung dar, und zwar auch dann, wenn irgendeiner der namentlich nicht feststellbaren Mieter dort Gerümpel und Müllsäcke abgestellt hat, sofern der Vermieter die mit Unkosten verbundene Entrümpelung nach vorausgegangener schriftlicher Abmahnung sämtlicher Mietparteien veranlaßt hat. In diesem Fall haften sämtliche Mieter in entsprechender Anwendung der §§ 830 und 840 BGB als Gesamtschuldner für die Kosten der Entrümpelung.

Vorauszahlungen für die Nebenkosten

Wenn im Mietvertrag über eine Vorauszahlung nichts enthalten ist, so schuldet der Mieter **keine Vorauszahlungen**, weil der Vermieter keinen gesetzlichen Anspruch auf Vorauszahlungen hat.

Nach § 556 Abs. 3 BGB (neu – früher § 4 MHG) ist der Vermieter verpflichtet, über die monatlichen Vorauszahlungen der Nebenkosten abzurechnen, soweit nicht eine Pauschalzahlung vereinbart war oder die Nebenkosten im Mietzins enthalten sind. Der Vermieter kann im Mietvertrag von der Abrechnungspflicht im Wohnraummietrecht nicht abweichen.

Welche Rechte hat der Mieter, wenn der Vermieter nicht abrechnet?

Soweit der **Vermieter** bezüglich der Abrechnungspflicht **in Verzug** ist, kann der Mieter bis zu dem Zeitpunkt, zu dem er eine ordnungsgemäße Nebenkostenabrechnung erhält, die **Zahlung** weiterer Vorauszahlungen **ablehnen**. Das Rückforderungsrecht steht dem Mieter spätestens zwölf Monate nach Ende des Abrechnungszeitraumes zu (Haus OLG ZMR 1989, S. 19). Die Rechtsprechung geht davon aus, daß als **Abrechnungszeitraum** höchstens zwölf Monate vereinbart werden können. Der Abrechnungszeitraum muß kein Kalenderjahr sein (1.1. bis 31.12.), sondern er kann auch zum Beispiel vom 1.5. bis 30.4. des darauffolgenden Jahres laufen.

Inhaltliche Anforderungen an eine wirksame Abrechnung

Die Abrechnung muß für den Mieter **nachvollziehbar** und **übersichtlich** sein. Wesentliche Bestandteile einer Abrechnung sind die Berechnung der **Gesamtkosten**, die **Aufgliederung** der **Kosten** nach **Nebenkostenarten**, der angewandte **Verteilungsschlüssel**, die Erläuterung der Anteile der Kosten des Mieters für die einzelnen Betriebskostenarten, der Abzug der Vorauszahlungen und das Ergebnis (Nachzahlung oder Rückzahlung) der Nebenkosten. Der Mieter hat das Recht, die **Nebenkostenunterlagen** am Ort des Mietobjekts **einzusehen**. Der Mieter hat nicht das Recht, daß ihm Kopien der Belege übersandt werden. Wichtig in diesem Zusammenhang ist, daß der Vermieter nur Nebenkosten umlegen kann, die ihn auch betreffen, was aus der Rechnung ersichtlich sein muß. Gefährlich sind Nebenkostenrechnungen, die an einen anderen Empfänger gerichtet sind. Zulässig sind Nebenkostenrechnungen, die auf den Namen der **Hausverwaltung** ausgestellt sind. Ansonsten müssen Vermieter und Nebenkostenrechnungsempfänger identisch sein. Aus den Nebenkostenabrechnungen muß sich ergeben, daß die Kosten für das fragliche Anwesen angefallen sind. Der Mieter ist auch berechtigt, die Unterlagen beim Hausverwalter oder bei einem Rechtsanwalt einsehen zu lassen.

Was ist, wenn der Vermieter die Nebenkostenabrechnung nicht durchführen kann?

Der Vermieter, dem die einschlägigen Unterlagen zur Verfügung stehen, kann und muß innerhalb der **Neunjahresfrist** gemäß § 556 Abs. 3 BGB (neu) spätestens bis zum Ablauf des 12. Monats nach Ende des Abrechnungszeitraums die Abrechnung dem Mieter mitteilen. Nach Ablauf dieser Frist ist die Geltendmachung einer Nachforderung durch den Vermieter gesetzlich ausgeschlossen, es sei denn, der Vermieter hat die verspätete Geltendmachung nicht zu vertreten. Der Vermieter ist zu Teilabrechnungen nicht verpflichtet. Es handelt sich hierbei um eine sogenannte vertretbare Handlung, für die, falls diesbezüglich ein Urteil gegen den Vermieter ergangen ist, ein **Zwangsgeld** verlangt werden kann. Allerdings kann die Zwangsmaßnahme nach § 880 ZPO dann nicht eingeleitet werden, wenn die Handlung dem Vermieter unmöglich ist oder wenn sie von einem dem Einfluß des Vermieters entzogenen Willen abhängt, gleichgültig, ob dies auf einem Verschulden des Verpflichteten beruht oder nicht. **Unmöglichkeit** ist anzunehmen, wenn der ernstlich gewollten Vornahme unüberwindliche Hindernisse entgegenstehen (Bayerisches Oberlandesgericht, NJW 1975, S. 740). Unmöglichkeit würde zum Beispiel vorliegen, wenn der Vermieter die Rechnung nicht mehr auffindet.

Einwendungen des Mieters

Nach der neuen gesetzlichen Regelung des § 556 Abs. 3 BGB muß der Mieter innerhalb einer **Frist von 12 Monaten nach Zugang der Abrechnung** Einwendungen gegenüber dem Vermieter gegen die Abrechnung mitteilen. Nach Ablauf dieser Frist kann der Mieter die Einwendungen nicht mehr geltend machen, es sei denn, der Vermieter hat die verspätete Geltendmachung nicht zu vertreten. Diese rechtlichen Regelungen sind unabdingbares Recht, so daß eine abweichende Regelung in Formular oder sonstigen Mietverträgen nicht möglich ist (§ 556 Abs. 4 BGB).

Zurückbehaltungsrecht

Der Mieter, der wegen Betriebskosten, die **nicht ordnungsgemäß** abgerechnet wurden, ein **Zurückbehaltungsrecht** geltend macht, muß die konkreten Gegenansprüche oder die konkrete Gegenrechnung darlegen. Unzulässig ist, wenn er lediglich gegenüber der Abrechnung des Vermieters Vermutungen ausspricht. Der Mieter muß konkrete Darlegungen bringen, warum die Abrechnung falsch ist; Zweifel allein reichen nicht aus.

Nebenkosten-/Betriebskostenerhöhung

Die bisherige Erhöhungsmöglichkeit nach § 4 MHG ist geändert worden. Nunmehr kann man die Nebenkosten nach § 560 BGB ab 1. 9. 2001 erhöhen. Der Gesetzgeber differenziert zwischen **Betriebspauschalen**, die eine Erhöhungsmöglichkeit im Mietvertrag nicht vorsehen. Ist der Mietvertrag so formuliert worden, daß die Nebenkosten nicht als feste Pauschale vereinbart werden, sondern erhöht werden können, dann kann der Vermieter Erhöhungen der **Betriebskosten durch Erklärung in Textform** anteilig auf den Mieter umlegen. Die Erklärung ist nur wirksam, wenn in ihr der Grund für die Umlage bezeichnet und erläutert wird. Der Mieter schuldet den auf ihn entfallenen Teil der Umlage mit Beginn des auf die Erklärung folgenden übernächsten Monats. Soweit die Erklärung darauf beruht, daß sich die Betriebskosten rückwirkend erhöht haben, wirkt sich auf den Zeitpunkt der Erhöhung der Betriebskosten, höchstens jedoch auf den Beginn des der Erklärung vorausgehenden Kalenderjahres zurück, sofern der Vermieter die Erklärung innerhalb von drei Monaten nach Kenntnis von der Erhöhung abgibt. Die gleiche Regelung gilt für **Ermäßigungen**. Ermäßigen sich die Betriebskosten, so ist eine Betriebskostenpauschale von dem Zeitpunkt der Ermäßigung an entsprechend herabzusetzen. Die Ermäßigung ist dem Mieter nach § 560 Abs. 3 BGB unverzüglich mitzuteilen.

Vorauszahlung/ Erhöhung

Sind Betriebskostenvorauszahlungen vereinbart worden, so kann jede Vertragspartei nach einer Abrechnung durch **Erklärung in Textform** eine **Anpassung** auf eine angemessene Höhe vornehmen (§ 560 Abs. 4 BGB – neu –). Diese Regelungen gelten für Wohnraummietverhältnisse. Bei Gewerberaummietverhältnissen können andere Regelungen getroffen werden.

9. Kaution

Wann darf der Vermieter Kaution verlangen?

Die Vereinbarung einer Kaution stellt die häufigste Form der Sicherheitsleistung des Mieters an den Vermieter dar. Ihrem Wesen nach dient die Kaution der **Sicherung** aller **künftigen Ansprüche** des Vermieters, die aus dem Mietverhältnis erwachsen. Der Vermieter hat grundsätzlich keinen gesetzlichen Anspruch auf Bezahlung einer Kaution. Eine Kaution darf vielmehr nur dann verlangt werden, wenn darüber eine **vertragliche Vereinbarung** getroffen worden ist (vgl. § 551 BGB – neu, früher § 550 b BGB). Wurde also bei Abschluß eines Mietvertrages keine vertragliche Vereinbarung über die Leistung einer Sicherheit in Form einer Kaution durch den Mieter getroffen, hat der Vermieter im nachhinein keinerlei Ansprüche auf Zahlung einer Kaution gegen den Mieter. Genausowenig besteht ein Anspruch des Vermieters auf **Erhöhung** der

Kaution, wenn beispielsweise die im Mietvertrag vereinbarte Kaution weniger als drei Monatsmieten beträgt. Wurde jedoch vereinbart, daß der Mieter eine Kaution zu hinterlegen oder zu zahlen hat, kann der Vermieter die Kaution so lange verlangen, wie ihm noch Ansprüche aus dem Mietverhältnis zustehen, auch wenn dieses bereits längst beendet ist.

Wie hoch darf die Kaution sein?

Gesetzliche Regelung

Gemäß § 551 Abs. 1 BGB (neu – früher § 550 b Abs. 1 Satz 1 BGB) darf die Höhe der Kaution des Wohnungsmieters das **Dreifache** des auf einen Monat entfallenden **Mietzinses nicht übersteigen**. Werden bei einem Mietverhältnis über bestimmte Nebenkosten gesonderte Abrechnungen geführt, so bleiben diese bei der Berechnung der Kaution unberücksichtigt. Da die Bezahlung einer Kaution für den Mieter oftmals eine starke finanzielle Belastung bedeutet, wird darauf hingewiesen, daß der Mieter grundsätzlich berechtigt ist, die Kautionssumme in **drei gleichen monatlichen Raten** zu erbringen. Die erste Teilzahlung ist aber zu Beginn des Mietverhältnisses fällig (§ 551 Abs. 3 BGB neu – früher § 550 b Abs. 1 Satz 3 BGB).

Abweichende Vereinbarungen möglich?

Zum **Nachteil** des **Wohnungsmieters** sind von § 551 BGB abweichende Vereinbarungen gemäß § 551 Abs. 4 BGB (neu – früher § 550 b Abs. 3 BGB) **unzulässig**. Dies gilt für den **Höchstbetrag**, die **Berechnungsweise**, die **Ratenzahlung**, die **Verzinsung** und die Anlage der Kaution. Neben den in § 551 BGB (neu – früher § 550 b BGB) ausdrücklich in Bezug genommenen gesetzlichen Regelungen gilt das Verbot abweichender Vereinbarungen zum Nachteil des Mieters auch für die allgemeinen Rechtsgrundsätze über Kautionsvereinbarungen. Dadurch kann beispielsweise die Abrechnungspflicht des Vermieters nach Vertragsende und Rückgabe der Mietsache nicht dadurch unterlaufen werden, daß die Abrechnungsfrist erheblich über die übliche Dauer vereinbart wird oder ein Kautionsguthaben nur ratenweise zurückgezahlt werden muß. Die Schutzvorschriften in § 551 BGB (neu – früher § 550b BGB) gelten jedoch nur für Verträge, die seit dem 1. 1. 1983 abgeschlossen wurden.

Anpassung der Kaution

Betrachtet man das **Gewerberaummietrecht**, so stellt man fest, daß es dort keine Beschränkung der Kautionshöhe gibt. Für ein gewerbliches Mietverhältnis wird daher dem **Vermieter empfohlen**, eine Klausel dahingehend zu fassen, daß die **Anpassung der Kaution** an den jeweils aktuellen Mietzins während der Mietzeit verlangt werden kann. Gerade im Gewerberaummietrecht zeigt sich aufgrund der Langfristigkeit der Verträge, daß nach Jahren die Kaution nicht einmal der Hälfte der monatlichen Miete entspricht. Eine Klausel könnte folgendermaßen lauten:

Anpassungsklausel

> *»Die Parteien vereinbaren, daß der Vermieter jederzeit durch einseitige Erklärung verlangen kann, daß die Kaution während der Mietzeit dem aktuellen vom Mieter zu zahlenden Mietzins angepaßt wird bzw. daß der Mieter den Betrag nachbezahlt, der der Höhe der Miete entspricht, die am Tag der Nachzahlung verlangt wird.«*

Umstritten ist, ob der Mieter während und auch schon zu Beginn der Mietzeit wegen eigener Ansprüche gegenüber dem Kautionsanspruch des

Vermieters **aufrechnen** kann. Ein Teil der Rechtsprechung geht davon aus, daß sich aus dem Sinn und Zweck der Kaution ein generelles Aufrechnungsverbot ergibt. Da diese Rechtsprechung nicht einheitlich ist, empfiehlt sich folgende Klausel, um eine Klarstellung zu erreichen:

Aufrechnungsverbotsklausel

> *»Zwischen Vermieter und Mieter wird vereinbart, daß die Kaution zur Sicherstellung der Mietzinsforderungen während und am Ende des Mietverhältnisses und sonstiger Forderungen des Vermieters, die sich aus dem Mietverhältnis ergeben, gegeben wird. Der Mieter kann daher gegenüber dem Kautionszahlungsanspruch und dem Anspruch auf Verzinsung der Kaution, soweit sich der Vermieter in Verzug befindet, weder die Aufrechnung erklären noch das Zurückbehaltungsrecht oder sonstige Ansprüche hiergegen geltend machen, soweit diese nicht rechtskräftig festgestellt worden sind oder vom Vermieter anerkannt wurden.«*

Wie ist die Kaution vom Vermieter anzulegen?

Bis zum 1.9. 1993 mußte nach § 550 b Abs. 2 Satz 1 BGB (alte Fassung) der Vermieter die Kaution bei einer »öffentlichen Sparkasse oder einer Bank zu dem für Spareinlagen mit gesetzlicher Kündigungsfrist üblichen Zinssatz« anlegen. Für **nach dem 1.9. 1993** getroffene Kautionsvereinbarungen kann nach Artikel 6 Abs. 3 des 4. Mietrechtsänderungsgesetzes die Anlage bei allen Kreditinstituten mit einem **üblichen Zinssatz für Spareinlagen** mit dreimonatiger Kündigungsfrist erfolgen. Entfallen ist nach der neuen Regelung im Hinblick auf die

§§ 21 bis 22 a des Kreditwesengesetzes der Bezugspunkt »gesetzliche Kündigungsfrist«. Der Begriff »öffentliche Sparkasse« wurde durch den Begriff »Kreditinstitut« ersetzt. Die **Anlagepflicht** des Vermieters entfällt bei Mietverhältnissen, die vor Inkrafttreten des § 550 b BGB (1. 1. 1983) vereinbart worden sind. In einem derartigen Fall ist der Vermieter nicht verpflichtet, die Kaution nachträglich getrennt von seinem Vermögen anzulegen. Der Hintergrund für die Trennung der Kaution vom übrigen Vermögen des Vermieters liegt darin, daß dem Mieter im Falle des Konkurses des Vermieters ein Aussonderungsrecht (§ 43 KO) zustehen soll. Auch im Falle einer Zwangsvollstreckung soll dem Mieter die Möglichkeit einer sogenannten Drittwiderspruchsklage erhalten bleiben (vgl. § 771 ZPO). Häufig liegt der Fall vor, daß der Vermieter nicht nur eine Kaution zu verwalten hat, sondern aufgrund mehrerer Mietparteien auch mehrere Kautionen anzulegen hat; in diesem Fall soll der Vermieter berechtigt sein, die gesamten Kautionen auf einem **Sonderkonto** zu führen, um nicht für jede einzelne Kaution ein separates Kautionskonto führen zu müssen.

Neue Gesetzesregelung für die Anlage

Nach dem neuen Mietrechtsänderungsgesetz ab 1. 9. 2001 können die Vertragsparteien auch eine **andere Anlageform** wählen. In diesem Fall muß die Anlage vom Vermögen des Vermieters getrennt erfolgen und die Erträge stehen dem Mieter zu.

Auskunftsrecht

Ist der Mieter daran interessiert, wie der Vermieter die Kaution angelegt hat, so kann der Mieter vom Vermieter **Auskunft über die Anlage der Kaution** sowie über die **Höhe der tatsächlich gezogenen Zinsen** verlangen.

Neue Kaution bei neuem Eigentümer?

Nach § 556 a BGB gilt für die Mietsicherheit, daß, wenn der Mieter des veräußerten Wohnraums dem Vermieter für die Erfüllung seiner Pflichten Sicherheit geleistet hat, daß dann der Erwerber in die dadurch begründeten Rechte und Pflichten eintritt. Kann bei Beendigung des Mietverhältnisses der Mieter die Sicherheit von dem Erwerber nicht verlangen, so ist der Vermieter weiterhin zur Rückgewähr verpflichtet (§ 566 a BGB – neu).

Wie kann die Kaution verwertet werden?

Ergänzende Auslegung

Da es in den **meisten Fällen** an einer **Abrede** bezüglich der Verwertung der dem Vermieter überlassenen Sicherheit **fehlt**, ist die der Hingabe der Sicherheit zugrundeliegende Abrede der Mietvertragsparteien nach den §§ 133 und 157 BGB unter Berücksichtigung des hypothetischen Parteiwillens und vorwiegend ausgerichtet am Sicherungszweck ergänzend auszulegen. Die Rechtsprechung hat den Grundsatz entwickelt, daß der Vermieter im Zweifel **erst dann** zur **Verwertung** der in der Kaution liegenden Sicherheit berechtigt ist, wenn der Mieter mit der Erfüllung einer Zahlungsverpflichtung aus dem Mietverhältnis **in Verzug** gerät, **nicht** jedoch **schon** bei **Fälligkeit** einer Forderung des Vermieters aus dem Mietverhältnis. Das in bezug auf die Sicherheit bestehende Treuhandverhältnis zwingt den Vermieter dazu, die Sicherheit in der vereinbarten Art nur soweit und nur dann zu verwenden, wie und wenn er sie benötigt, um tatsächlich bestehende Forderungen aus dem Mietverhältnis abzudecken. Der Vermieter ist jedoch nicht verpflichtet, auf die Verwertung der Mietsicherheit zu verzichten, wenn er etwa kurz vor Beendigung des Mietverhältnisses den rückständigen Mietzins auch einklagen könnte. Dies braucht er sich nicht im Mietzahlungsstreit entgegenhalten zu lassen. Liegen die Voraussetzungen für die Verwertung vor, ist der Vermieter hierzu auch schon während des Mietverhältnisses berechtigt.

Vermieter und Mieter streiten sich oft darüber, ob während der Mietzeit und unter welchen Umständen der Vermieter die Kaution in Anspruch nehmen kann. Damit eine Klarstellung erfolgt, empfiehlt sich folgende Regelung:

Kautionsverrechnung

> *»Der Vermieter kann während der Mietzeit mit allen Ansprüchen aus dem Mietverhältnis gegenüber der Kaution aufrechnen.«*

Wann ist die Kaution zurückzubezahlen?

Aufrechnung nach Verjährung

Auch nach Ablauf der sechsmonatigen Verjährungsfrist kann der Vermieter gemäß dem neuen § 548 a BGB mit verjährten Forderungen wegen nicht durchgeführter Schönheitsreparaturen oder Beschädigungen der Mietsache gegen den Kautionsrückzahlungsanspruch des Mieters aufrechnen (Rechtsentscheid BGH 1. 7. 1987 VIII ARZ 2/97, NJW 1987, Seite 2372). Bei einer als Kaution gegebenen Bürgschaft ist die Rechtslage allerdings anders. Der Bürge und Mieter kann sich, falls die Verjährung der Forderungen eingetreten ist, die durch die Bürgschaft gesichert wurden, auf die Verjährung berufen (BGH Urteil vom 28. 1. 1998 XII ZR 63/96, NJW 1998, Seite 981).

Wie ist die Kaution zu verzinsen?

Der Vermieter hat die Barkaution nach § 551 Abs. 3 BGB (neu – früher § 550 b Abs. 2 Satz 2 BGB) mindestens zu dem Zinssatz anzulegen, der für **Spareinlagen mit dreimonatiger Kündigungsfrist** üblich ist. Nach § 551 Abs. 3 Satz 4 BGB (neu – früher § 550 b Abs. 2 Satz 3 BGB) stehen die Zinsen dem Mieter zu und erhöhen die Sicherheit. Unterläßt der Vermieter die verzinsliche Anlage, so ist er deswegen dem Mieter gegenüber schadensersatzpflichtig. Die gesetzliche Regelung in § 551 Abs. 3 BGB (neu – früher § 550 b Abs. 3 BGB) versperrt dem Vermieter von Wohnraum die Möglichkeit, die Kaution des Mieters als zinslosen oder zinsgünstigen Kredit zu verwenden.

Gelten die Kautionsregelungen auch bei Mietverhältnissen über Geschäftsräume?

Die Vorschriften des § 551 BGB (neu – früher § 550 b BGB), die dem Schutz des Mieters dienen sollen, sind bei gewerblichen Mietverhältnissen **nicht anwendbar**, mit der Folge, daß die Parteien die Höhe der Kautionssumme völlig frei vereinbaren können. Der gewerbliche Mieter hat auch keinen Anspruch darauf, seine Kaution in Teilleistungen erbringen zu dürfen. Ebenso ist der Vermieter auch **nicht gehalten**, die **Sicherheitsleistung getrennt** von seinem **Vermögen** anzulegen.

Kann neben der Kaution eine zusätzliche Mietsicherheit gefordert werden?

Schuldbeitritt

§ 550 Abs. 1 Satz 1 BGB (neu – früher § 550 b Abs. 1 Satz 1 BGB), der die zulässige Höhe der Mietkaution auf **drei Monatsmieten beschränkt,** findet keine Anwendung auf Mietsicherheiten, die unter Umständen auch unter Berücksichtigung einer bereits gestellten anderen Sicherheit zusätzlich erbracht werden. Ein typischer Fall hierfür ist der auch als **Schuldmitübernahme** bezeichnete Schuldbeitritt, bei dem ein Dritter zusätzlich neben dem Mieter in das Mietverhältnis eintritt und folglich auch mit dem Mieter für die Verbindlichkeiten aus dem Mietverhältnis einzustehen hat. Es ist jedoch immer im Einzelfall zu prüfen, ob die Schuldmitübernahme der **Umgehung** der zwingenden Vorschrift des § 551 Abs. 1 BGB (neu – früher § 550 b Abs. 1 Satz 1 BGB) dienen soll, wenn der die Schuld mitübernehmende Dritte kein gleichberechtigtes Nutzungsrecht an den Mieträumen hat. Eine Umgehung ist jedenfalls dann nicht gegeben, wenn ein vernünftiger Vermieter sich wegen der finanziellen Verhältnisse des Mieters nicht auf einen Mietvertrag eingelassen hätte. **Typische Beispiele** hierfür sind die Vermietung einer Wohnung an einkommenslose Studenten oder geschiedene Ehepaare, für die die Eltern oder der unterhaltspflichtige andere Ehepartner in den Mietvertrag mit eintreten, oder wenn eine öffentliche Stelle sich zur Befriedigung der Ansprüche des Vermieters bereit erkärt, um damit eine Fortsetzung des Mietverhältnisses nach erfolgter Kündigung gemäß § 543 Abs. 1 a BGB (neu – früher § 554 BGB) wegen Mietrückständen zu erreichen.

Welche Arten von Mietsicherheiten gibt es neben der Kaution?

Bankbürgschaft

Bezüglich der Bankbürgschaft ist darauf hinzuweisen, daß sie aufgrund eines **mangelhaften Inhalts** ein sehr **großes Sicherheitsrisiko** darstellen.

Es muß auf jeden Fall in die Bankbürgschaftsurkunde aufgenommen werden, daß die Summe auf erstes Anfordern zu zahlen ist. Wenn dies vergessen wird, kann der Bürge jegliche Einwendungen aus dem Miet- oder Pachtverhältnis vorbringen. Es muß ebenfalls in die Bürgschaftsurkunde aufgenommen werden, daß diese unwiderruflich, unbefristet, selbstschuldnerisch, ohne Recht der Hinterlegung und unter Verzicht auf jegliche Einreden des Bürgen erteilt wird.

Mietvorauszahlung

Im Hinblick auf die Schwierigkeiten, die viele Vermieter mit der Anlage der Kaution und auch mit dem Zinsanpassungsgesetz haben, gehen immer mehr Vermieter dazu über, anstelle der Kaution sogenannte **Mietvorauszahlungen** zu verlangen. Bei den Mietvorauszahlungen handelt es sich um Zahlungen, deren Höhe gesetzlich nicht festgelegt ist und die mit der künftigen Miete in Teilbeträgen verrechnet werden. Der Vorteil der Mietvorauszahlung ist, daß sie nicht mündelsicher angelegt werden muß, sondern daß der Vermieter hiermit arbeiten kann. Allerdings muß sich der Vermieter darüber klar sein, daß er **bei** einer **Beendigung** des Mietverhältnisses die Mietvorauszahlung **zurückzuzahlen** hat. Die Mietvorauszahlung ist über die Mietdauer zu amortisieren. Deshalb ist es empfehlenswert, im Mietvertrag zu vereinbaren, daß die Mietvorauszahlung bewirkt, daß der Mietzins monatlich um einen gewissen Betrag reduziert wird und somit die Mietvorauszahlung immer mehr abgetragen werden kann.

Musterklausel

> *»Der Mieter zahlt eine Mietvorauszahlung von drei Bruttomieten in Höhe von 1500 EUR als Mietvorauszahlung. Von dieser Mietvorauszahlung wird ein Betrag von monatlich 50 EUR mit der zu zahlenden Miete verrechnet, so daß sich die monatliche Mietzahlungspflicht um 50 EUR reduziert. Die Mietvorauszahlung ist, soweit sie noch nicht voll abgewohnt worden ist, bei vertragsgemäßer Rückgabe der Mietsache an den Mieter zurückzuzahlen. Sie kann auch mit etwaigen Schadensersatzansprüchen oder Ansprüchen aus nicht durchgeführten Schönheitsreparaturen oder sonstigen Ansprüchen aus dem Mietvertrag verrechnet werden.«*

Hinweise

Gerade für den Fall des **Zahlungsrückstandes** ist es empfehlenswert, im Rahmen einer Vereinbarung das Verlangen der Kaution aufzunehmen, wenn der Mieter während der Mietzeit mit zwei Mietzinszahlungen in Rückstand gekommen ist. Im **Gewerberaummietrecht** kann die Rückzahlung der Mietvorauszahlung auch so geregelt werden, daß diese, falls es zu einer vorzeitigen Beendigung des Mietverhältnisses kommt, erst nach dem tatsächlichen Mietzeitraum, der vereinbart war, zurückzuzahlen ist. Es könnte auch vereinbart werden, daß bei Aufhebung des Mietvertrages aus Gründen, die der Mieter zu vertreten hat, die Mietvorauszahlung nicht zurückzuerstatten ist. Eine derartige Regelung ist im Wohnraummietrecht wegen der Möglichkeit des Verstoßes gegen § 547 BGB (neu – früher § 557 a BGB) unzulässig.

10. Was kann in Mietverträgen durch Vertragsklauseln vereinbart werden?

Allgemeines

Formularmietvertrag

In den allermeisten Fällen verwenden die Vermieter heute bei Abschluß eines Mietvertrages sogenannte Formularmietverträge, wie sie z. B. vom Haus- und Grundbesitzerverein angeboten werden. Die in diesen Verträgen abgedruckten Klauseln stellen regelmäßig allgemeine Geschäftsbedingungen dar und unterliegen dem am 1. 4. 1977 in Kraft getretenen AGB-Gesetz.

Das AGB-Gesetz

Der **Anwendungsbereich** des AGB-Gesetzes ist jedoch **eingeschränkt**, wie sich aus den §§ 23 und 24 AGB-Gesetz ergibt. In sachlicher Hinsicht findet das Gesetz keine Anwendung bei den Verträgen auf dem Gebiet des Arbeits-, Erb-, Familien- und Gesellschaftsrechts. In persönlicher Hinsicht finden einige Normen keine Anwendung auf allgemeine Geschäftsbedingungen, die gegenüber einem Kaufmann verwendet werden, wenn der Vertrag zum Betrieb seines Handelsgewerbes gehört (siehe § 24 Satz 1 AGB-Gesetz).

Was sind allgemeine Geschäftsbedingungen?

Begriffsbestimmung

Allgemeine Geschäftsbedingungen sind alle für eine Vielzahl von Verträgen vorformulierten Vertragsbedingungen, die eine Vertragspartei (Verwender) der anderen Vertragspartei bei Abschluß eines Vertrages stellt (§ 1 AGB-Gesetz).

1. Es muß sich um **Vertragsbedingungen** handeln, d. h. um Regelungen, die den Vertragsinhalt gestalten sollen. Nicht erforderlich ist, daß

über sie verhandelt wurde; § 1 erfaßt auch Regelungen, die unwirksam sind oder deren Einbeziehung typischerweise an § 2 scheitert. Auch einseitige Rechtsgeschäfte des Kunden, die auf einer Vorformulierung des Verwenders beruhen, fallen unter § 1.

2. Die Vertragsbedingungen müssen **vorformuliert** sein. Dies ist der Fall, wenn sie für eine mehrfache Verwendung schriftlich aufgezeichnet oder in sonstiger Weise fixiert sind. Unselbständige Ergänzungen (z. B. Bezeichnung des Objekts, Einfügung eines Betrages oder einer Zahl) ändern am AGB-Charakter nichts. Allgemeine Geschäftsbedingungen liegen auch dann vor, wenn zwischen mehreren vorformulierten Fassungen zu wählen ist.
3. Die Vertragsbedingungen müssen **für eine Vielzahl von Verträgen aufgestellt** worden sein. Nicht erforderlich ist eine unbestimmte Vielzahl von Verwendungsfällen. AGB sind auch die für eine bestimmte Zahl von Mietobjekten entworfenen Vertragsbedingungen. Die untere Grenze liegt bei drei bis fünf Verwendungen; das Gesetz gilt aber bereits im ersten Verwendungsfall.
4. Der Verwender muß dem **anderen Vertragspartner die Bedingungen stellen**, d. h., er muß die Einbeziehung der vorformulierten Bedingungen in den Vertrag verlangen.

Abgrenzungen

Soweit die Vertragsbedingungen zwischen den Parteien im einzelnen ausgehandelt wurden, also eine **Individualvereinbarung** vorliegt, ist das **Gesetz nicht anwendbar**. Für eine Individualvereinbarung genügt nicht, daß der andere Teil über Bedeutung und Tragweite der vorformulierten Klauseln belehrt worden ist. Unerheblich ist auch eine vom Kunden besonders unterschriebene Erklärung, der Vertragsinhalt sei in allen Einzelheiten ausgehandelt; sie kann wirkliches Aushandeln nicht ersetzen und ist gemäß § 11 Nr. 15 b AGB-Gesetz unwirksam. Für eine Individualvereinbarung genügt es nicht, daß der Formulartext zu Änderungen oder Streichungen auffordert, daß der Kunde zwischen verschiedenen vorformulierten Bedingungen wählen kann oder daß einige Lücken im Formular individuell auszufüllen sind.

Ein vom Vermieter verwandter Formularmietvertrag über Wohnraum wird nicht dadurch zur Individualabrede, daß der Mieter wenige Tage nach Unterzeichnung des Formularmietvertrages ein vom Vermieter ebenfalls formularmäßig erstelltes Schriftstück unterschreibt, worin er bestätigt, daß er vor Abschluß des Mietvertrages ausreichend Zeit gehabt habe, denselben durchzulesen, die einzelnen Bestimmungen zu prüfen und zur Kenntnis zu nehmen, ohne daß er sich vorbehaltlos mit allen Bestimmungen des Vertrages einverstanden erkläre.

Beweislast

Für die **Beweislast** gilt: Wer sich auf den Schutz des Gesetzes beruft, muß im Streitfall beweisen, daß die zum Vertragsbestandteil gemachten Klauseln allgemeine Geschäftsbedingungen im Sinne von § 1 Abs. 1 AGB-Gesetz sind.

Der Mieter kann z. B. den Beweis dadurch führen, indem er mindestens zwei weitere Mietverträge seines Vermieters mit anderen Mietern vorlegt, die die strittige Klausel zumindest inhaltlich gleich – nicht unbedingt wortgetreu – ebenfalls enthalten. Der Vermieter muß in einem solchen Fall den Beweis antreten, daß die Klausel im einzelnen ausgehandelt, also vor Unterzeichnung des Vertrages zur Disposition gestellt wurde, und daher nach § 1 Abs. 2 AGB-Gesetz keine Geschäftsbedingung darstellt.

Unter welchen Voraussetzungen werden allgemeine Geschäftsbedingungen Bestandteil eines Vertrages?

Allgemeine Geschäftsbedingungen werden nur dann **Bestandteil** eines Vertrages, wenn der Verwender bei Vertragsschluß

»1. die **andere Vertragspartei** ausdrücklich oder, wenn ein ausdrücklicher Hinweis wegen der Art des Vertragsabschlusses nur unter unverhältnismäßigen Schwierigkeiten möglich ist, durch deutlich sichtbaren Aushang am Ort des Vertragsabschlusses **auf sie hinweist** und

2. der anderen Vertragspartei die **Möglichkeit** verschafft, in zumutbarer Weise von ihrem Inhalt **Kenntnis zu nehmen**, und wenn die **andere Vertragspartei** mit ihrer **Geltung einverstanden** ist« (§ 2 Abs. 1 AGB-Gesetz).

Ausdrücklicher Hinweis auf AGB

Der Verwender muß **ausdrücklich** darauf **hinweisen**, daß der Vertrag **unter Zugrundelegung** seiner allgemeinen Geschäftsbedingungen abgeschlossen werden soll. Der Hinweis kann schriftlich oder mündlich erfolgen. In der Regel ist er in dem vom Verwender vorformulierten Antragsformular enthalten, muß aber wegen der geforderten Ausdrücklichkeit so angeordnet und gestaltet sein, daß er von einem Durchschnittskunden auch bei flüchtiger Betrachtung nicht übersehen werden kann.

Welche Klauseln sind Vertragsinhalt?

Der **Hinweis** muß **klar erkennen** lassen, **welche Klauseln Vertragsinhalt** werden sollen. Die Bezugnahme auf »umseitige AGB« erfaßt nicht die von den AGB räumlich abgesetzten Vorbemerkungen oder den Teil der AGB, der auf einem besonderen, nicht mit ausgehändigten Blatt abgedruckt ist (OLGFrankfurt/Main, NJW 1989, S. 1096). Der Hinweis muß bei Vertragsabschluß gegeben werden.

Kenntnisnahme

Der Kunde muß in **zumutbarer Weise** von dem Inhalt der AGB **Kenntnis nehmen können**. Dazu gehört auch, daß die AGB für einen Durchschnittskunden mühelos lesbar sind, ferner ein Mindestmaß an Übersichtlichkeit und einen im Verhältnis zur Bedeutung des Geschäftes vertretbaren Umfang haben.

Verständlichkeit

Aus § 1 Nr. 2 AGB-Gesetz ergibt sich das Gebot, daß die AGB für den Durchschnittskunden **verständlich** sein müssen. Klauseln, die nicht nur in den Randzonen, sondern auch in ihrem Kernbereich unklar oder für einen Nichtjuristen unverständlich sind, sind unwirksam. Hierunter fällt z. B. die schon in einem früheren Kapitel erwähnte Klausel *»der Mieter hat die Nebenkosten zu tragen«*.

Einverständnis

Des weiteren bedarf es des **Einverständnisses** des Kunden. Das Einverständnis kann, soweit für die Verträge keine Formvorschriften bestehen, auch schlüssig erklärt werden; es ist in der Regel zu bejahen, wenn es nach vorheriger Erfüllung von § 2 AGB-Gesetz Abs. 1 Nr. 1 und 2 zum Vertragsabschluß kommt.

Überraschende Klauseln

§ 3 AGB-Gesetz nennt man eine negative Einbeziehungsvoraussetzung. Danach werden allgemeine Geschäftsbedingungen, die nach den Umständen, insbesondere nach dem äußeren Erscheinungsbild des Vertrags so **ungewöhnlich** sind, daß der Vertragspartner des Verwenders mit ihnen nicht zu rechnen brauchte, nicht Vertragsbestandteil. Die Vorschrift ist nur bei Klauseln mit einem starken **Überraschungsmoment** anwendbar. Die Klausel muß nach den Umständen so ungewöhnlich sein, daß der Kunde mit ihr keinesfalls zu rechnen brauchte; ihr muß ein Überrumpelungs- oder ein Übertölpelungseffekt innewohnen.

Gehen Zweifel über die Auslegung einzelner Klauseln zu Lasten des Mieters?

Nach § 5 AGB-Gesetz gilt, daß Zweifel bei der Auslegung allgemeiner Geschäftsbedingungen zu **Lasten** des **Verwenders** (= derjenige, der die allgemeinen Geschäftsbedingungen vorlegt) gehen. Dies wird in der Regel der Vermieter sein.

Diese Unklarheitenregel beruht auf dem Gedanken, daß es Sache des Verwenders ist, sich klar und unmißverständlich auszudrücken. Voraussetzung für die Anwendung ist, daß nach Ausschöpfung der in Betracht kommenden Auslegungsmethoden ein nicht behebbarer Zweifel bleibt und mindestens zwei Auslegungen rechtlich vertretbar sind. Ist das der Fall, so ist im Zweifel der für den Mieter günstigeren Auslegung der Vorzug zu geben.

Führt die Unwirksamkeit einzelner Klauseln zur Unwirksamkeit des ganzen Vertrages?

Entgegen § 139 BGB, der bei Nichtigkeit eines Teils eines Rechtsgeschäfts die Gesamtnichtigkeit zur Folge hat, bestimmt § 6 AGB-Gesetz, daß, sofern allgemeine Geschäftsbedingungen ganz oder teilweise nicht Vertragsbestandteil geworden oder unwirksam sind, der **Vertrag im übrigen wirksam** bleibt. **An** die **Stelle** der unwirksamen Vorschriften treten dann die **gesetzlichen Vorschriften**. Stellt der Vertrag dann immer noch eine unzumutbare Härte für einen Vertragsteil dar, so ist der Vertrag insgesamt unwirksam. Dies dürfte jedoch nur in äußerst seltenen Fällen gegeben sein.

Sogenannte salvatorische Klauseln, wonach im Falle der Unwirksamkeit nicht das dispositive Recht, sondern eine Regelung gelten soll, deren wirtschaftlicher Erfolg dem der unwirksamen Klausel soweit wie möglich entspricht, sind wegen Verstoßes gegen § 6 Abs. 2 AGB-Gesetz nichtig.

Wie kann man das AGB-Gesetz umgehen?

Dies ist überhaupt nicht möglich, da in § 7 AGB explizit geregelt ist, daß das AGB-Gesetz auch dann Anwendung findet, wenn seine Vorschriften durch anderweitige Gestaltung **umgangen** werden.

Ob eine **Umgehung** vorliegt, entscheidet eine vom Zweck des Gesetzes ausgehende **wirtschaftliche Betrachtung**. Eine Umgehung ist zu bejahen, wenn durch eine vom Gesetz verbotene Regelung bei gleicher Interessenlage eine andere rechtliche Gestaltung erreicht werden soll, die objektiv nur den Sinn haben kann, das gesetzliche Verbot zu umgehen. Es genügt das Vorliegen der objektiven Voraussetzungen, eine Umgehungsabsicht ist nicht erforderlich. Gleichgültig ist, ob der Umgehungsversuch das Gesetz im ganzen betrifft oder ein einzelnes Verbot.

Welche Klauseln sind unwirksam?

Allgemeines

Im Gegensatz zu individuell ausgehandelten Klauseln, deren Wirksamkeit sich allein danach bestimmt, ob die Klauseln gegen ein gesetzliches Verbot, die **guten Sitten** oder **gegen Treu und Glau-**

ben verstoßen, bestimmt sich die **Wirksamkeit** von allgemeinen Geschäftsbedingungen nur nach dem **AGB-Gesetz**. Das AGB-Gesetz beinhaltet schärfere Inhaltsschranken als die allgemeinen Grenzen der Vertragsfreiheit, weil der Verwender für die vorformulierten Klauseln allein die Freiheit inhaltlicher Gestaltung in Anspruch nimmt und den Kunden auf die Abschlußfreiheit beschränkt. Es muß gewährleistet sein, daß der Kunde durch allgemeine Geschäftsbedingungen **nicht unangemessen benachteiligt** wird. So sieht das Gesetz einen umfangreichen Katalog verbotener Klauseln vor (§§ 10, 11 AGB-Gesetz). Diese Regelungen werden ergänzt durch eine Generalklausel (§ 9 AGB-Gesetz), die das Kernstück des Gesetzes bildet. Sie legt den Maßstab der Inhaltskontrolle fest und ist zugleich allgemeiner Auffangtatbestand.

Nach § 11 AGB-Gesetz ist unter anderem unwirksam:

- Ein **Ausschluß** von **Schadensersatzansprüchen** wegen Mängeln der Mietsache, wenn der Gewährleistungsausschluß auch grobe Fahrlässigkeiten oder Vorsatz des Vermieters und seiner Erfüllungsgehilfen umfaßt (Verstoß gegen § 11 Nr. 7 AGB-Gesetz) (BayOLG, Rechtsentscheid, WM 1985, S. 49).
- Die **formularmäßige Bestimmung** *»Der Vermieter haftet nicht für rechtzeitige Freistellung der vermieteten Räume durch den bisherigen Mieter, es sei denn, der durch den Mieter entstandene Schaden beruht auf einer vorsätzlichen oder grob fahrlässigen Vertragsverletzung des Vermieters oder auf einer vorsätzlichen oder grob fahrlässigen Vertragsverletzung eines gesetzlichen Vertreters oder des Erfüllungsgehilfen des Vermieters«* verstößt gegen das Klauselverbot des § 11 Nr. 8 a AGB-Gesetz, wonach in allgemeinen Geschäftsbedingungen eine Bestimmung unwirksam ist, durch die für den Fall des **Leistungsverzugs** des Verwenders das

Recht des anderen Vertragsteils, sich vom **Vertrag** zu **lösen, ausgeschlossen** oder **eingeschränkt** wird (OLG München, WM 1989, S. 128).

- Eine Bestimmung, wonach sich der Vermieter für einen speziellen Fall, wie zum Beispiel dem Zahlungsverzug, eine Strafe versprechen läßt.
- *»Der Mieter kann gegenüber dem Mietzins mit einer Gegenforderung nur aufrechnen oder ein Zurückbehaltungsrecht ausüben, wenn die Gegenforderung, die auf dem Mietverhältnis beruht, unbestritten ist oder ein rechtskräftiger Titel vorliegt.«* Diese **Klausel** ist **zulässig,** weil unbestrittene sowie rechtskräftig festgestellte Forderungen zur Aufrechnung zugelassen werden müssen, ebenso auch solche Forderungen, die entscheidungsreif sind (§ 11 Nr. 3 AGB-Gesetz).

Folgende **Klausel** im Mietvertrag ist ebenfalls **wirksam:**

- *»Für den erhöhten Verwaltungs- und Vermietungsaufwand Ihrer vorzeitigen Vertragsauflösung bezahlen Sie eine Pauschalabgeltung in Höhe von einer Monatsmiete – netto/kalt – ohne besonderen Nachweis des Vermieters.«*
  (OLG Hamburg, Rechtsentscheid, WM 1990, S. 244)

Nach § 10 AGB-Gesetz ist unter anderem **unwirksam:**

- Die Vereinbarung eines Rechts des Verwenders, die **versprochene Leistung** zu **ändern** oder von ihr **abzuweichen, wenn nicht** die Veränderung der Vereinbarung oder Abweichung unter Berücksichtigung der Interessen des Verwenders für den anderen Vertragsteil **zumutbar** ist; so zum Beispiel der Vorbehalt, dem Mieter einer Messestandfläche einen anderen Platz zuzuweisen.
- Eine Bestimmung, nach der der Verwender für den Fall, daß eine Vertragspartei vom Vertrag zurücktritt oder den Vertrag kündigt, eine **unangemessen hohe Vergütung** für die Nutzung oder den Gebrauch einer Sache oder eines Rechts verlangen kann.

Verstößt die **Klausel nicht** gegen eines der Klauselverbote **des § 11 bzw. des § 10 AGB-Gesetz,** so ist sie am **Maßstab des § 9 AGB-Gesetz** zu **messen.** Gemäß **§ 9 AGB-Gesetz** ist eine Bestimmung dann **unwirksam,** wenn sie den Vertragspartner des Verwenders entgegen den Geboten von Treu und Glauben unangemessen benachteiligt.

Nachfolgend finden Sie einige Klauseln, die die Gerichte aufgrund eines **Verstoßes** gegen **§ 9 AGB-Gesetz** für unwirksam erklärt haben:

- Die Bestimmung, daß, wenn bei **Kanal-** oder **Leitungsverstopfungen** im Hause, in dem sich die Mietwohnung befindet, der Verursacher des Schadens nicht ermittelt werden kann, alle Mieter anteilig für die Kosten der Schadensbehebung haften, ist unwirksam.
- Die formularmietvertragliche Vereinbarung, die den Vermieter berechtigt, bestehende **Balkone** zu **beseitigen** oder die unbenutzbar werdenden **Balkone nicht zu reparieren,** ist als einheitliche Klausel unwirksam.
- Die Bestimmung, daß der Mieter verpflichtet ist, unbeschadet einer während der Mietzeit durchgeführten **Renovierung** rechtzeitig vor dem Auszug die Räume auf seine Kosten renovieren zu lassen, ist wegen Verstoßes gegen § 9 AGB-Gesetz unwirksam, da diese Regelung den Zeitpunkt der letzten Schönheitsreparaturen völlig außer acht läßt und den Mieter entgegen Treu und Glauben unangemessen benachteiligt.
- Die Klausel in einem Formularvertrag über die Vermietung einer Gaststätte, der Mieter habe die für den Betrieb erforderliche behördliche Erlaubnis auf seine Kosten und auf sein Risiko beizubringen, ist wegen Verstoßes gegen § 9 Abs. 2 Nr. 1 und 2 AGB-Gesetz unwirksam, denn sie schließt die Haftung des Vermieters auch für den Fall aus, daß die Konzession auch aus Gründen versagt wird, die ausschließlich auf der Beschaffenheit der Lage des Mietobjektes beruhen.

Dagegen sind folgende **Klauseln** für **wirksam** erklärt worden:

- *»Für die Rechtswirksamkeit einer Erklärung des Vermieters genügt es, wenn sie gegenüber einem der Mieter abgegeben wird.«* Diese Klausel ist nicht nach § 9 AGB-Gesetz unwirksam, denn die Empfangsvollmacht entspricht im wesentlichen Grundgedanken der gesetzlichen Regelung des § 164 Abs. 3 BGB.
- *»Bei Beendigung des Mietverhältnisses findet die Vorschrift des § 568 BGB keine Anwendung.«* Nach der Rechtsprechung ist die Klausel allerdings nur wirksam, wenn der Gesetzestext zu § 545 BGB (neu – früher § 568 BGB) extra im Mietvertrag abgedruckt wurde.
- *Die in einem Formularmietvertrag über Wohnraum unter Abweichung von § 573 c Abs. 1 Satz 1 BGB (neu – früher § 565 Abs. 2 Satz 1 BGB) festgelegte Veränderung der Kündigungsfrist auf sechs Monate hält der Inhaltskontrolle nach § 9 AGB-Gesetz stand.*
- Eine formularmäßige Klausel, wonach der Mieter bei Ende des Mietverhältnisses je nach dem Zeitpunkt der **Schönheitsreparaturen** während der Mietzeit einen prozentualen Anteil an Renovierungskosten aufgrund des **Kostenvoranschlages** eines vom Vermieter ausgesuchten Malerfachgeschäftes zu zahlen hat, ist jedenfalls dann wirksam, wenn sie den Kostenvoranschlag nicht ausdrücklich für verbindlich erklärt, die für die Abgeltung maßgeblichen Fristen und Prozentsätze im Verhältnis zu den üblichen Renovierungsfristen berücksichtigt und dem Mieter nicht untersagt, seiner anteiligen Zahlungsverpflichtung dadurch zuvorzukommen, daß er vor dem Ende des Mietverhältnisses Schönheitsreparaturen in kostensparender Eigenarbeit ausführt. Wirksam ist eine derartige Klausel auch bei der Vermietung einer unrenoviert oder renovierungsbedürftig überlassenen Wohnung jedenfalls dann, wenn die für die Durchführung sowie die anteilige Abgeltung der Schönheitsreparaturen maßgeblichen Fristen nicht vor dem Anfang des Mietverhältnisses zu laufen beginnen.

Reihenfolge der Überprüfung

Für die Reihenfolge der Überprüfung gilt, daß **zunächst** die **Verbote des § 11 (keine Bewertungsmöglichkeit;** siehe unten) heranzuziehen sind, **dann** die des § 10 **(Mitbewertungsmöglichkeit), dann § 9 Abs. 2** und erst **zuletzt § 9 Abs. 1 AGB-Gesetz**. Diese Paragraphen gelten allerdings nur für Bestimmungen allgemeiner Geschäftsbedingungen, durch die von Rechtsvorschriften abweichende oder diese ergänzende Regelungen vereinbart werden. Während ein Verstoß gegen eine der in § 11 AGB-Gesetz aufgezählten Bestimmungen zwingend zur Unwirksamkeit führt, unterliegen die Klauselverbote des § 10 AGB-Gesetz der richterlichen Würdigung.

11. Veräußerung des Mietobjektes

Gesetzliche Regelung

Im deutschen Recht gilt das **Prinzip** »Veräußerung bricht nicht Miete«. Nach § 566 BGB (neu – früher § 571 BGB) übernimmt der Erwerber mit allen Rechten und Pflichten das Mietverhältnis, sobald er Eigentümer des Mietobjekts geworden ist. Eigentümer wird er erst dann, wenn die Auflassung (nicht die Auflassungsvormerkung) eingetragen ist. Die vielfach in notariellen Verträgen enthaltene Klausel »Besitz, Nutzen und Lasten gehen am Tag der Zahlung auf den Käufer über« bedeutet in keiner Weise, daß nach Zahlung des Kaufpreises der Erwerber wirklich in die Vermieterstellung einrückt.

Die Vermieterstellung erlangt der Erwerber erst, wenn er mit der Auflassung (Umschreibung des Eigentums) im Grundbuch eingetragen wurde. Dies kann oft Monate nach dem Tag der Zahlung des Kaufpreises liegen. Aus diesem Grund empfiehlt sich, folgende Klausel in jeden Grundstückskaufvertrag aufzunehmen:

> *»Der Erwerber erhält ab Besitzübergang von der Veräußererseite die Vollmacht, die Veräußererseite in allen Mietangelegenheiten zu vertreten, insbesondere in Angelegenheiten der Kündigung, der Modernisierung, Mieterhöhung usw. Auf Verlangen sind die Veräußerer verpflichtet, dem Erwerber sofort eine entsprechende Vollmacht auszustellen. Umgekehrt verpflichtet sich der Erwerber, sämtliche Kosten zu übernehmen, die durch die Ausübung der Vollmacht entstehen.«*

Sonderfälle der Rechtsnachfolge

Sind, was in der Praxis häufig vorkommt, der Ehemann und die Ehefrau Vermieter des Mietobjekts, steht das Eigentum des Mietobjekts aber nur dem Ehemann zu, so bedeutet die Veräußerung nach § 566 BGB (neu – früher § 571 BGB) **nicht**, daß der **Erwerber** mit allen Rechten und Pflichten **automatisch in den Mietvertrag eintritt**, weil die Rechtsfolge des § 566 BGB (neu – früher § 571 BGB) nur einen der beiden Vertragspartner (hier der Ehemann) als Vermieter betrifft.

Wann wird der Käufer Vermieter?

Bei jeder Kündigung, Mieterhöhung oder sonstiger Rechtshandlung eines neuen Vermieters sollte sich der Mieter den **Grundbuchauszug vorlegen** lassen, um festzustellen, ob der **Käufer** wirklich schon in die **Vermieterstellung** eingerückt ist. Die Vermieterstellung erhält nämlich der neue Käufer erst ab dem Zeitpunkt, ab dem er im Grundbuch als Eigentümer eingetragen ist. Die vielfach verbreitete falsche Ansicht, daß die **Auf-**

lassungsvormerkung ausreichend ist, ist **unzutreffend**. Vor der Eigentumsumschreibung im Grundbuch schuldet der Mieter weiterhin dem veräußernden Vermieter den Mietzins, es sei denn, der Veräußerer hat seine **Mietzinsansprüche** bereits an den Erwerber **abgetreten**. Allerdings beinhaltet die Abrede in einem notariell beurkundeten Kaufvertrag, daß Besitz, Nutzen, Lasten und Gefahr zu einem bestimmten Zeitpunkt auf den Erwerber übergehen sollen, regelmäßig **keine** Abtretung der Mietzinsansprüche. Auch in den meisten Notarverträgen über Grundstücksverkäufe oder Wohnungsverkäufe wird immer wieder übersehen, daß nach Zahlung des Kaufpreises der neue Erwerber noch lange nicht die Rechtsstellung des Vermieters hat. Aus diesem Grund empfiehlt sich in die notariellen Kaufverträge die Aufnahme folgender Klausel:

> *»Zwischen den Parteien wird vereinbart, daß ab dem... (meist Zahlung des Kaufpreises) Besitz, Nutzen und Lasten auf den Käufer übergehen. Der Veräußerer tritt hiermit sämtliche bisher bestehenden Mietzinsansprüche und künftige Mietzinsansprüche an den Erwerber ab. Der Erwerber nimmt diese Abtretung an. Die Parteien verpflichten sich, eine gesonderte Abtretungserklärung speziell für den Mieter nach beiliegendem Text zu unterzeichnen.«*

Umfang des Mietvertragsübergangs

Verbleib bisheriger Mietzinsansprüche

Bei einer Veräußerung nach § 566 BGB (neu – früher § 571 BGB) geht das Mietverhältnis mit allen Rechten und Pflichten auf den Erwerber über. Auch die **Mietzinsansprüche** stehen ab Eigentumsübergang dem neuen Erwerber zu. Wichtig ist allerdings, daß er die vorhergehenden Ansprüche nur im Wege der Abtretung erwirbt.

Bisherige Mietzinsansprüche/ Nebenkostenabrechnung

Aus diesem Grund empfiehlt sich im Kaufvertrag über eine Immobilie unbedingt auch zu regeln, was mit den bisherigen Mietzinsansprüchen geschieht. Ebenso muß dringend eine **Regelung** darüber getroffen werden, wer die Nebenkostenabrechnung durchführt, da es in der Praxis immer wieder vorkommt, daß Mieter von den neuen Eigentümern die Nebenkostenabrechnungen verlangen und die Nebenkostenvorauszahlungen wegen nicht erteilter Nebenkostenabrechnungen einstellen. Aus diesem Grund ist **folgende Klausel** für den Grundstückskaufvertrag **wesentlich**:

Musterklausel

»Der Veräußerer tritt an den Erwerber die bisher noch offenstehenden Mietzinszahlungsansprüche und Schadensersatzansprüche in voller Höhe ab. Der Käufer nimmt die Abtretung an. Der Veräußerer verpflichtet sich, dem Käufer innerhalb von 14 Tagen nach Unterzeichnung dieser Vereinbarung eine Aufstellung der offenstehenden Mieten, die noch nicht von den Mietern bezahlt worden sind, zukommen zu lassen. Der Veräußerer verpflichtet sich, soweit über Nebenkosten nach den laufenden Mietverträgen noch nicht abgerechnet worden ist, die Nebenkostenabrechnung durchzuführen. Des weiteren verpflichtet er sich, sämtliche Unterlagen, die das Mietobjekt betreffen, an den Erwerber herauszugeben. Insbesondere sind dies auch Kopien der bisherigen Nebenkostenabrechnungen, sämtliche Mietverträge, etwaige Pläne, Genehmigungs- oder sonstige Bescheide von Behörden und die vorliegenden Ne-

benkostenrechnungen (in Kopie) der letzten drei Jahre. Der Erwerber erwirbt Schadensersatzansprüche des bisherigen Vermieters nur, wenn diese erst nach seinem Eintritt als Vermieter in den Mietvertrag fällig geworden sind.«

Kündigungsrechte

Kündigungsrechte erwirbt der Erwerber einer Immobilie nach § 566 BGB (neu – früher § 571 BGB) **nur** dann, **wenn** es sich um keine **höchstpersönlichen Kündigungsrechte**, wie z. B. Kündigung wegen Eigenbedarfs oder mangelnder wirtschaftlicher Verwertbarkeit, handelt.

Hat der Mieter ein Vorkaufsrecht?

Die Gesetzgebung unterscheidet zwei Fälle.

Die öffentlich geförderte Mietwohnung

Wird eine öffentlich geförderte Mietwohnung in eine **Eigentumswohnung umgewandelt**, so hat im Verkaufsfall an Dritte der Mieter gemäß § 2 b Wohnungsbindungsgesetz ein **Vorkaufsrecht**. Das Vorkaufsrecht kann der Mieter **innerhalb von sechs Monaten geltend** machen. Voraussetzung ist, daß der Vermieter, der das dem Wohnungsbindungsgesetz unterliegende Haus in Eigentumswohnungen umwandeln will, dem Mieter den gesamten Kaufvertrag mit vollständigem Inhalt aushändigt, den er mit einem künftigen Erwerber vereinbart hat. Dieses Vorkaufsrecht nach § 2 b Wohnungsbindungsgesetz hat der Mieter nur, wenn seine Wohnung an Dritte verkauft wird, nicht, wenn das gesamte Haus verkauft wird. Eine

Ausnahme ist allerdings dann gegeben, wenn sich aus dem Gesamtverkauf des öffentlich geförderten Mietobjekts die Konkretisierung der Wohnung im einzelnen ergibt (Rechtsentscheid des Bayerischen Oberlandesgerichts vom 16.4. 1992, WM 1992, S. 351).

Frei finanzierter Wohnraum

Seit dem 4. Mietrechtsänderungsgesetz gibt es ein **spezielles Vorkaufsrecht** für Mieter von frei finanzierten Wohnungen gemäß § 577 BGB (neu – früher § 570 b BGB). Folgende **Voraussetzungen** sind notwendig, damit dem Mieter das Vorkaufsrecht zusteht:

- Das Wohnungseigentum wurde nach der Überlassung der Wohnräume an den Mieter begründet.
- Es liegt ein Kaufvertrag mit einem Dritten vor.

Ausnahme:

Das **Vorkaufsrecht** steht dem Mieter **nicht** zu, wenn der Vermieter die Wohnung **an** seine **Familienangehörigen** oder an zu seinem Hausstand gehörende Personen **verkauft** (§ 577 BGB neu – früher § 570 b Abs. 1 BGB).

Die **Frist** zur Ausübung des Vorkaufsrechts beträgt gemäß § 510 Abs. 2 Satz 1 BGB **zwei Monate** ab Empfang der vollständigen und richtigen Mitteilung über den Inhalt des Kaufvertrags, wobei auch der Dritte (Käufer) dem Mieter den Inhalt des Kaufvertrags mitteilen kann.

IV. Der Zustand der Mieträume

1. Allgemeines

Zustandsprotokoll

Für den gesamten Bereich der Instandhaltung (Schönheitsreparaturen) der Mietsache ist wichtig, in welchem **Zustand** sich die Mieträume bei **Vertragsbeginn** befanden. In der Praxis gibt es immer wieder den Hinweis, daß die Mieträume vor Übergabe an den Mieter **photographiert** werden sollen. Dieser Hinweis ist äußerst wichtig, weil viele Streitigkeiten während des Mietverhältnisses dadurch behoben werden könnten, wenn man den Zustand der Mieträume bei der Übergabe feststellen könnte. Wichtig in diesem Zusammenhang ist es auch, ein **genaues Protokoll** anzufertigen und die Namen und Adressen der Zeugen aufzuschreiben, die bei Mietbeginn den Zustand des Objektes gesehen haben. Es werden oftmals umfangreiche Rechtsstreite um die Frage geführt, ob eine Wohnung mit einer Kücheneinrichtung ausgestattet war oder nicht. Eine Photodokumentation könnte derartige Streitigkeiten vermeiden. Vermieter, die ganz sorgfältig arbeiten, können auch von einem **Sachverständigen** ein **Kurzgutachten** anfertigen lassen, das den Zustand der Mieträume feststellt. Bezüglich des Zustandes der Mieträume müssen wir **verschiedene Zeiträume** unterscheiden.

- Der Zustand der Mieträume zum **Beginn** der Mietzeit.
- Der Zustand der Mieträume **während** der Mietzeit.
- Der Zustand der Mieträume am **Ende** der Mietzeit.

Für alle drei Tatbestände gilt, daß sie dokumentarisch erfaßt werden sollten. **Auch während der Mietzeit** hat der Vermieter das **Recht**, den **Zustand** der Mieträume zu **kontrollieren**. Am Ende der Mietzeit sollte ebenfalls der Zustand der Mieträume genau festgehalten werden, und zwar sofort nach Übergabe der Mietfläche, weil vielfach der Vermieter auch dem Vorwurf ausgesetzt ist, daß gewisse Veränderungen erst in der Zeit nach der Übernahme des Objekts durch den Vermieter entstanden sind.

Protokoll bei Übergabe

Empfehlenswert ist daher, **sofort** bei **Übergabe** ein Protokoll anfertigen zu lassen, aus dem sich der genaue Zustand der Mieträume ergibt. Auch hier sollte das Protokoll wieder mit Bildern versehen sein, und es sollten Zeugen vorhanden sein, die den Zustand bestätigen. Empfehlenswert ist in diesem Zusammenhang auch ein **Sachverständigengutachten**. Bezüglich des Sachverständigengutachtens ist darauf hinzuweisen, daß, soweit dieses in einem gerichtlichen Beweisverfahren angeordnet wird, die Rechtsschutzversicherung (sofern die Parteien versichert sind) die Kosten des Gutachtens übernimmt. Im außergerichtlichen Verfahren übernimmt die Rechtsschutzversicherung die Kosten nicht!

Wichtig in diesem Zusammenhang ist auch der Hinweis, daß das Gutachten im gerichtlichen Beweisverfahren nicht die kurze Verjährungsfrist von 6 Monaten unterbricht!

Welcher Zustand ist seitens des Vermieters geschuldet?

Seitens des Vermieters wird der Zustand derart geschuldet, daß der Mieter den **ordnungsgemäßen**

Mietgebrauch, dessen Umfang sich aus dem Mietvertrag ergibt, gewährt erhalten muß.

Abnutzung

Die **Abnutzung** der **Mieträume** durch normalen Mietgebrauch hat der Vermieter zu vertreten. Nach dem Gesetz muß der Vermieter auch sämtliche Kleinreparaturen und Schönheitsreparaturen ausführen, soweit sich diese durch den normalen Mietgebrauch ergeben haben und nicht durch Beschädigungen oder vertragswidrigen Mietgebrauch entstanden sind. Fehlt eine vertragliche Regelung, muß der Vermieter bei Reparaturen oder überdurchschnittlichen Abnutzungen oder Schäden, die aus zweckwidriger Nutzung entstanden sind, dem Mieter nachweisen, daß diese durch **vertragswidrigen Gebrauch** entstanden sind, wenn er sie diesem auferlegen will.

Erhaltungslast

Die **Abnutzung** durch **vertragsgemäßen Gebrauch** hat, soweit nichts anderes vereinbart ist, der Vermieter zu vertreten. Dies gilt auch für **Gewerberaummietverträge**. Wenn zwischen Mieter und Vermieter Streit über das Verschulden bei der Beschädigung oder Zerstörung der Mietsache entsteht, hat der Mieter die Beweislast dafür, daß er den Schaden nicht zu vertreten hat, wenn eine entsprechende Klausel vereinbart wurde. Im Gewerberaummietrecht können sämtliche Reparaturverpflichtungen durch eine formularmäßige Überbürdung dem Mieter auferlegt werden, allerdings nur bis zu der Grenze, als die Schäden dem Mietgebrauch oder dem Risikobereich des Mieters zuzuordnen sind.

2. Kleinreparaturen

Begriffsbestimmung

Unter **Kleinreparaturen** versteht man, wenn Schäden an:

- Rolläden
- Licht- und Klingelanlagen
- Schlössern
- Wasserhähnen
- Klosettspülern
- Öfen
- Herden
- Heizungs- und Kochgeräten
- Lichtschaltern
- Heizkörpern
- Ventilen an Heizkörpermeßgeräten
- Warmwasseraufbereitern
- Kühlschränken
- Elektrogeräten

auftreten.

Wichtig: Die **Kleinreparaturen** haben **mit** den **Schönheitsreparaturen nichts** zu tun.

Wie ist die Rechtslage bei Kleinreparaturen?

Nach § 535 BGB (neu – früher § 536 BGB) ist der Vermieter verpflichtet, dem Mieter den ordnungsgemäßen Mietgebrauch zu gewährleisten. Zum ordnungsgemäßen Mietgebrauch gehört auch, daß der Vermieter die Kleinreparaturen trägt. **Rechtlich zulässig** ist es allerdings, die Erledigung von Kleinreparaturen vertraglich dem Mieter aufzuerlegen. Probleme bereitet in der Praxis die Formulierung, inwieweit man derartige Abwälzungen durch Formularverträge vornehmen kann.

Abwälzung der Kleinreparaturen

Die generelle Klausel, daß der Mieter sämtliche Kleinreparaturen in der Wohnung oder in den Gewerberäumen zu tragen hat, ist unwirksam, weil sie weder den Betrag nach oben begrenzt noch den Umfang der Kleinreparaturen einschränkt. Der Bundesgerichtshof hat in zwei Entscheidungen die Rechtslage bezüglich der formularmäßigen Abwälzung der Kleinreparaturen geklärt, dabei wurde folgende Eingrenzung gemacht (BGH, NJW 1989, S. 2247):

1. **Nur** für **selbstverschuldete Schäden** haftet der Mieter bzw. kann eine Haftungsabwälzung vorgenommen werden.
2. Bei **Bagatellschäden** bis zu 50 EUR kann durch eine Formularklausel von dem vorgenannten Grundsatz abgewichen werden. Voraussetzung ist allerdings, daß die Haftungsabwälzung nur auf die Gegenstände beschränkt ist, die dem direkten und häufigen Zugriff des Mieters ausgesetzt sind. Weitere Voraussetzung ist, daß der Höchstbetrag der Reparaturkostenklausel im Mietvertrag oder in der Sondervereinbarung festgehalten wird. Die summenmäßige Begrenzung darf nicht mehr als 8 bis 10 % der Jahresmiete, begrenzt durch eine Größenordnung von 150 EUR bis 200 EUR pro Jahr, ausmachen. Für Schäden über 50 EUR gilt allerdings eine umgekehrte Beweislast, wonach der Mieter bei Schäden an Gegenständen, die in seinem ausschließlichen Bereich entstanden sind, das Verschulden anderer Personen nachweisen muß.

Hinweis

Im Einzelfall **empfiehlt** sich, wenn man wirklich eine wirksame Regelung treffen will, für jeden einzelnen Mietvertrag eine gesonderte Regelung zu vereinbaren, damit nicht nach dem Gesetz über die allgemeinen Geschäftsbedingungen die Klausel insgesamt unwirksam ist.

3. Schönheitsreparaturen

Gesetzliche Regelungen

Nach § 535 Abs. 2 BGB (neu – früher § 536 BGB) ist **prinzipiell** der **Vermieter** verpflichtet, die während der Mietzeit und am Ende der Mietzeit anfallenden Schönheitsreparaturen in den Mieträumen durchzuführen und zu bezahlen. Etwas anderes gilt für die Altverträge in den neuen Bundesländern, die vor dem 3. 10. 1990 abgeschlossen wurden. Nach der Rechtslage des Zivilgesetzbuches trug der Mieter die während der Mietzeit anfallenden Schönheitsreparaturen. Es ist davon auszugehen, daß diese rechtliche Verpflichtung auch heute noch aus diesen alten Verträgen besteht.

Prinzipiell besteht aber die **Möglichkeit**, daß der Vermieter durch wirksame vertragliche Vereinbarung die Schönheitsreparaturen während der Mietzeit und am Ende der Mietzeit **auf den Mieter übertragen** kann.

Was sind Schönheitsreparaturen?

Begriff

Unter **Schönheitsreparaturen** fallen nicht die **Maßnahmen**, die zur **Schadensbehebung** dienen. Unter Schönheitsreparaturen versteht man die Maßnahmen, die dazu dienen, Wände, Decken, Fenster, Türen und Heizkörper einschließlich Heizrohre so zu renovieren, daß die Abnutzungserscheinungen, die durch den normalen Mietgebrauch entstanden sind, behoben werden. Überdurchschnittliche Abnutzungen können sehr leicht in Schäden übergehen. Die Abgrenzung ist sehr wichtig, da bei den Schönheitsreparaturen der Vermieter, falls der Mieter diese nicht durchführt, dem Mieter eine Frist nach § 326 BGB mit Ablehnungsandrohung setzen muß. Erst dann hat der Vermieter einen Schadensersatzanspruch. Bei Schadensbeseitigungsmaßnahmen ist die Fristsetzung nach neuster Rechtsprechung nötig. Unter Schönheitsreparaturen verstehen wir das malermäßige Behandeln von Wänden, Decken, Heizkörpern, Heizkörperrohren, Fenstern, Türen und gegebenenfalls Fensterbrettern, soweit es sich um den Innenbereich der Mieträume handelt. Das Tapezieren gehört nur dann zu den Schönheitsreparaturen, wenn die Wände mit Tapeten ausgestattet waren.

Nicht zu den **Schönheitsreparaturen** gehört das Beheben jeglicher Art von Beschädigungen an Parkettböden, Türblättern, Teppichböden, Badezimmerfliesen sowie Instandhaltungs- und Instandsetzungsarbeiten und Reparaturen.

Beschädigungen sind von dem Mieter nur dann zu ersetzen, wenn er diese auch zu verantworten hat. Sind die Beschädigungen durch Überalterung und Abnutzung entstanden, hat der Mieter hierfür nicht einzustehen, weil es sich um den normalen Mietgebrauch handelt. Die Abnutzung von Teppichböden oder Parkettböden fällt nicht unter den normalen Schönheitsreparaturenbegriff.

Wie können Schönheitsreparaturen auf den Mieter abgewälzt werden?

Probleme bereitet die **Abwälzung** der **Schönheitsreparaturen** bei **Wohnungen**, die **unrenoviert**

bezogen wurden. Der Bundesgerichtshof hat in einer Entscheidung vom 1.7.1987 (NJW 1987, S.2575) festgelegt, daß die Abwälzung von Schönheitsreparaturen bei unrenovierten Wohnungen nach Maßgabe eines **Fristenplans** dann wirksam ist, wenn die Renovierungsfristen identisch sind mit Beginn des Mietverhältnisses und der Mieter keine Anfangsrenovierung schuldet. Eine ähnliche Entscheidung wurde am 6.7.1988 (NJW 1988, S.2790) getroffen, wonach auch die **Quotenregelung** bei einer unrenoviert überlassenen Wohnung zulässig ist, wenn der Mieter anfangs nicht die Renovierung schuldet und der normale Fristenplan bezüglich der Schönheitsreparaturen gilt. Unter **Fristenplan**, der von der Rechtsprechung festgelegt wurde, versteht man die Renovierung der Naßräume (Bad, Küche, Toilette) alle drei Jahre und die Renovierung der Trockenräume alle fünf bis sechs Jahre, einschließlich Heizungen, Fenster und Türen in den jeweiligen Räumen. Durch **vertragliche Vereinbarung** kann der Vermieter die **Schönheitsreparaturen** dem **Mieter** auferlegen. Voraussetzung einer derartigen Klausel ist, daß der Mieter nur die Schönheitsreparaturen durchzuführen hat, die aufgrund des Zustandes der Mieträume fällig sind. Eine Klausel, die beinhalten würde, daß prinzipiell bei Auszug des Mieters, egal welcher Zustand, die Mieträume zu renovieren sind, ist unwirksam.

Festlegung notwendiger Schönheitsreparaturen

Empfehlenswert ist, in den Mietvertrag genau aufzunehmen, welche Schönheitsreparaturen im einzelnen auszuführen sind. **Nicht gut** sind in Klauseln Formulierungen wie *»bezugsfertig«* oder *»vertragsgemäßer Zustand«*. Eine Klausel, wonach die Wohnung *»besenrein«* zurückzugeben ist, bedeutet, daß keine Schönheitsreparaturen durchzuführen sind. Eine Klausel, wonach die Wohnung in dem Zustand zu übergeben ist, wie sie übernommen wurde, bedeutet nicht, daß Schönheitsreparaturen durchzuführen sind. (Siehe hierzu im einzelnen die Broschüre »Wirksame und unwirksame Klauseln in Mietverträgen«, erhältlich im Marian Buch- und Formularverlag, Postfach 11 14, 82058 Neuried.)

Grenzen der Übertragung von Schönheitsreparaturen auf den Mieter

Sittenwidrigkeit

Die **Übertragung** von **Schönheitsreparaturen** auf den Mieter wird allgemein für **zulässig** gehalten. Allerdings kann die Übertragung der laufenden Schönheitsreparaturen, die zwar für sich alleine gesehen nicht sittenwidrig ist, jedoch im Zusammenhang mit anderen, den Mieter einseitig belastenden Klauseln zur Nichtigkeit des Mietvertrages führen. Hierbei kommt es auf eine **Gesamtwürdigung** des Vertrages an. Darüber hinaus können Übertragungen von Schönheitsreparaturen auch **im Einzelfall sittenwidrig** sein, so z. B., wenn der Vermieter ohnehin die Absicht hat, nach Mietende die Räume zu renovieren oder völlig umzugestalten, oder aber der Nachmieter hat zu erkennen gegeben, daß er sowieso eine weitreichende Renovierung durchführen will.

Preisgebundener/ preisfreier Wohnraum

Eine weitere Schranke kann sich aus den **preisrechtlichen Vorschriften,** bei preisgebundenem Wohnraum entsprechend §§ 8 und 9 Wohnungsbau WoBindG und zum anderen für **preisfreie** Wohnungen entsprechend § 558 Abs. 2 BGB (neu – früher § 2 MHG), § 5 WiStG, ergeben. Man geht heute davon aus, daß die Übernahme von Schönheitsreparaturen durch den Mieter nicht nur Entgeltcharakter hat, vielmehr liegt der **wesentliche**

Zweck der Übertragung der Schönheitsreparaturen darin, den Vermieter von der gesetzlich **festgelegten Instandhaltungspflicht** zu **entlasten**. Das Interesse des Vermieters an der Erhaltung der Mietsache steht im Vordergrund. Bei Mietverträgen über **preisgebundenen** Wohnraum verstoßen Klauseln, die dem Mieter umfangreichere Schönheitsreparaturen auferlegen als im Katalog von § 28 Abs. 4 der II. BV geregelt, gegen die §§ 8 und 9 WoBindG. Bei Mietverhältnissen über **preisfreien** Wohnraum wirkt sich der Entgeltcharakter der übernommenen Schönheitsreparaturen über § 558 Abs. 2 BGB (neu – früher § 2 MHG) und § 5 WiStG auf die Miethöhe aus. Bei der **Ermittlung** des **ortsüblichen Mietzinsniveaus** wird zugrunde gelegt, daß im Rahmen der Mietzinsbildung allgemein die Übernahme der laufenden Schönheitsreparaturen berücksichtigt worden ist. Hat somit der Mieter weitergehende Renovierungspflichten übernommen oder wird der Umfang seiner Renovierungspflicht über das übliche Maß erweitert, so muß dem bei der Mietzinsbildung Rechnung getragen werden. Bei der Prüfung nach § 5 WiStG, ob die vereinbarte Miete die ortsübliche wesentlich übersteigt, sind zu der vereinbarten Miete diejenigen Leistungen hinzuzurechnen, die Entgeltcharakter haben. Die Übernahme der laufenden Schönheitsreparaturen, soweit sie sich im üblichen Umfang halten, bleibt hierbei außer Betracht, weil diese Leistung schon bei der Ermittlung der ortsüblichen Miete berücksichtigt wird. Eine weitere Schranke für die Zulässigkeit der Übertragung von Schönheitsreparaturen stellt die Inhaltskontrolle (§§ 9–11 AGB-Gesetz) bei der Verwendung von Formularverträgen dar (siehe dazu Seite 145).

Wann sind Schönheitsreparaturen fällig?

Maßstab für die Bestimmung der Fälligkeit

Die Fälligkeit der Schönheitsreparaturen richtet sich nach dem Vertragszweck und nach der Intensität der Nutzung durch **vertragsgemäßen Gebrauch**. Dabei ist darauf abzustellen, ob der Vermieter, wäre er zur Durchführung der Schönheitsreparaturen verpflichtet geblieben, selbst renovieren müßte. Wann das nun der Fall ist, hängt von den **Umständen** des **Einzelfalles** ab. Mittlerweile wird in der Rechtsprechung die Auffassung vertreten, daß in Räumen wie Küche und Bad, die einem **erhöhten Verschleiß** unterliegen, etwa alle zwei bis drei Jahre, in Wohnräumen alle vier bis sechs Jahre und in Schlafzimmern alle fünf bis sieben Jahre die Schönheitsreparaturen zu wiederholen sind. Dabei ist aber zu beachten, daß die Fälligkeit der Schönheitsreparaturen immer vom tatsächlichen Zustand des jeweiligen Raumes abhängt, so daß oft die durch die Rechtsprechung entwickelten Fristen keine große Bedeutung haben. Der Bestimmung der Fälligkeit liegt immer ein subjektives Werturteil zugrunde, demzufolge der Mieter während der Mietzeit in gewissem Maße selbst bestimmen kann, ob er renovieren will oder nicht.

Regelfristen

Regelfristen, nach deren Ablauf renoviert werden muß, **bestehen nicht.** Auch besteht keine unwiderlegbare Vermutung, daß das Mietobjekt nach Ablauf bestimmter Fristen renovierungsbedürftig ist. Bei den in Rechtsprechung und Literatur angesetzten Fristen handelt es sich lediglich um Richtlinien und nicht um starre Fristen, die unbedingt eingehalten werden müssen. Auch der von der Bundesregierung eingeführte **Fristenplan** entsprechend § 28 Abs. 4 II. BV ist **nicht rechtsverbindlich**, es kann hier lediglich auf eine allgemeine Verkehrssitte geschlossen werden.

Intensität der Nutzung

Ist im schriftlichen Mietvertrag kein bestimmter Fristenplan ausdrücklich vereinbart, so ist für die Frage, wie oft und wann Schönheitsreparaturen durchzuführen sind, auch die Qualität des verwendeten Materials und ganz besonders die **Intensität** der **Abnutzung** der Wohnung maßgeblich. Es ist zum Beispiel durchaus möglich, daß sich bei besonders **starker Abnutzung** der Wohnung **kürzere Zeiten** ergeben, als wenn der Wohnungsinhaber seine Wohnung besonders sorgfältig und schonend behandelt. Ist bereits ein erheblicher Zeitraum seit Überlassung der Mieträume vergangen oder ist die in einem Fristenplan vorgegebene Renovierungsfrist überschritten, ist von einer Renovierungsbedürftigkeit der Mieträume auszugehen, da nach der allgemeinen Lebenserfahrung nach Ablauf gewisser Zeiträume die Renovierung der Mieträume erforderlich wird. In einem derartigen Fall braucht der Vermieter die Renovierungsbedürftigkeit der Mieträume nicht mehr im einzelnen darzulegen. Es ist dann Sache des Mieters kundzutun, warum Schönheitsreparaturen in diesen Räumen noch nicht notwendig sind. Liegt jedoch keine Vereinbarung eines Fristenplans vor, sondern lediglich ein normaler Zeitablauf, so trägt weiterhin der **Vermieter** die **Darlegungs-** und **Beweislast** für die Renovierungsbedürftigkeit.

Wie wird der Anspruch auf Schönheitsreparaturen durchgesetzt?

Fristsetzung mit Abnahmeandrohung

Wenn der Mieter bei Ende der Mietzeit oder während der Mietzeit die Schönheitsreparaturen nicht durchgeführt hat, kann der Vermieter die Schönheitsreparaturen nicht einfach selbst durchführen und dem Mieter die Kosten auferlegen. Die

Verpflichtung des Mieters im Mietvertrag, die **Schönheitsreparaturen** auszuführen, ist eine **Hauptpflicht**. Die Weigerung des Mieters zur Vornahme von Schönheitsreparaturen mit der Begründung, die Arbeiten seien ordnungsgemäß ausgeführt worden, wird von der Rechtsprechung nicht als Erfüllungsverweigerung gesehen. Aus diesem Grund muß in einem solchen Fall dem **Mieter** nochmals eine **Frist zur Durchführung** der **Schönheitsreparaturen** gesetzt werden. Wichtig in diesem Zusammenhang ist auch, daß, wenn der Mieter, gegebenenfalls auch durch seinen Anwalt, die Verpflichtung zur Vornahme von Schönheitsreparaturen bestreitet, darin ebenfalls keine Erfüllungsverweigerung gesehen werden kann. Die Äußerung rechtlicher Zweifel am Bestehen des Anspruchs ist für eine Erfüllungsverweigerung nicht ausreichend (BGH, Betrieb 1971, S. 1203, WM 1993, S. 346). Auch in einem derartigen Fall muß gemäß § 326 BGB eine Frist zur Durchführung der Instandsetzung gesetzt werden.

Die Verletzung der Hauptpflicht bedeutet, daß der Vermieter dem Mieter gemäß § 326 BGB eine Frist setzen muß, verbunden mit der **Ablehnungsandrohung,** daß, falls innerhalb der Frist die Schönheitsreparaturen nicht durchgeführt werden, die Schönheitsreparaturen dann auf Kosten des Mieters durchgeführt werden. Auf die Fristsetzung gemäß § 326 BGB kann auch durch Formularmietvertrag **nicht verzichtet** werden.

Bezeichnung geschuldeter Schönheitsreparaturen

Es empfiehlt sich im Rahmen des Schreibens nach § 326 BGB unbedingt, dem Mieter im einzelnen **genau mitzuteilen, welche** Schönheitsreparaturen er schuldet. Die Rechtsprechung geht davon aus, daß der Mieter nicht in Verzug gerät, wenn ihm nicht genau bekanntgegeben wird, welche Schönheitsreparaturen fällig sind. Die **Frist** sollte

nicht zu kurz bemessen werden und muß so kalkuliert sein, daß eine durchschnittliche Handwerksfirma die Schönheitsreparaturen durchführen kann. In der **Praxis** geht man von **2 bis 3 Wochen** aus.

Fristsetzungs-Musterschreiben

Das Schreiben zur Aufforderung der Durchführung der Schönheitsreparaturen nach § 326 BGB müßte inhaltlich folgendermaßen lauten:

> *»Sehr geehrter Mieter,*
> *die Wohnungsbesichtigung hat ergeben, daß in folgenden Räumen folgende Schönheitsreparaturen nicht durchgeführt wurden:*
>
> *(genaue Aufzählung der Räume, genaue Aufzählung der Schönheitsreparaturen)*
>
> *Gemäß § 326 BGB setzen wir Ihnen eine Frist von drei Wochen, die Schönheitsreparaturen auszuführen. Zu diesem Zweck kann der Schlüssel jederzeit bei uns abgeholt werden. Nach Ablauf der Frist lehnen wir die Schönheitsreparaturen durch Sie ab und werden auf Ihre Kosten die Schönheitsreparaturen durchführen und diese Kosten als Schadensersatz geltend machen. Zu diesen Kosten zählt auch ein Gutachten, das wir dann anfertigen werden, um den Zustand der Mieträume festzustellen.«*

Erläuterungen

Fehlt eine solche Ablehnungsandrohung, so ist der Mieter nicht wirksam in Verzug gesetzt worden. Allein z. B. die Erklärung, daß der Vermieter nach Ablauf der Frist die Schönheitsreparaturen durch eine Firma durchführen läßt, beinhaltet noch keine Ablehnungserklärung, so daß die Erklärung nach § 326 BGB nicht wirksam erfolgt ist. **Ausnahmsweise** ist eine **Nachfristsetzung nicht notwendig,** wenn der **Mieter ernsthaft** die Durchführung der Schönheitsreparaturen **ablehnt**. Insbesondere liegt auch im Auszug des Mieters aus der Wohnung und in der Nichtbekanntgabe seiner neuen Adresse keine Ablehnung. Dem Vermieter kann eine Anfrage an das Einwohnermeldeamt oder an das Postamt zugemutet werden. Allein der Auszug bedeutet noch nicht die endgültige Erfüllungsverweigerung, sondern nur den Auszug ohne jegliche Möglichkeit für den Vermieter, die neue Adresse des Mieters zu erlangen.

Besichtigungsrecht des Vermieters

Die in vielen Mietverträgen enthaltene Klausel, wonach der **Vermieter** oder ein von ihm Beauftragter die **Mieträume betreten** kann, um die Notwendigkeit unaufschiebbarer Hausarbeiten festzustellen, ist hinsichtlich der Konsequenzen vielen Mietern und Vermietern nicht bekannt. Aus einer derartigen Klausel kann der Vermieter **nur** das **Recht** erhalten, die Mieträume zu betreten, um die Notwendigkeit **unaufschiebbarer Hausarbeiten** festzustellen. Die **Durchführung** der Schönheitsreparaturen stellt **keine unaufschiebbare Hausarbeit** dar. Das gilt z. B. auch für die Prüfung von irgendwelchen Anschlüssen. Prinzipiell muß ausgeführt werden, daß auch ohne vertragliche Regelung der **Vermieter grundsätzlich** das **Recht zum Betreten** und zum Besichtigen der Räume des Mieters hat. Allerdings ist das Betretungsrecht nur ein **Ausnahmerecht** und nur in den Fällen auszuüben, in denen der Vermieter darauf angewiesen ist, um seine Pflichten zu erfüllen und seine Rechte wahrnehmen zu können. Der Vermieter kann dieses Recht nach der Rechtsprechung jedoch nur in angemessenen zeitlichen Abständen verlangen. Die Literatur geht von einem zeitlichen Abstand von **zwei Jahren** aus (Ausnahme: wenn im Mietvertrag etwas anderes geregelt ist). Aus jedem Vertrag, insbesondere aus Dauerschuldverhältnissen, folgt die Nebenpflicht für beide Vertragsparteien, in gebührender Weise auf die berechtigten Interessen der Gegenseite Rücksicht zu nehmen. Der Vermieter ist nicht berechtigt, von seinem Besichtigungsrecht über Gebühr Gebrauch zu machen.

Vermieter hat Schönheitsreparaturen zu tragen

In den Fällen, in denen der Vermieter die Schönheitsreparaturen **gemäß** seiner **gesetzlichen Pflicht** zu tragen hat, weil diese Pflicht dem Mieter nicht durch Mietvertrag übertragen wurde, wird man von dem Mieter verlangen können, daß er den Vermieter zu Schönheitsreparaturen auffordert und auf den abgewohnten Zustand der Räume hinweist. Unterbleibt aber ein solcher Hinweis durch den Mieter, wird man entgegenhalten können, daß der Mieter den vorhandenen Zustand der Räume als vertragsgemäß hingenommen hat und ihm somit gemäß § 536 b BGB (neu – früher § 539 BGB) die Möglichkeit genommen ist, gegenüber dem Vermieter einen Anspruch auf Durchführung der Schönheitsreparaturen geltend zu machen.

Wann verjähren Schönheitsreparaturansprüche (Fristenplan)?

Sechsmonatsfrist

Die **Schönheitsreparaturansprüche** verjähren innerhalb einer Frist von sechs Monaten nach Ende der Mietzeit.

Hier handelt es sich um eine Vermieterfalle im Mietrecht, weil viele Vermieter diese **kurze Verjährungsfrist übersehen**. Die Verjährungsfrist wird nunmehr auch durch ein Beweisverfahren und durch die Einleitung eines Mahnverfahrens oder durch die Einreichung einer Klage.

Gegebenenfalls kann der Vermieter noch gegenüber einem Kautionsguthaben mit einer verjährten Forderung im Rahmen von § 390 Satz 2 BGB aufrechnen. Voraussetzung ist allerdings, daß zum Zeitpunkt der Verjährung eine wirksame Aufrechnungslage gegeben war.

Im Schönheitsreparaturenbereich muß zum Zeitpunkt der Aufrechnungslage der Zahlungsanspruch fällig gewesen sein. Es muß eine endgültige Erfüllungsverweigerung des Mieters vorliegen oder eine Ablehnungsandrohung mit Fristsetzung, wobei die Frist abgelaufen sein muß.

Fristenplan

Häufig wird ein **Fristenplan** vereinbart, in dem im einzelnen festgelegt ist, welche Räume zu renovieren sind. Der Fristenplan dient als Richtlinie und gibt dem Vermieter einen Erfüllungsanspruch, wobei auf den Zustand der Räume Rücksicht zu nehmen ist.

Der Mieter gerät aber **nicht** dadurch **in Verzug**, daß er **nicht innerhalb** der im **Fristenplan** vorgesehenen Frist **renoviert** hat, denn kein Vermieter kann verlangen, daß sein Wohnraum nur deshalb zu renovieren ist, weil die vereinbarte Renovierungsfrist abgelaufen ist, obwohl sich dieser Raum noch in vertragsgemäßem Zustand befindet.

Schönheitsreparaturen vor Fristablauf

Zu beachten ist, daß Schönheitsreparaturen bereits vor Ablauf der vereinbarten Frist fällig sein können; dies ist beispielsweise der Fall, wenn die **Mieträume** einer **übermäßigen** und **außergewöhnlichen Abnutzung** durch den Mieter ausgesetzt sind. Der Mieter kann somit zu einer zeitlich früheren Renovierung verpflichtet sein, wenn sich der Raum nicht mehr in einem vertragsgemäßen Zustand befindet. Zu beachten ist, daß ein Fristenplan erst mit dem Anfang eines Mietverhältnisses zu laufen beginnen kann, damit der Mieter nur die auf seine Mietzeit fallenden Renovierungsarbeiten zu erbringen hat und nicht mit den Abnutzungserscheinungen seines Vorgängers belastet wird.

Entbehrlichkeit der Fristsetzung

Die Fristsetzung mit Ablehnungsandrohung ist ausnahmsweise dann entbehrlich, wenn der Mieter die Durchführung der Schönheitsreparaturen **ernsthaft** und **endgültig verweigert** hat (§ 326 Abs. 2 BGB). Dies dürfte in der Regel dann gegeben sein, wenn der Mieter ausgezogen ist, ohne die ihm obliegenden Schönheitsreparaturen durchgeführt zu haben und die Räume in reparaturbedürftigem Zustand zurückgelassen hat.

Sechsmonatige Verjährungsfrist für Schadensersatzansprüche

Der **Anspruch** des **Vermieters** auf **Durchführung** der **Schönheitsreparaturen** und auf **Schadensersatz** wegen unterlassener Ausführungen unterliegt der sechsmonatigen Verjährungsfrist des § 548 Abs. 1 Satz 2 BGB (neu – früher § 558 BGB). Erfaßt wird hierbei auch der Schadensersatzanspruch wegen Mietausfalls, soweit er auf der nicht ordnungsgemäßen Rückgabe beruht. Die **Verjährungsfrist beginnt** nicht mit der Beendigung des Mietverhältnisses, sondern mit dem **Zeitpunkt**, zu dem der **Mieter auszieht**, also mit der Rückgabe der Mieträume (neu § 548 Abs. 1 Satz 2 BGB – früher § 558 Abs. 2 BGB). Zurückerhalten hat der Vermieter die Mietsache dann, wenn er nach Aufgabe des unmittelbaren Besitzes durch den Mieter selbst den unmittelbaren Besitz wieder eingeräumt bekommen hat. Dies ist erst in dem Augenblick der Fall, in dem der **Vermieter freien Zugang** zu der Mietsache erhalten hat. Denn erst dann ist der Vermieter in der Lage, die Mietsache auf etwaige Mängel hin zu überprüfen. Voraussetzung hierfür ist, daß der Vermieter sämtliche Schlüssel des Mietobjektes zurückerhält. Unter Beendigung im Sinne des § 558 Abs. 2 BGB ist nicht nur die rechtliche, sondern auch die tatsächliche Beendigung des Mietverhältnisses zu verstehen.

Unterbrechung der Verjährung

Die **Verjährungsfrist** wird neuerdings nicht nur durch **Klageerhebung** oder durch ein sogenanntes

Schuldanerkenntnis unterbrochen (§§ 208, 209 BGB). Ein **Beweissicherungsverfahren** dagegen unterbricht nach dem neuen Mietrecht die Verjährung (§ 548 Abs. 3 BGB) ebenfalls. Die Unterbrechung tritt ein, egal ob der Vermieter oder Mieter den Antrag auf ein selbständiges Beweissicherungsverfahren stellt. Durch die Neuregelung in § 548 Abs. 3 BGB dürfte für viele Mieter und Vermieter eine Erleichterung eintreten. Früher mußte schnell eine Klage eingereicht werden, obwohl entsprechende Fakten bezüglich der nicht durchgeführten Schönheitsreparaturen Schadensbeseitigungsmaßnahmen oder auch Schadensersatzansprüche der Mieter noch nicht vorlagen. Die oftmals dadurch unzulässigen Klagen können durch das Beweissicherungsverfahren in Zukunft verhindert werden. Es ist zu hoffen, daß das Beweissicherungsverfahren die Abwicklung der Mietverhältnisse erleichtert. Wichtig allerdings in diesem Zusammenhang ist es, daß das Beweisverfahren richtig eingereicht wird. Wird der Antrag abgewiesen, dann droht die Verjährung, da die Verjährungsunterbrechung als nicht erfolgt für den Ablehnungsbeschluß gilt. Wird der Antrag allerdings binnen sechs Monaten dann wieder gestellt, gilt nach § 212 BGB die Verjährung als durch die Erhebung des ersten Antrags als unterbrochen. Für jede einzelne Veränderung oder Verschlechterung läuft eine gesonderte Verjährungsfrist. Überläßt der Vermieter nach Vertragsende dem Mieter noch einmal die Mieträume, damit dieser die Schönheitsreparaturen durchführen kann, so wird hierdurch die Verjährung entsprechend § 852 Abs. 2 BGB gehemmt.

Werden in einem **Wohnungsübergabeprotokoll** Mängel festgestellt, so liegt darin ein konstitutives Anerkenntnis, das den Lauf der Verjährungsfrist unterbricht.

Hat der Berechtigte bei Gericht eine Klageschrift eingereicht und wird diese dem Gegner dann zugestellt, so hat das zur Folge, daß bereits **mit Einreichung** der **Klageschrift** die **Unterbrechung** der **Verjährung** eintritt (§ 270 Abs. 3 ZPO). Treten die ehemaligen Mietparteien nach Beendigung des Mietverhältnisses in Verhandlungen über noch auszuführende Schönheitsreparaturen, so ist die Verjährung der Ersatzansprüche des Vermieters nach § 548 BGB (neu – früher § 558 BGB) und § 852 Abs. 2 BGB so lange gehemmt, wie der Mieter mit seinem ehemaligen Vermieter verhandelt und die Fortsetzung dieser Verhandlungen nicht von dem einen oder anderen Teil verweigert wird. Der Zeitraum, während dessen die Verjährung gehemmt ist, wird nicht in die Verjährungsfrist eingerechnet (§ 205 BGB).

Berechnung der Verjährungsfristen

Hinsichtlich der Berechnung der Verjährungsfristen finden die **§§ 186 ff. BGB** Anwendung. Fällt demnach der letzte Tag der Verjährung auf einen Samstag, Sonn- oder Feiertag, so ist gemäß § 193 BGB die Verjährung erst mit dem Ablauf des nächsten Werktages vollendet.

Wann entfällt die Pflicht zur Durchführung von Schönheitsreparaturen?

Umgestaltung/Umbau der Mieträume

Beabsichtigt der Vermieter, **nach Beendigung** des **Mietverhältnisses** die Mieträume **umzugestalten** bzw. **umzubauen**, würde dies bedeuten, daß die Durchführung von Schönheitsreparaturen durch den Mieter sinnlos wäre, da die durchgeführten Arbeiten innerhalb kürzester Zeit wieder zerstört werden würden. In einem derartigen Fall soll der Mieter grundsätzlich von der Pflicht zur Durchführung von Schönheitsreparaturen befreit sein, aber dies soll nicht ersatzlos geschehen. Denn bei **ergänzender Auslegung** eines Mietvertrages kann sich ergeben, daß der Mieter anstelle seiner Verpflichtung aus dem Mietvertrag, Schönheitsreparaturen vornehmen zu lassen, bei Beendigung des Vertrages dem Vermieter einen **Ausgleich** in Geld zahlen muß, wenn der Vermieter die Mietsache umbaut und dadurch die Schönheitsreparaturen zerstört werden würden. Diese Regelung wird damit begründet, daß die Verpflichtung des Mieters zur Vornahme von Schönheitsreparaturen grundsätzlich einen Teil des Mietzinses darstellt, den der Mieter als Gegenleistung für die Leistungen des Vermieters zu entrichten hat. Nach Treu und Glauben und der Verkehrssitte entspricht es deshalb dem mußmaßlichen Willen der Vertragsteile, dem Vermieter anstelle des wirtschaftlich sinnlos gewordenen Anspruchs auf Durchführung von Schönheitsreparaturen einen entsprechenden Geldanspruch zu geben (vgl. § 157 BGB). Die **Höhe** dieses Geldanspruchs hängt von den **Umständen** des **Einzelfalles** ab. Insbesondere kann es von Bedeutung sein, ob der Vermieter sich nach dem mutmaßlichen Parteiwillen auf die Durchführung der Schönheitsreparaturen durch den Mieter persönlich oder durch Verwandte oder Bekannte des Mieters hätte einlassen müssen. Hätte der Vermieter das hinnehmen müssen, ist der ihm zustehende Geldbetrag möglicherweise geringer, als wenn er die Ausführung der Schönheitsreparaturen durch einen Handwerker oder einen Fachbetrieb hätte verlangen können. Dem Mieter obliegt grundsätzlich die Darlegungs- und Beweislast dafür, daß der Vermieter die Durchführung der Schönheitsreparaturen durch den Mieter selbst oder seine Verwandten oder Bekannten hätte hinnehmen müssen. Kann der genaue **Wert** der **Eigen-**

leistungen, die der Mieter selbst erbracht hätte, nicht ermittelt werden, so kann das Gericht gemäß § 287 ZPO den Wert im Wege der Schätzung ermitteln.

Beachte

Abschließend sei nochmals darauf hingewiesen, daß der Mieter nicht mehr zur Durchführung von Schönheitsreparaturen berechtigt ist, wenn der Vermieter die Absicht des Umbaus oder der Umgestaltung mitgeteilt hat. Bietet der Mieter die Durchführung der Schönheitsreparaturen in den umgebauten Räumen an, so entfällt dadurch nicht der Anspruch des Vermieters auf Zahlung eines Ausgleichsentgelts.

Schadensersatz bei unterlassenen Schönheitsreparaturen?

Worin besteht der Schaden?

Der **Schaden** des Vermieters bei unterlassenen Schönheitsreparaturen liegt zunächst in der dadurch verursachten **Wertminderung** des Objekts bzw. in den zum Ausgleich dieser Minderung erforderlichen Kosten. Nicht erfaßt dagegen ist die Minderung des Mietwerts, die durch die Reparatur ausgeglichen werden müßte. Bezüglich der Wertminderung des Objekts kann der Vermieter zwischen der konkreten und der abstrakten Schadensberechnungsmethode wählen. Er kann entweder den tatsächlichen Aufwand oder aber den erforderlichen Betrag verlangen.

Ersatzfähiger Schaden

Zu ersetzen sind nur die **erforderlichen Kosten**. Deren **Höhe** hängt von dem bei Rückgabe vom Mieter geschuldeten Zustand ab. Der Schadensersatz erfaßt weiter auch den Ersatz von **Mietausfall**, also den verzögerungsbedingten Ausfallschaden, den der Vermieter dadurch erleidet, daß er wegen der Nichtdurchführung der fälligen Schönheitsreparaturen die Wohnung nicht sogleich weitervermieten konnte. Anspruchsgrundlage für diesen Schaden bildet § 286 Abs. 1 BGB, die dem Vermieter auch dann zusteht, wenn er einen Schadensersatzanspruch wegen Nichterfüllung (§ 326 BGB) hat, da die Ansprüche nebeneinander bestehen und unabhängig voneinander geltend gemacht werden können. Der Vermieter muß hierbei darlegen, daß er bei ordnungsgemäßer Rückgabe der Mieträume **sofort** einen Mietnachfolger gehabt hätte, der in unmittelbarem Anschluß an die Beendigung des Mietverhältnisses die Räume angemietet hätte. Allerdings muß der Vermieter seiner **Schadensminderungspflicht** nachkommen, d. h., er ist verpflichtet, nach dem Auszug des Mieters die notwendigen Arbeiten sofort durchführen zu lassen oder sich sofort um eine Vermietung zu bemühen. Der Vermieter muß bemüht sein, den Mietausfall so gering wie möglich zu halten. Er darf also das Mietobjekt nicht länger leerstehen lassen, als zur Erledigung der erforderlichen Arbeiten unbedingt notwendig ist. Als weiteren Schaden kann der Vermieter Ersatz der Kosten eines Sachverständigengutachtens oder die Kosten für ein Beweissicherungsverfahren verlangen.

Aufrechnung wegen nicht durchgeführter Schönheitsreparaturen

Aufrechnung der Miete mit der Kaution?

Bei Ende der Mietzeit taucht für viele Mieter immer wieder die gleiche Problematik auf, nämlich ob die Mieter die Miete gegenüber der Kaution aufrechnen können oder ob sie die Miete bis zum letzten Tag weiterbezahlen müssen. Gerade in Fällen, in denen die Mieter wissen, daß es zu Streitigkeiten mit dem Vermieter kommen wird, ist diese

Problematik sehr aktuell. Prinzipiell gilt allerdings, daß der **Kautionsrückzahlungsanspruch** erst **zwischen 3 und 6 Monaten nach** Ende der Mietzeit **fällig** ist und daß mit dem Kautionsrückzahlungsanspruch nicht aufgerechnet werden kann. Viele Mieter rechnen allerdings trotzdem auf, weil sie im Vertrauen auf einen langjährigen Prozeß meinen, daß, bis der Rechtsstreit entschieden ist, bis dahin auch die Fälligkeit der Aufrechnungsforderung gegeben ist. Die **besondere Gefahr** eines vom Gesetz her nicht gedeckten Verfahrens liegt allerdings darin, daß der Vermieter dann bei Auszug des Mieters sein Vermieterpfandrecht geltend machen kann und der Mieter Gegenstände, die dem Vermieterpfandrecht unterliegen, beim Auszug nicht mitnehmen darf. Der Vermieter kann sogar notfalls bei Bruch des Vermieterpfandrechts die Polizei holen.

Voraussetzung für eine **Aufrechnungslage** ist, daß dem Vermieter ein **Schadensersatzanspruch** wegen nicht durchgeführter Schönheitsreparaturen zusteht. Dieser Schadensersatzanspruch steht dem Vermieter dann zu, wenn die Schönheitsreparaturverpflichtung wirksam im Mietvertrag enthalten ist und der Mieter entweder endgültig die Durchführung der Schönheitsreparaturen ablehnte oder der Vermieter dem Mieter zur Durchführung der Schönheitsreparaturen eine Frist setzte mit der Androhung, nach Ablauf der Frist die Leistungen durch den Mieter abzulehnen. Wenn diese Tatbestände vorliegen, kann der Vermieter mit dem Schadensersatzanspruch wegen nicht durchgeführter Schönheitsreparaturen gegenüber dem Kautionsrückzahlungsanspruch des Mieters aufrechnen.

Sachverständigengutachten

Sinn und Zweck

Das Sachverständigengutachten bietet die Möglichkeit, bei Ende des Mietverhältnisses **vorhandene Mängel** der Mietsache **beweisfähig festzuhalten.** Dies ist möglich durch die Einholung eines **privaten Sachverständigengutachtens** oder durch die Einleitung eines **gerichtlichen Beweissicherungsverfahrens** (§§ 485 ff. ZPO) über das Vorhandensein oder den Umfang von Mängeln in den Mieträumen zum Zeitpunkt der Beendigung des Mietverhältnisses. Ein vom Vermieter selbst eingeholtes Privatgutachten hat in einem späteren Rechtsstreit nur dann Bedeutung und Beweiswert, wenn der Mieter die Angaben in diesem Privatgutachten nicht bestreitet. Insofern ist ein durchgeführtes Beweissicherungsverfahren wertvoller als ein gerichtliches Gutachten, das in einem späteren Rechtsstreit einer dort erfolgten Beweiserhebung gleichsteht.

Kosten

Dieses Beweissicherungsverfahren hat vollen Beweiswert, allerdings ist bei der Einholung eines solchen Gutachtens zu beachten, daß die hierdurch entstehenden **Kosten nicht** in allen Fällen **erstattungsfähig** sind. Kommt es zu einem Rechtsstreit, so hat die unterliegende Partei nur die Kosten des Rechtsstreits zu tragen, die zur zweckentsprechenden Rechtsverfolgung oder Verteidigung notwendig gewesen sind (§ 91 Abs. 1 ZPO). Wird somit ein Gutachten eingeholt für Feststellungen, die keine besondere Fachkenntnis erfordern und daher von jeder beliebigen Person bezeugt werden können, so muß man damit rechnen, daß die entstandenen Sachverständigenkosten nicht ersetzt werden. Die **Erstattung** solcher **Kosten** ist vielmehr nur dann **gerechtfertigt**, wenn nach **Art** und **Umfang** der vorhandenen Schäden eine Begutachtung durch einen Sachverständigen **erforderlich** gewesen ist. Dies ist insbesondere dann der Fall, wenn ein kostensparender Weg zur Feststellung des Zustandes des Mietobjekts gegeben war und die erforderliche Beurteilung einen speziellen Sachverstand voraussetzt. **Wichtig** in diesem Zusammenhang ist, daß nunmehr nach dem neuen Mietrecht das **selbständige Beweissicherungsverfahren** gemäß § 548 Abs. 3 BGB (neu) auch die **Verjährungsfristen** im Mietrecht gemäß § 548 BGB **unterbrechen**.

Übergabeprotokoll

Gibt der Mieter die Wohnung nach Beendigung des Mietvertrages an den Vermieter zurück, so wird dringend angeraten, ein sogenanntes **Übergabeprotokoll** anzufertigen.

Sinn und Zweck

Ein solches Übergabeprotokoll ist für Schönheitsreparaturen insofern von Bedeutung, als aus diesem Protokoll genau hervorgeht, welche Teile der Wohnung sich in einem vertragsgemäßen Zustand befinden und welche Teile noch zu renovieren sind. Sind noch Teile zu renovieren, sollte sich aus dem Protokoll ebenfalls ergeben, **welche Renovierungsarbeiten** im einzelnen der ausziehende Mieter noch vorzunehmen hat. Werden im Übergabeprotokoll fällige Schönheitsreparaturen nicht erwähnt, so wird davon ausgegangen, daß der Vermieter keinerlei Anspruch auf Schönheitsreparaturen mehr hat und ihm auch ein Schadensersatzanspruch wegen unterlassener Schönheitsreparaturen nicht mehr zustehen soll. Das gleiche gilt, wenn der Vermieter bestätigt, daß sich die Mieträume bei Rückgabe in einem **ordnungsgemäßen Zustand** befunden haben. Die im Übergabeprotokoll vom

Vermieter und vom Mieter notierten Schäden sind **abschließend festgestellt**. Der Mieter darf also darauf vertrauen, daß er nicht auf Durchführung solcher Schönheitsreparaturen in Anspruch genommen werden kann, die über den Rahmen der im Protokoll festgestellten Arbeiten hinausgehen. **Sinn** und **Zweck** eines solchen Protokolls ist nämlich nicht nur die Verteilung der Beweislast, sondern die **Vermeidung** weiteren **Streites** über das Vorhandensein von Schäden am Mietobjekt. Dabei wirkt der Ausschluß auch für solche Mängel, die nicht offensichtlich sind, sondern nur durch einen Fachmann hätten erkannt werden können. Denn es obliegt grundsätzlich dem Vermieter, zur Übergabeverhandlung einen Sachverständigen hinzuzuziehen, der gegebenenfalls vorhandene Schäden genauer feststellen kann.

Übernahmeprotokoll oder Abnahmeprotokoll

Für den Mieter ist es oftmals empfehlenswert, ein Abnahmeprotokoll zu Ende der Mietzeit aus den vorgenannten Gründen erstellen zu lassen. Ein derartiges Abnahmeprotokoll wird als **deklatorisches Schuldanerkenntnis** von der Rechtsprechung angesehen mit der Konsequenz, daß Nachforderungen wegen fehlender Schönheitsreparaturen, Mängel oder Veränderungen, die an der Mietsache auftauchen, nicht mehr geltend gemacht werden können. Für den Vermieter kann ein derartiges Abnahmeprotokoll oftmals fatale Wirkungen haben. Für Vermieter ist es meist besser ein Übernahmeprotokoll zu erstellen, in dem nur der derzeitige Zustand der Mieträume festgehalten wird. Im Rahmen eines derartigen Übernahmeprotokolls sollte der Vermieter aber, falls er nicht eine endgültige Regelung haben will, unbedingt darauf hinweisen, dass die Übergabe oder Überlassung nicht den Sinn haben soll, dass hier jegliche künftigen Schäden, Mängelansprüche oder Ansprüche wegen nicht durchgeführter Schönheitsreparaturen oder Veränderungen an der Mietsache ausgeschlossen sein sollen. Vielfach wird auch immer wieder darüber gestritten, ob ein Mieter oder Vermieter derartige Protokolle unterzeichnen muß. Es gibt keinen Rechtsanspruch auf Unterzeichnung von Übergabeprotokollen. Die Formulierung von Übernahme- oder Abnahmeprotokollen ist sehr kompliziert. Musterformulare sind erhältlich über das Institut für Mietrecht, Wolfratshauser Straße 80, 81 379 München.

Schönheitsreparaturen bei kurzfristigen Mietverhältnissen?

War die Wohnung zu Beginn eines **kurzen Mietverhältnisses** (bis zu einem Jahr) in einem vertragsgemäßen Zustand und befindet sich bei dessen **Ende** noch in dem **gleichen Zustand**, braucht der Mieter überhaupt keine Schönheitsreparaturen vorzunehmen, denn der Vermieter hat keinen Anspruch gegen ihn, da die Wohnung in vertragsgemäßem Zustand zurückgegeben wird. Etwas **anderes** gilt natürlich dann, wenn die Wohnung bei Beginn des Mietverhältnisses in einem vertragsgemäßen Zustand war, aber **bei Ende** des Mietverhältnisses **renovierungsbedürftig** ist. In einem solchen Fall werden Schönheitsreparaturen fällig, da es für die Schönheitsreparaturen nicht auf die Länge des Mietverhältnisses ankommt, sondern allein darauf, in welchem tatsächlichen Zustand sich die Mieträume befinden.

Hinweis

Mietern, die vorhaben, nicht länger als ein Jahr in einer Wohnung zu bleiben, wird empfohlen, mit dem Vermieter eine Vereinbarung dahingehend zu treffen, daß der Mieter zur Durchführung der

Schönheitsreparaturen nicht verpflichtet ist, wenn die Mietdauer nicht länger als ein Jahr beträgt.

Keine Schönheitsreparaturen, wenn...

War die Wohnung bei Beginn des Mietverhältnisses unrenoviert, braucht der Mieter am Ende der einjährigen Mietzeit gar nichts zu machen. In der Regel dürfte der Anspruch des Vermieters auf Durchführung von Schönheitsreparaturen ganz **entfallen**, wenn das Mietverhältnis nur wenige Monate gedauert hat. In diesen Fällen wird man nur schwerlich eine Veränderung des vertragsgemäßen Gebrauchs oder eine Verschlechterung der Mietsache feststellen können, die eine Renovierung erforderlich macht.

Geben unterlassene Schönheitsreparaturen dem Vermieter ein Kündigungsrecht?

Kommt der Mieter seiner Verpflichtung zur Durchführung der Schönheitsreparaturen während der Mietzeit nicht nach, hat in einigen Fällen der Vermieter neben dem Erfüllungs- und Schadensersatzanspruch **auch das Recht** zur **ordentlichen Kündigung** § 573 Abs. 2 Satz 1 BGB (neu – früher § 564 b Abs. 2 BGB). In besonders schweren Fällen soll der Vermieter sogar ein **Recht** zur **fristlosen Kündigung** § 543 Abs. 2 BGB (neu – früher § 553 BGB) haben; dies wird man dann annehmen, wenn der Mieter sich in schuldhafter Weise ständig und unberechtigt weigert, die fälligen Schönheitsreparaturen auszuführen und der Vermieter durch das vertragswidrige Verhalten des Mieters ein berechtigtes Interesse an der Beendigung des Mietverhältnisses hat. Tritt bereits eine erhebliche Gefährdung des Mietobjekts in Folge der Vertragsverletzung – also der unterlassenen Schönheitsreparaturen – ein, wird die fristlose Kündigung gerechtfertigt sein.

Beachte!

Allerdings ist zu beachten, daß einer fristlosen Kündigung wegen unterlassener Schönheitsreparaturen **stets** eine **Abmahnung** des pflichtwidrigen Verhaltens des Mieters durch den Vermieter vorauszugehen hat.

Welche Rechte hat der Mieter, wenn der Vermieter die Schönheitsreparaturen nicht durchführt?

Aufforderung und Fristsetzung

Haben die Parteien keine vertragliche Regelung über die Durchführung der Schönheitsreparaturen durch den Mieter getroffen, ist der **Vermieter** gemäß § 535 Abs. 1 Satz 2 BGB (neu – früher § 536 BGB) **verpflichtet**, auch während der Mietzeit diese fälligen **Schönheitsreparaturen** durchzuführen. Kommt der Vermieter seiner Verpflichtung nicht nach, steht dem Mieter in erster Linie der gerichtlich durchzusetzende Anspruch auf Leistung, d. h. auf Durchführung der Schönheitsreparaturen zu. Hierzu ist es aber zunächst erforderlich, daß der **Mieter** den **Vermieter** zur **Durchführung** der fälligen Schönheitsreparaturen **auffordert**. Hierbei sollten dem Vermieter nicht nur die fälligen und durchzuführenden Schönheitsreparaturen mitgeteilt werden, sondern ihm zugleich auch eine **angemessene Frist** gesetzt werden, innerhalb derer die fälligen Schönheitsreparaturen durchzuführen sind. Diese Aufforderung soll dem Vermieter Klarheit darüber verschaffen, bis zu welchem Zeitpunkt er die fälligen Schönheitsreparaturen erbringen kann. Läuft diese Frist ungenützt ab, gerät der Vermieter in Verzug, und der Mieter ist dann berechtigt, seinen Anspruch auf Leistung notfalls gerichtlich durchzusetzen.

Weitere Ansprüche

Daneben stehen dem Mieter gemäß § 536a BGB (neu – früher § 538 BGB) **weitere Ansprüche** zu. Er kann auch den **Mietzins**, da die Benutzung der Wohnung infolge der Nichtdurchführung fälliger Schönheitsreparaturen beeinträchtigt ist, **mindern** § 536 Abs. 1, 2 und 4 BGB (neu – früher § 537 BGB). In einem Fall, in dem die Schönheitsreparaturen in der gesamten Wohnung fällig sind, ist eine Minderungsquote von 20 bis 30 % durchaus gerechtfertigt; sie kann im Einzelfall aber auch höher sein. Neben der Minderung kann der Mieter **Schadensersatz wegen Nichterfüllung** verlangen, sofern ein konkreter Schaden nachweisbar ist. Dies ist z. B. dann der Fall, wenn es dem Mieter infolge der Nichtdurchführung der Schönheitsreparaturen nicht mehr zuzumuten ist, weiter in der abgewohnten Wohnung zu leben, und er deshalb bis zur Renovierung woanders wohnen muß. Den Schaden, der dem Mieter dadurch entsteht, kann der Mieter vom Vermieter ersetzt verlangen. Der Mieter hat aber auch noch das Recht, wenn der Vermieter sich mit der Leistung in Verzug befindet, die fälligen **Schönheitsreparaturen selbst durchführen** zu lassen und vom Vermieter den Ersatz der ihm hierdurch entstehenden erforderlichen Aufwendungen zu verlangen § 536a BGB (neu – früher § 538 Abs. 2 BGB). In besonders schwerwiegenden Fällen, in denen der Vermieter seine Verpflichtung, die fälligen Schönheitsreparaturen durchzuführen, nicht erfüllt, steht dem Mieter des Recht zu, das bestehende Mietverhältnis gemäß § 543 BGB (neu – früher § 542 BGB) **fristlos** zu **kündigen**. Dieses Recht steht dem Mieter auch dann zu, wenn den Vermieter an der unterlassenen Renovierung kein Verschulden trifft.

4. Modernisierung/Instandhaltung

Allgemeine Abgrenzung

Grundsätzlich ist es dem Vermieter verwehrt, während der Laufzeit des Mietvertrages irgendwelche Veränderungen an der Mietwohnung bzw. an dem Mietshaus vorzunehmen. Um aber dem Vermieter dennoch die Möglichkeit zu gewährleisten, sein Mietobjekt zu erhalten und auch dem jeweiligen Wohnungsstandard anzupassen, hat der Gesetzgeber in den § 554 Abs. 1 BGB (neu – früher § 541 a BGB) und § 554 Abs. 2 BGB (neu – früher 541 b BGB) festgelegt, daß der Vermieter **Erhaltungsmaßnahmen** und **Modernisierungsmaßnahmen** durchführen kann. Da die Durchführung von Erhaltungsmaßnahmen und Modernisierungsmaßnahmen **unterschiedliche Rechte** und **Pflichten** sowohl beim Mieter als auch beim Vermieter auslösen kann, sind die einzelnen Begriffe scharf voneinander zu trennen.

Wann spricht man von Erhaltungsmaßnahmen?

Unter dem Oberbegriff **«Erhaltungsmaßnahmen«** werden **sämtliche Instandhaltungs-** und **Instandsetzungsmaßnahmen** verstanden. Der Unterschied zwischen Instandhaltung und Instandsetzung liegt darin, daß man bei der **Instandhaltung** einen **ordnungs-** und **vertragsgemäßen** Zustand **aufrechterhält,** während man bei der Instandsetzung einen **ordnungs-** oder **vertragswidrigen** Zustand in einen **ordnungs-** und **vertragsgemäßen Zustand überführt**. So ist beispielsweise das Anstreichen von Fenstern und Türen, um das

Faulen des Holzes zu verhindern, eine Instandhaltungsmaßnahme, während es sich beim Austausch eines morschen Fensterrahmens um eine Instandsetzungsmaßnahme handelt.

Duldungspflicht des Mieters

Liegt eine **Instandsetzungs-** oder **Instandhaltungsmaßnahme** vor, so hat diese der **Mieter** gemäß § 554 Abs. 1 BGB (neu – früher § 541 a BGB) stets zu **dulden**. Selbstverständlich ist der Mieter aber vor Beginn der Instandhaltungsmaßnahmen zu **informieren**, insbesondere dann, wenn der Zugang zu seiner Wohnung erforderlich wird. Es gibt gemäß § 554 Abs. 2 BGB (neu – früher § 541 b BGB) keine gesetzlich festgelegte Ankündigungsfrist. Es wird lediglich ein **angemessener Ankündigungszeitraum** gefordert. Zu beachten ist auch, daß § 554 Abs. 1 BGB (neu – früher § 541 a BGB) nicht nur im Wohnraummietrecht Anwendung findet, sondern auch im **Gewerberaummietrecht**.

Was versteht man eigentlich unter Modernisierungsmaßnahmen?

Modernisierungsmaßnahmen sind alle **Maßnahmen** des Vermieters, mit denen eine Mietsache **verbessert** oder – seit 1. 9. 2001 auch Energie eingespart wird. Die bisherige Begrenzung im alten Mietrecht auf Heizenergie und Wasser wurde nunmehr erweitert. Sämtliche Energieeinsparungen sind als Modernisierungsmaßnahmen anzusehen, also auch beispielsweise die Einsparung von Strom.

Was bedeutet Dulden einer Modernisierungsmaßnahme?

Grundsätzlich hat der Mieter auch die **Durchführung** von **Modernisierungsmaßnahmen** gemäß § 554 Abs. 2 BGB (neu – früher § 541 b BGB) zu **dulden**. Allerdings besteht im Rahmen von Modernisierungsmaßnahmen für den Mieter die Möglichkeit, sich auf einen Härtefall zu berufen. Liegt ein solcher **Härtefall** für den Mieter oder für Personen, die mit dem Mieter in einem Hausstand leben, vor, so ist es dem Vermieter nicht erlaubt, Modernisierungsmaßnahmen durchzuführen. Die **Duldungspflicht** des Mieters gemäß § 554 Abs. 2 BGB (neu – früher § 541 b BGB) bedeutet nichts anderes als ein **passives Verhalten** des **Mieters** in Kenntnis der zu duldenden Maßnahme; d. h., der Mieter darf den Vermieter an der Durchführung der Modernisierungsmaßnahmen nicht hindern. Der Duldungsanspruch des Vermieters umfaßt auch die Gestattung, daß er bzw. die von ihm beauftragten Personen die Mieträume betreten dürfen und daß der Mieter die angekündigten Maßnahmen trotz der damit verbundenen Beeinträchtigungen hinzunehmen hat. **Dulden bedeutet** aber **nicht**, daß der Mieter den geplanten Modernisierungsmaßnahmen **zustimmen** muß (die frühere Rechtsprechung ging von einem generellen Zustimmungserfordernis aus). Stimmt aber der Mieter dem Modernisierungsvorhaben des Vermieters zu, z. B. im Wege einer Modernisierungsvereinbarung, so kommt es für die spätere Mietzinserhöhung nicht mehr darauf an, ob der Mieter zur Duldung verpflichtet gewesen wäre. Es wird darauf hingewiesen, daß Modernisierungsvereinbarungen zwischen Mieter und Vermieter im Rahmen von § 554 Abs. 2 BGB (neu – früher § 541 b BGB) zulässig sind.

Die **Duldungspflicht** des Mieters beinhaltet auch eine **eingeschränkte Mitwirkungspflicht** des Mieters. Davon werden kleinere Handreichungen erfaßt, wie beispielsweise das Verrücken von Mobiliar, das Abbauen von Schrankwänden, das Zusammenrollen von Teppichen usw.

Hat der Mieter ganz oder teilweise untervermietet, so überträgt sich der Duldungsanspruch gegenüber dem Mieter auch auf den **Untermieter**.

Aus der Duldungspflicht des Mieters ergibt sich auch die sogenannte **Schadensminderungspflicht** des **Mieters**, d. h., der Mieter muß gegebenenfalls Mobiliar abdecken und sonstige Einrichtungsgegenstände vor arbeitsbedingten Einwirkungen schützen.

Um die weitgefaßte Duldungspflicht des Mieters nicht ausufern zu lassen und um den Mieter vor unsinnigen Modernisierungsmaßnahmen, den sogenannten **Luxusmodernisierungen**, zu schützen, hat der Gesetzgeber in § 554 Abs. 2 BGB (neu – früher § 541 b BGB) exemplarische Härtefälle aufgeführt, die bei ihrem Vorliegen den Duldungsanspruch des Vermieters entfallen lassen.

Auf welche Härtegründe kann sich der Mieter berufen?

Keine Duldungspflicht des Mieters

Die Duldungspflicht des Mieters entfällt, wenn die Modernisierungsmaßnahme für den Mieter oder seine gesamte Familie eine Härte bedeuten würde, die auch unter Würdigung der berechtigten Interessen des Vermieters und anderer Mieter in dem Gebäude **nicht** zu **rechtfertigen** ist § 554 Abs. 2 BGB (neu – früher § 541 b Abs. 1 Satz 1 BGB). Für die Beurteilung eines **Härtefalles** ist also eine **Interessenabwägung** zwischen den Interessen des

Mieters und denen des Vermieters und auch den Interessen anderer Mieter im Hause vorzunehmen.

Interessenabwägung

Deutlich wird dies besonders am Beispiel des Fahrstuhleinbaus. Der Mieter im obersten Stockwerk wird regelmäßig ein größeres Interesse am Einbau haben als der Mieter der Parterrewohnung. Da die Entscheidung darüber, ob der Mieter eine Modernisierungsmaßnahme zu dulden hat oder nicht, nur aufgrund einer umfassenden Interessenabwägung getroffen werden kann, sind alle **Umstände** des **Einzelfalles** heranzuziehen und zu würdigen. Zu beachten ist, daß sich nicht nur der Mieter auf einen Härtefall berufen kann, sondern auch die Familie des Mieters; hierzu können nahezu alle Familienangehörigen gezählt werden, die in derselben Wohnung wie der Mieter wohnen und mit ihm einen Hausstand bilden, ohne selbst Mietpartei zu sein. Diese Regelung findet insbesondere auch Anwendung bei nichtehelichen Lebensgemeinschaften, die im Falle von § 554 Abs. 2 BGB (neu – früher § 541 b BGB) der Familie gleichgestellt sind. Auch bei einer Mietermehrheit, d. h., wenn auf der Mieterseite des Mietvertrages mehrere Personen stehen, genügt es bereits, wenn die Modernisierungsmaßnahme für einen dieser Mieter eine nicht zu rechtfertigende Härte darstellt.

Härtegründe

Die **Härtegründe**, auf die sich der Mieter berufen kann, zählt das Gesetz in § 554 Abs. 2 BGB (neu – früher § 541 b BGB) beispielhaft auf. Zugunsten des Mieters sind insbesondere folgende Härtegründe zu berücksichtigen:

- Ein Härtegrund kann sich aus der **Art** der vorzunehmenden **Arbeiten** ergeben. Dies wäre z. B. der Fall, wenn der Vermieter während der kalten Jahreszeit (Oktober bis März) neue Fenster einbauen will.

- Auch aus den **baulichen Folgen** einer geplanten Modernisierungsmaßnahme kann sich ein Härtegrund ergeben. Dies wäre der Fall, wenn der Vermieter beispielsweise eine bisherige Dreizimmerwohnung in eine Zweizimmerwohnung umwandeln würde.
- Auch daraus, daß der **Mieter** bereits **selbst Verwendungen** auf die Mietwohnung gemacht hat, kann sich ein Härtefall ergeben. Ein Härtefall in diesem Bereich wird jedoch nur dann vorliegen, wenn die Verwendungen erst kurze Zeit zurückliegen und der Mieter gewisse Investitionen getätigt hat. Voraussetzung, damit sich der Mieter auf diese Härtefallklausel berufen kann, ist allerdings, daß die Einbauten und Einrichtungen des Mieters mit Zustimmung des Vermieters vorgenommen worden sind.
- Auch aus der zu **erwartenden Mietzinserhöhung**, die sich **nach durchgeführter Modernisierung** regelmäßig für den Mieter ergibt, kann sich ein Härtefall ergeben. Für die Beurteilung, ob ein solcher finanzieller Härtefall vorliegt, ist vom zukünftigen Mietpreis nach durchgeführter Modernisierung, wie es sich aus den verschiedenen Preisvorschriften bzw. aus § 559 BGB (neu – früher § 3 MHG) ergibt, auszugehen. Dieser Mietpreis ist dann in Relation zu setzen zu den individuellen Einkommensverhältnissen des Mieters einschließlich des Einkommens der Familienangehörigen des Mieters, die mit ihm einen Hausstand bilden. Das Einkommen von Untermietern bleibt hierbei unberücksichtigt. Danach kommt es darauf an, ob nach Modernisierung die Miete für den Mieter weiterhin tragbar bleibt, d. h., für den Mieter muß nach Abzug der Miete ein Betrag zur Verfügung stehen, der ausreicht, um seinen bisherigen Le-

benszuschnitt im wesentlichen zu erhalten. Bei den finanziellen Auswirkungen der Modernisierung kann auch die Relation zwischen Mieterhöhung und Wert der Verbesserungsmaßnahme eine Rolle spielen (sogenanntes Gebot der Wirtschaftlichkeit). Der Mieter muß nämlich Modernisierungsmaßnahmen dann nicht dulden, wenn die Wertverbesserung nicht in einem angemessenen Verhältnis zur voraussichtlichen Mietzinserhöhung steht. Bei Mietermehrheit ist das Einkommen sämtlicher Vertragsparteien auf der Mieterseite zu berücksichtigen, unabhängig davon, welche Mieter die Wohnung augenblicklich nutzen. Der Vermieter ist nämlich nicht verpflichtet, seine Kalkulation jeweils davon abhängig zu machen, welcher Mieter die Wohnung gerade nutzt. Für die **Beurteilung** eines **finanziellen Härtefalles** kommt es allein auf das Einkommen des Mieters oder der Mieter zum **Zeitpunkt** des **Duldungsbegehrens** an. Ein zukünftiges höheres Einkommen des Mieters ist hierbei unbeachtlich. Zu beachten ist überdies, daß für die Beurteilung eines finanziellen Härtefalles auch der Wohngeldanspruch des Mieters heranzuziehen ist. Dies gilt unabhängig davon, ob der Mieter Wohngeld in Anspruch nimmt oder nicht.

Wie sich insbesondere aus der Formulierung ergibt, ist der Katalog der Härtegründe, wie sie in § 554 Abs. 2 BGB (neu – früher § 541 b BGB) aufgeführt sind, nicht abschließend. Von der Rechtsprechung wurden noch zahlreiche Gründe als Härtegründe im Sinne des Gesetzes gewertet. So wurden beispielsweise **Schwangerschaft, Arbeitslosigkeit, hohes Alter, Prüfungsstreß** und Gebrechlichkeit als Härtegründe anerkannt.

Üblicher Zustand

Die Rechtsprechung geht davon aus, daß ein Härtegrund für den Mieter dann nicht gegeben ist, wenn die gemieteten Räume lediglich in einen Zustand versetzt werden, wie er »allgemein üblich ist«. Die Rechtsprechung versteht unter »allgemein üblich« einen Zustand der Mieträume, der bei mindestens ⅔ der Mieträume in Gebäuden gleichen Alters innerhalb der Gemeinde sich befinden (siehe hierzu Rechtsentscheid BGH 19.2.1992, VIII ARZ 5/91, WM 1992 Seite 181). Es wird jedoch noch einmal darauf hingewiesen, daß es für die Beurteilung, ob ein Härtefall vorliegt oder nicht, auf den Einzelfall ankommt. Nach dem neuen Modernisierungsrecht des § 554 BGB neu ist der Personenkreis bezüglich der Härtegründe erweitert worden. Die Gründe können nicht nur bei der Familie des Vermieters vorliegen, sondern nunmehr auch bei anderen Angehörigen, die im Haushalt des Mieters leben, insbesondere auch beim Lebenspartner, Pflegekindern oder Kindern des Lebenspartners.

Wie wird eine Modernisierungsmaßnahme angekündigt?

Verfahren

Bei dem Ankündigungsverfahren von Modernisierungsmaßnahmen gemäß § 554 Abs. 3 BGB (neu – früher § 541 b Abs. 2 BGB) handelt es sich um ein streng formuliertes Verfahren, dessen **Wirksamkeitsvoraussetzungen** unbedingt beachtet werden müssen, damit zum einen die Duldungspflicht des Mieters ausgelöst wird und zum anderen **nach Abschluß** der Modernisierungsarbeiten der **erhöhte Mietzins** vom Mieter gefordert werden kann. Allerdings wird darauf hingewiesen, daß für den Vermieter die Möglichkeit besteht, eine **unwirksame Ankündigung** im Wege des gerichtlichen Verfahrens zu **heilen**, nämlich durch Nachschieben einer wirksamen Ankündigung mit der Klageschrift. Dies wäre allerdings nur dann der Fall, wenn der Vermieter den Mieter auf Duldung der Modernisierungsmaßnahme verklagen will.

Zeitpunkt und Inhalt des Ankündigungsschreibens

Der Vermieter hat dem Mieter **drei Monate (§ 554 Abs. 3 BGB neu) vor Beginn** der Modernisierung deren **Art, Umfang, Beginn** und **voraussichtliche Dauer** sowie die zu **erwartende Erhöhung des Mietzinses** schriftlich **mitzuteilen**. Bezüglich der Mitteilung von Art und Umfang der beabsichtigten Modernisierungsmaßnahme sind keine erhöhten Anforderungen zu stellen. Es genügt hier, daß der Mieter nachvollziehbar erkennen kann, um welche Maßnahmen es sich konkret und im einzelnen handelt. **Nicht erforderlich** ist beispielsweise die Angabe, worin die Wohnwertverbesserung liegt. Es wird aber bei Arbeiten in der Wohnung des Mieters empfohlen anzugeben, in welchen Räumen welche konkreten Maßnahmen durchgeführt werden sollen, damit der Mieter erkennen kann, mit welchen Einwirkungen auf seine Wohnsituation zu rechnen ist. Der Vermieter muß ferner den Beginn und die Dauer der Maßnahme ankündigen. Die **Angabe des Beginns** muß ein **genauer Zeitpunkt** sein, eine Angabe wie etwa »Mitte Februar« oder »in den nächsten sechs Wochen« reicht keinesfalls aus. Für die Angabe der Dauer reicht dagegen aus, daß dem Mieter die voraussichtliche Zeitspanne erkennbar ist. Hier wird nochmals darauf hingewiesen, daß im Rahmen der Modernisierungsankündigung so sorgfältig wie möglich vorgegangen werden sollte. Es gilt der Grundsatz, lieber zuviel ankündigen als zuwenig. Auch die zu **erwartende Erhöhung** des Mietzinses nach durchgeführter Modernisierung muß dem Mieter unbedingt mitgeteilt werden. In diesem Bereich ist es keinesfalls ausreichend, wenn lediglich

Mietzinsspannen oder Erhöhungsprozentsätze angegeben werden. Erforderlich ist vielmehr, die Erhöhung des Mietzinses in EUR/m² anzugeben, wobei die ungefähre Mieterhöhung genügt, da gemäß § 559 BGB (neu – früher § 3 MHG) eine genaue Mieterhöhung nach Abschluß der Modernisierung folgt. Jedoch sollte darauf geachtet werden, daß die Angabe des zukünftigen, erhöhten Mietzinses nicht mehr als 10 % von dem tatsächlichen Erhöhungsbetrag abweicht, da manche Gerichte bei einer mehr als 10 %igen Abweichung von der Unwirksamkeit des Ankündigungsschreibens ausgehen.

Sind **mehrere Modernisierungsmaßnahmen** vom Vermieter geplant, so empfiehlt es sich, die Mieterhöhung für jede Maßnahme getrennt auszuweisen, damit der Mieter sich entscheiden kann, ob er gegebenenfalls nur einen Teil der Maßnahmen duldet. Die Ankündigungspflicht des Vermieters entfällt auch dann nicht, wenn der Vermieter keine Mieterhöhung plant.

Schriftform der Ankündigung

Die Ankündigung selbst muß **schriftlich** erfolgen, d. h. in Schriftform gemäß § 126 BGB. Danach gilt, daß die **Ankündigungserklärung** in einem Schriftstück enthalten sein muß. Das Ankündigungsschreiben muß nicht eigenhändig unterschrieben werden. Kopien reichen keinesfalls aus. Im neuen Mietrechtstext des § 554 BGB neu wird darauf hingewiesen, daß die Ankündigung in Textform erfolgen muß. Hierin sehen viele die Möglichkeit als gegeben an, daß Computertexte ohne Unterschrift ausreichend sind. Empfehlenswert ist nach wie vor, daß alle Vermieter das Modernisierungs-Ankündigungsschreiben unterzeichnen. Allerdings kann vom Erfordernis der eigenhändigen Unterschrift des Vermieters abgewichen werden, wenn der Vermieter durch einen Bevollmächtigten unterschreiben läßt. In diesem Fall muß aber eine Originalvollmachtsurkunde beigefügt sein, sonst kann der Mieter die Mitteilung unverzüglich gemäß § 174 BGB zurückweisen. Das Beifügen einer Vollmachtsurkunde kann aber entbehrlich sein, wenn sich die Bevollmächtigung aus den Umständen ergibt oder für den Mieter nicht zweifelhaft sein kann. Dies wäre beispielsweise der Fall, wenn die Modernisierung durch eine Hausverwaltung, die die Wohnung des Mieters seit Jahren verwaltet, angekündigt wird.

Ankündigung durch Vermieter

Die **Ankündigung** der Modernisierungmaßnahmen kann grundsätzlich nur **durch** den **Vermieter** erfolgen. Voraussetzung für die Vermieterstellung ist gemäß § 566 BGB (neu – früher § 571 BGB) die **Eintragung im Grundbuch**. Eine Auflassungsvormerkung reicht hier noch nicht aus. Möchte beispielsweise der Erwerber einer Immobilie eine Modernisierung durchführen, noch bevor er im Grundbuch als Eigentümer eingetragen ist, so ist es ratsam, dem Erwerber im Wege einer dreiseitigen Vereinbarung zwischen Vermieter, Mieter und Erwerber die Vermieterstellung zukommen zu lassen.

Häufig tritt der Fall ein, daß es bei umfangreichen Modernisierungsmaßnahmen zu zeitlichen Verschiebungen oder zu gravierenden technischen Änderungen kommt. In einem solchen Fall muß die Ankündigung gegebenenfalls wiederholt werden. Allerdings werden hiervon kleinere Verzögerungen nicht erfaßt.

Checkliste Modernisierungsankündigung

(1) Da der Vermieter im Streitfall den Zugang des Mieterhöhungsverlangens beweisen muß, empfiehlt sich die **Versendung** per **Einschreiben/Rückschein** oder die Zustellung durch einen Boten, welcher das Schreiben in einen Umschlag steckt und in den Briefkasten des Mieters wirft.

(2) Das Ankündigungsschreiben muß **an alle** betroffenen **Mieter** versandt werden; sind mehrere Personen Mieter einer Wohnung, so muß das Schreiben an alle gerichtet sein. (Bei Altverträgen in den neuen Bundesländern auch an Ehepartner!)

(3) Das Ankündigungsschreiben muß den Mietern spätestens **zwei Monate vor Beginn** der geplanten Maßnahmen zugestellt werden.

(4) Sind **mehrere Personen Vermieter**, so sollte das Mieterhöhungsschreiben von **allen Vermietern abgefaßt** und unterschrieben sein. Bei Vertretung ist eine Originalvollmacht beizufügen.

(5) Es ist eine möglichst **genaue Bezeichnung** der **geplanten Maßnahmen** unter folgenden Angaben erforderlich:
- Was soll entfernt/erneuert werden?
- Was soll statt dessen eingebaut werden?
- Welche Unterschiede bestehen in Aussehen, Größe, Funktion gegenüber dem bisherigen Teil?
- Welche (Zusatz-)Arbeiten sind zum Einbau ebenfalls nötig?

Sinn dieser Angaben ist, daß der Mieter erkennen kann, was genau geändert werden soll.

(6) Die Angabe einer Zeitspanne für den **Beginn** der **Arbeiten** ist nicht ausreichend; es muß mindestens die **Kalenderwoche** bzw. Monatsanfang/mitte/ende genannt sein. Gleiches gilt für das voraussichtliche Ende der Arbeiten.

(7) Die Angabe der **voraussichtlichen Kosten** ist nicht dringend notwendig, aber zweckmäßig, da die nachfolgende Mieterhöhung andernfalls erst drei Monate später wirksam werden würde. Grundsätzlich sind alle entstandenen Baukosten und

erforderlichen Baukosten, wie z. B. Gerüstaufstellung, ansatzfähig.

(8) Bei Modernisierungsmaßnahmen, die **mehrere Wohnungen** oder Gemeinschaftseinrichtungen betreffen, sind die Anteile für die einzelnen Wohnungen an den Gesamtkosten nach einem angemessenen **Verteilerschlüssel** zu berechnen, also z. B. nach Anzahl der zu erneuernden Fenster.

(9) Der Vermieter darf 11 % der für die jeweilige Wohnung entfallenden Kosten auf die Jahresmiete **umlegen**, d. h., auf die Monatsmiete kann $\frac{1}{12}$ hiervon aufgeschlagen werden.

(10) Die Angabe von EUR-Spannen ist nicht ausreichend, es muß ein konkreter, **voraussichtlicher EUR-Betrag** genannt werden.

Kann der Mieter vorzeitig kündigen?

Sind dem Mieter neue Modernisierungsmaßnahmen angekündigt worden, so hat er ein **Sonderkündigungsrecht** gemäß § 554 Abs. 3 Satz 2 BGB (neu – früher § 541 b Abs. 2 S. 2 BGB). Der Mieter ist berechtigt, bis zum Ablauf des Monats, der auf den Zugang der Modernisierungsankündigung folgt, für den Ablauf des nächsten Monats zu kündigen. Hierbei handelt es sich um ein echtes Sonderkündigungsrecht, das von den sonstigen gesetzlichen Kündigungsregeln abweicht. Zu beachten ist, daß die Kündigung nur zum Ablauf des nächsten Monats erklärt werden kann. Eine Erklärung, die auf einen späteren Kündigungstermin abzielt, ist unwirksam. Hat der Mieter von seinem Sonderkündigungsrecht Gebrauch gemacht, so ist zu beachten, daß die Modernisierungsarbeiten bis zum Ablauf der Mietzeit zu unterlassen sind.

Was ist bei einer Bagatellmaßnahme?

Nach der sogenannten Bagatellklausel gemäß § 554 Abs. 3 Satz 3 BGB (neu – früher § 541 b Abs. 2 Satz 4 BGB) liegt eine **Bagatellmaßnahme** vor, wenn die Modernisierungsmaßnahme nur zu einer unwesentlichen Erhöhung des Mietzinses führen würde und die Maßnahme nur mit einer unerheblichen Einwirkung auf die gemieteten Räume verbunden ist. Eine Modernisierungsmaßnahme, die lediglich zu einer Mietzinserhöhung von bis zu 5 % der Kaltmiete führt, wird regelmäßig als Bagatellmaßnahme angesehen.

Beispiel

Um eine unerhebliche Einwirkung auf die gemieteten Räume handelt es sich beispielsweise, wenn eine Antennensteckdose eingebaut wird oder wenn eine zentrale Schließ- und Klingelanlage installiert wird. Allerdings ist zu beachten, daß das Recht des Mieters, sich auf einen bestimmten Härtefall zu berufen, durch die Bagatellklausel nicht berührt wird. Liegt eine tatsächliche Bagatellmaßnahme vor, so hat dies die Wirkung, daß sowohl die Ankündigungsverpflichtung des Vermieters als auch das Sonderkündigungsrecht des Mieters entfallen. Allerdings wird darauf hingewiesen, daß beim Zusammenfallen von Bagatellmaßnahmen mit umfangreichen Modernisierungsmaßnahmen auch die Bagatellmaßnahmen gemäß § 554 Abs. 3 Satz 3 BGB (neu – früher § 541 b Abs. 2 BGB) anzukündigen sind.

Hat der Mieter gegenüber dem Vermieter einen Aufwendungsersatzanspruch?

Die Aufwendungen, die der Mieter infolge einer Modernisierung machen mußte, kann er gemäß

§554 Abs. 4 BGB (neu – früher §541b Abs. 3 BGB) vom Vermieter in einem den Umständen angemessenen Verhältnis ersetzt verlangen. Dieser **Aufwendungsersatzanspruch** geht sogar so weit, daß der Mieter berechtigt ist, auf sein Verlangen hin vom Vermieter einen **Vorschuß** zu bekommen.

Ersatzfähige Aufwendungen

In erster Linie kann der Mieter vom Vermieter **Aufwendungen** zur **Sicherung** des **Eigentums** verlangen, z. B. für Abnahme von Gardinen, Aufrollen von Teppichen, Abdecken von Möbeln, Polstersachen und Fußböden, Sicherung von Gemälden, sonstigem Wandschmuck, Wertsachen usw.

Weiterhin kommen **Kosten** der **Reinigung** der **Wohnung**, unter Umständen auch die Kosten für das **Auslagern** der Möbel bis hin zu **Hotelkosten**, wenn das Verweilen in der Wohnung unzumutbar ist, in Betracht.

Darüber hinaus hat der Mieter nicht nur Anspruch auf Ersatz der Materialkosten, sondern auch auf Bezahlung eines **angemessenen Arbeitslohnes** für seine Bemühungen. Von der Rechtsprechung werden Arbeitsvergütungen in Höhe von 12,– DM bis 15,– DM/Stunde anerkannt. Dies soll jedoch nur gelten, wenn der Arbeitsaufwand zwei Stunden täglich nicht überschreitet. Voraussetzung des Ersatzanspruchs ist allerdings, daß die Modernisierungsmaßnahmen ursächlich für die Aufwendungen waren.

Der Mieter muß nicht stets den billigsten Weg wählen, sondern den Weg, der seinen **konkreten Lebensverhältnissen** entspricht. Hat der Mieter beispielsweise eine Zugehfrau beschäftigt, so darf er die Kosten der Zugehfrau für die Reinigung der Wohnung in Rechnung stellen. Es wird aber darauf hingewiesen, daß für den Vermieter die Möglichkeit besteht, die gesamten von ihm bezahlten Aufwendungen des Mieters als Modernisierungskosten in Ansatz zu bringen.

Welche Möglichkeit hat der Vermieter, die Miete zu erhöhen?

Hat der Vermieter bauliche Maßnahmen durchgeführt, die den Gebrauchswert der Mietsache nachhaltig erhöhen, die allgemeinen Wohnverhältnisse auf Dauer verbessern oder nachhaltig Einsparungen von Energie oder Wasser bewirken (Modernisierung), oder hat er andere bauliche Maßnahmen aufgrund von Umständen durchgeführt, die er nicht zu vertreten hat, so kann er die jährliche Miete um elf vom Hundert der für die Wohnung aufgewendeten Kosten erhöhen (§ 559 Abs. 1 BGB – neu), in der Mietwohnung Modernisierungsmaßnahmen im Sinne des § 3 MHG durchgeführt, so ist er berechtigt, diese **Maßnahmen zur Grundlage** einer **Mietzinserhöhung** zu machen. Der Vermieter kann zwei Wege der Mieterhöhung nach Modernisierungsmaßnahmen durchführen:

Vereinfachtes Umlageverfahren

Zum einen wird dem Wohnraumvermieter die Möglichkeit eröffnet, diese Mietzinsanhebung in dem **vereinfachten Umlageverfahren** nach § 559 BGB (neu – früher § 3 MHG) geltend zu machen. Falls die Vergleichsmieten in dem gemäß § 558 BGB (neu – früher § 2 MHG) relevanten Zeitraum gestiegen sind, kann der Vermieter daneben in einem gesonderten Verfahren nach § 558 BGB (neu – früher § 2 MHG) die Zustimmung des Mieters zur Mietzinserhöhung auf der Basis für vergleichbaren **nicht** modernisierten Wohnraum verlangen.

Verfahren nach § 558 BGB (neu – früher § 2 MHG)

Zum anderen kann der Vermieter ausschließlich nach § 558 BGB (neu – früher § 2 MHG) vorgehen und die **Modernisierung** der **Mietwohnung** dergestalt in das **Zustimmungsverfahren einbeziehen,** daß er die Anhebung der Miete auf die Vergleichsmiete nach dem Standard der durch die Modernisierung verbesserten Wohnung verlangt. Von einer weiteren Erhöhung nach § 3 MHG wegen derselben Modernisierungsmaßnahme ist der Vermieter dann allerdings ausgeschlossen. Macht der Vermieter von der vorstehenden ersten Möglichkeit Gebrauch, verlangt er also nach Durchführung von Modernisierungsmaßnahmen nebeneinander Mietzinsanhebung sowohl im Verfahren nach § 558 BGB (neu – früher § 2 MHG) als auch im Verfahren nach § 559 BGB (neu – früher § 3 MHG), so gilt für die Mietzinsanhebung nach § 558 BGB (neu – früher § 2 MHG) auf die ortsübliche Vergleichsmiete für vergleichbaren nicht modernisierten Wohnraum die **Kappungsgrenze** des § 558 BGB (neu – früher § 2 Abs. 1 Nr. 3 MHG), während diese Begrenzung der Mietzinsanhebung im Rahmen des gleichzeitig eingeleiteten Erhöhungsverfahrens nach § 559 BGB (neu – früher § 3 MHG) wie bei Anhebungsverfahren dieser Art allgemein nicht greift. Nach Abschluß beider nebeneinander betriebenen Erhöhungsverfahren darf damit der insgesamt erhöhte Mietzins die Summe aus Mietzins vor der Anhebung plus 30 % plus Modernisierungszuschlag gemäß § 559 BGB (neu – früher § 3 MHG) nicht überschreiten. Dieser Betrag darf, da es sich bei § 558 BGb (neu – früher § 2 Abs. 1 S. 1 Nr. 3 MHG) um eine Schutzvorschrift zugunsten des Mieters handelt und der Umfang des Mieterschutzes nicht von der vom Vermieter unter mehreren Möglichkeiten gewählten Form der Mietzinsanhebung abhängig sein darf, auch bei einer Mietzinserhöhung nach Modernisierung allein im Verfahren nach § 558 BGB (neu – früher § 2 MHG) nicht überschritten werden. Andererseits darf vorgenannter, bei gleichzeitigem Betreiben der Erhöhungsverfahren nach § 558 BGB (neu – früher § 2 MHG) und § 559 BGB (neu – früher § 3 MHG), zulässiger Höchstbetrag beim Vorliegen der tatsächlichen Voraussetzungen hierfür auch bei einer Einbeziehung von Modernisierungskosten in ein einheitliches Erhöhungsverfahren nach § 558 BGB (neu – früher § 2 MHG) durchaus erreicht werden. Der Vermieter, der die Modernisierung zur Grundlage eines Verfahrens nach § 558 BGB (neu – früher § 2 MHG) gemacht hat, kann nämlich, wie bereits aufgezeigt, den Modernisierungszuschlag nicht nochmals geltend machen (OLG Hamm, Beschluß vom 30. 12. 1992, WM 1993, S. 106).

Können im Zusammenhang mit einer Modernisierung durchgeführte Instandsetzungsmaßnahmen als Modernisierungsmaßnahmen angesehen werden?

Nein, vielmehr sind die **fiktiven Kosten** einer fälligen (ersparten) Instandsetzung von den Kosten der Modernisierungsmaßnahme **abzuziehen** und nur die verbleibenden Kosten mit 11 % jährlich auf den Mieter umlegbar. Von den gesamten Modernisierungskosten, die der Vermieter der Berechnung der Mieterhöhung nach § 559 BGB (neu – früher § 3 Abs. 1 MHG) zugrunde legen darf, sind vorab diejenigen fiktiven Kosten abzuziehen, die der Vermieter ohne die Modernisierung in Zukunft für die Immobilieninstandhaltung/Instandsetzung des alten Zustandes voraussichtlich hätte aufwenden und im Verhältnis zum Mieter allein tragen müssen. Ersetzt der Vermieter herkömmliche Fenster und Türen durch isolierverglaste Bauteile, so sind bei der Mieterhöhung nach § 559 BGB (neu – früher § 3 MHG) die Kosten beim Austausch fällig gewesener Instandsetzungen von den Gesamtkosten abzuziehen. Zukünftige Ersparnisse und anderweitige Vorteile des Vermieters werden nicht angerechnet.

Nur Mieterhöhung, wenn der Mieter der Modernisierung zugestimmt hat?

Kein Zustimmungserfordernis

Für eine Mieterhöhung nach § 559 BGB (neu – früher § 3 MHG) ist eine ausdrückliche **Zustimmung** des Mieters zu den Modernisierungsmaßnahmen nicht erforderlich. Es wird vielmehr vorausgesetzt, daß der Mieter zur Zeit der Ausführung der Modernisierungsmaßnahme gemäß § 554 Abs. 2 BGB (neu – früher § 541 b BGB) zu einer **Duldung** verpflichtet war. Das ist der Fall, wenn die materiellen Voraussetzungen des § 554 Abs. 2 BGB (neu – früher § 541 b Abs. 1 BGB) in dem genannten Zeitraum vorgelegen haben und – von Bagatellmaßnahmen nach Abs. 2 Satz 4 der Vorschrift abgesehen – der Vermieter vor dem Beginn der Maßnahme den Mieter genau und fristgerecht in Verbindung mit Abs. 2 Satz 1 der Vorschrift Mitteilung gemacht hat (und der Mieter nicht von seinem Kündigungsrecht gemäß Abs. 2 Satz 2 der Vorschrift Gebrauch gemacht hat). Eine Duldung der Maßnahme durch den Mieter oder eine vorangehende gerichtliche Feststellung seiner Duldungspflicht ist für die Mieterhöhung darüber hinaus nicht erforderlich. Auch muß der Mieter der Mieterhöhung nach § 559 BGB (neu – früher § 3 MHG) nicht zustimmen. Dies hat die Bundesregierung in einem Bericht über die Auswirkungen des 2.WKSchG ausdrücklich nochmals bekräftigt.

Wenn der Mieter die entsprechende Maßnahme geduldet hat, kann er nachträglich nicht behaupten, er wäre zur Einwilligung einer Maßnahme nicht verpflichtet gewesen, und daß deshalb das Mieterhöhungsrecht nicht gegeben ist. Beruft sich der Mieter darauf, daß er sich bei der Duldung der Baumaßnahmen über die Möglichkeit der Mieterhöhung, die diese nach sich ziehen können, geirrt hat, hat dies keine rechtlichen Folgen. Es handelt sich hierbei um einen unbeachtlichen Rechtsirrtum, der dem Mieter nicht das Recht gibt, sein Handeln, oder besser gesagt sein Dulden, nach § 119 BGB anzufechten.

Ausnahmen

Anders liegt allerdings der Fall, wenn zum Beispiel während der Urlaubsabwesenheit eines Mieters an der Außenfassade des Hauses eine Wärmedämmung angebracht wird und der **Mieter vorher nicht** darüber **informiert** wurde, daß eine solche Modernisierung vorgenommen wird. In diesem Fall hatte der Mieter gar keine Möglichkeit, die Duldungspflicht zu überprüfen, und konnte sich auch gar nicht überlegen, ob er sich möglicherweise wegen einer zu erwartenden Mieterhöhung eine neue Wohnung suchen und vorzeitig kündigen wird.

Eine fehlende Ankündigung hat keine Bedeutung, wenn der Mieter die Arbeiten **wissentlich geduldet** hat, etwa indem er die Handwerker in seine Wohnung gelassen hat. Das OLG Stuttgart hat dazu entschieden, daß dies als ausdrückliche Zustimmung gilt. Die Mieterhöhung nach § 559 BGB (neu) ist dem Mieter in Textform zu erklären. Die Erklärung ist nur wirksam, wenn in ihr die Erhöhung aufgrund der entstandenen Kosten berechnet und entsprechend den Voraussetzungen der §§ 559 und 559 a BGB erläutert wird.

Das Mieterhöhungsverfahren nach durchgeführter Modernisierungsmaßnahme

Der Anspruch nach § 559 BGB (neu – früher § 3 Abs. 1 MHG) ist vom Vermieter durch schriftliche Erklärung gegenüber dem Mieter geltend zu machen. Die Erklärung ist nur wirksam, wenn in ihr die Erhöhung aufgrund der entstandenen Kosten berechnet und entsprechend den Voraussetzungen nach Abs. 1 erläutert wird.

Abschluß der Baumaßnahmen

Um eine Erhöhung durchführen zu können, müssen die Baumaßnahmen abgeschlossen sein. Für Maßnahmen, die vor Abschluß des Mietvertrages begonnen worden sind, kann nachträglich keine Erhöhung verlangt werden, wenn sich der Vermieter das Recht bei Vertragsunterzeichnung nicht ausdrücklich vorbehalten hat.

Schriftform der Erhöhungserklärung

Die Erhöhungserklärung muß schriftlich erfolgen. Sie ist dem Mieter nach § 559 BGB in Textform zu erklären. Unter Textform versteht man, daß das Mieterhöhungsverlangen auch maschinell erstellt werden kann und nicht eigenhändig unterschrieben werden muß.

Ausreichende Begründung der Mieterhöhung

Die Mieterhöhung muß ausreichend begründet und erläutert sein, so daß der Mieter auch nachrechnen kann. Die Mieterhöhungserklärung nach Modernisierungsmaßnahmen muß dem Mieter **Klarheit** über die **Grundlagen** der auf seine Wohnung entfallenden **Modernisierungskosten** verschaffen. Im Einzelfall können daher auch die Angabe der auf das bewohnte Gebäude entfallenden Kosten jeder Maßnahme sowie der ersparte Instandsetzungsaufwand zu erläutern sein (LG Kassel vom 16. 4. 1992, WM 1992, S. 444). Daraus folgt: nicht genügend ist die Mitteilung eines pauschalen Gesamtbetrages, der es dem Mieter überläßt, hieraus den auf seine Wohnung entfallenden

Modernisierungszuschlag zu berechnen. Der Vermieter muß **spezifiziert** angeben, auf **welche Maßnahmen** er Zuschläge geltend macht. In den Fällen, in denen im Mietobjekt eine Vielzahl von Maßnahmen durchgeführt worden sind, sind die Aufwendungen nach den einzelnen Positionen aufzuschlüsseln, es sind die Verteilungsmaßstäbe darzulegen und der daraus ermittelte Anteil des Mieters. Rechnungen, Zahlungsbelege oder sonstige Unterlagen brauchen der Erhöhungserklärung nicht beigefügt zu werden. Der Mieter hat jedoch nach einhelliger Meinung ein Einsichtsrecht (§ 259 BGB). Die Einsichtnahme hat in der Regel beim Vermieter/Verwalter zu erfolgen. Bei einem auswärtigen Wohnsitz des Vermieters hat der Mieter das Recht, die Belege am Ort der Mietwohnung einzusehen. Man wird aber in einem solchen Fall dem Vermieter das Recht geben müssen, dem Mieter auf dessen Kosten Kopien der Rechnungsbelege zuzusenden. Verweigert der Vermieter/Verwalter die Einsichtnahme oder die Zusendung der Unterlagen, so wird der erhöhte Mietzins nach herrschender Meinung nicht fällig.

Empfänger

Zu beachten ist, daß die Erklärung von allen Vermietern bzw. **gegenüber allen Mietern** abgegeben werden muß. Eine Vertretung ist sowohl auf Erklärungs- als auch auf Empfangsseite zulässig. Hierbei ist zu beachten, daß auf seiten des Vermieters die Beifügung einer Originalvollmacht notwendig ist, da ansonsten der Mieter ein Zurückweisungsrecht nach § 174 BGB hat.

Wirksamwerden der Mieterhöhung

Der Mieter schuldet die erhöhte Miete mit Beginn des dritten Monats nach dem Zugang der Erklärung. Die Frist verlängert sich um sechs Monate, wenn der Vermieter dem Mieter die zu erwartende Erhöhung der Miete nicht nach § 554 Abs. 3 Satz 1 BGB mitgeteilt hat oder wenn die tatsächliche Mieterhöhung um mehr als zehn vom Hundert höher ist als die mitgeteilte (§ 559 b Abs. 2 BGB – neu –).

Welche Kosten dürfen umgelegt werden?

Ausgangspunkt ist hier der Wortlaut des § 559 Abs. 1 BGB (neu – früher § 3 Abs. 1 MHG). Es ist zu ermitteln, in welcher Höhe Kosten gemäß § 559 Abs. 1 BGB für die Wohnung des einzelnen Mieters entstanden sind.

Dies ist unproblematisch, wenn die Modernisierungsmaßnahmen nur die Wohnung des Mieters betreffen. Kommen sie aber mehreren Wohnungen zugute, sind die für die gesamten Maßnahmen aufgewendeten Kosten angemessen auf die einzelnen Wohnungen aufzuteilen.

Was versteht man unter angemessen?

Hier nimmt die Rechtsprechung den § 315 BGB her, der von **billigem Ermessen** spricht. Unter angemessen wird zum Beispiel beim Einbau einer Zentralheizung die Aufteilung der Gesamtkosten entsprechend der Quadratmeterzahl der einzelnen Wohnungen verstanden.

Unter angemessen ist aber auch zu verstehen, daß Berücksichtigung findet, welche Wohnung den größten Nutzen von der Wertverbesserungsmaßnahme hat. So dürften zum Beispiel die neu errichteten Dachgeschoßwohnungen größeren Nutzen von der Dachisolierung haben als die darunterliegenden Wohnungen, die Außenwohnungen größeren Nutzen von der Isolierung der Außenwände als die Wohnungen mit wenig Außenfläche.

Welche Kosten sind im einzelnen umlegbar?

Dies sind in erster Linie die **Baukosten**, sprich Material- und Handwerkerkosten. Hierunter fallen auch handwerkliche oder aufgrund sonstiger Qualifikationen erbrachte Eigenleistungen des Vermieters. Daneben sind auch umlegbar die sogenannten Baunebenkosten, sofern sie in einem adäquaten Zusammenhang mit Modernisierungsmaßnahmen stehen, z. B. notwendige Reinigungskosten zur Fertigstellung der Modernisierungsmaßnahme.

Ist zur Durchführung der Modernisierungsmaßnahme die Einschaltung eines **Architekten** angezeigt, so ist dessen **Honorar** ein Teil der Modernisierungskosten.

Was darf der Vermieter nicht umlegen?

Nicht umlegen darf der Vermieter:

- **Zinsen** für einen **Kredit**, den der Vermieter aufnimmt, denn das Geld bekommt er bereits vom Mieter verzinst, eben durch die 11 %, die er auf die Jahresmiete aufschlagen kann.
- Nicht auf die Miete aufschlagen darf der Vermieter **Kapitalbeschaffungskosten**. Das sind: Disagio, Kreditvermittlungs-, Notar- und Grundbuchgebühren für das Darlehen, das für die Modernisierung aufgenommen wurde.
- Nicht umlagefähig ist auch ein **Mietausfall**, der dem Vermieter vorübergehend entsteht.
- Kosten, die vom Mieter oder für diesen von einem Dritten übernommen oder die mit Zuschüssen aus **öffentlichen Haushalten** gedeckt werden, gehören nicht zu den aufgewendeten Kosten im Sinne des § 559 BGB (neu).
- Werden die Kosten für die baulichen Maßnahmen ganz oder teilweise durch Zinsreduzierungen oder zinslose Darlehen aus öffentlichen Haushalten gedeckt, so verringert sich der Erhöhungsbetrag nach § 559 BGB (neu) um den Jahresbetrag der Zinsermäßigung. Dieser wird errechnet aus dem Unterschied zwischen dem ermäßigten Zinssatz und dem marktüblichen Zinssatz für den Ursprungsbetrag des Darlehens. Maßgebend ist der marktübliche Zinssatz für erstrangige Hypotheken zum Zeitpunkt der Beendigung der Maßnahmen. Werden Zuschüsse oder Darlehen zur Deckung von laufenden Aufwendungen gewährt, so verringert sich der

Erhöhungsbetrag um den Jahresbetrag des Zuschusses oder Darlehens. Ein Mieterdarlehen, eine Mietvorauszahlung oder eine von einem Dritten für den Mieter erbrachte Leistung für die baulichen Maßnahmen stehen einem Darlehen aus öffentlichen Haushalten gleich. Mittel der Finanzierungsinstitute des Bundes oder eines Landes gelten als Mittel aus öffentlichen Haushalten. Kann nicht festgestellt werden, in welcher Höhe Zuschüsse oder Darlehen für die einzelnen Wohnungen gewährt worden sind, so sind sie nach dem Verhältnis der für die einzelnen Wohnungen aufgewendeten Kosten aufzuteilen.

- Nach dem Grundsatz von Treu und Glauben obliegt dem Vermieter die Verpflichtung, Modernisierungsmaßnahmen sorgfältig zu kalkulieren und nur die Kosten anzusetzen, die sich wirtschaftlich in einem vernünftigen Rahmen halten. Überhöhte Kosten sind nicht umlagefähig. Der Vermieter kann vielmehr für die Mieterhöhung gemäß § 559 BGB (neu – früher § 3 MHG) nur diejenigen Kosten zugrunde legen, die beim üblichen Preisniveau für eine entsprechende bauliche Maßnahme angemessen wären (LG Hamburg, Urteil vom 1. 11. 1984, WM 1986, S. 344). Allerdings hat der Vermieter aufgrund seiner Eigentümerstellung ein weitgehendes Gestaltungsrecht, weshalb er auch nicht verpflichtet ist, vor einer Modernisierungsmaßnahme die Arbeiten auszuschreiben (LG Hamburg, Urteil vom 21. 3. 1986, WM 1986, S. 344).
- Bei Energiesparmaßnahmen müssen Aufwand und Kosten auch in einem angemessenen Verhältnis stehen. Die Modernisierung muß sich nicht unbedingt durch höhere Einsparungen rentieren, aber sie darf im Ergebnis nicht total unwirtschaftlich sein. Bei einem **Verstoß** gegen

das **Gebot der Wirtschaftlichkeit** entfällt jedoch der Mieterhöhungsanspruch nicht vollständig. Es sind aber nur diejenigen Kosten auf den Mieter umlagefähig, die auch bei Beachtung des Wirtschaftlichkeitsgrundsatzes entstanden wären.

Die einseitige Mieterhöhung nach heizenergiesparenden Modernisierungsmaßnahmen ist grundsätzlich auf das Doppelte des Einsparungsbetrages zu begrenzen (LG Aachen, WM 1991, S. 356); maßgeblich ist der Zeitpunkt des Abschlusses der Maßnahme.

Gibt es eine Obergrenze für die Umlagen?

Die Gesamtmiete darf nach der Modernisierung nicht über der **Mietwuchergrenze** (mehr als 50 % über der ortsüblichen Vergleichsmiete) liegen. Schon bei einer Überschreitung von 20 % dieser Durchschnittsmiete kann eine verbotene Mietpreisüberhöhung vorliegen, wenn der Vermieter nicht nachweist, daß die von ihm geforderte neue Miete lediglich kostendeckend ist.

Hält der Vermieter diese Grundregeln ein, kann er eine Erhöhung der jährlichen Miete um **11 %** der für die Wohnung aufgewendeten Kosten verlangen. Diese 11 %ige Mietzinserhöhung bedeutet nicht, daß, wenn die Investitionen des Vermieters durch die 11 % abbezahlt sind, dann die 11 %ige Mieterhöhung wieder wegfällt. Die Mietzinserhöhung ist **zeitlich unbegrenzt** und bleibt bestehen.

Checkliste für Mieterhöhungsverlangen nach Modernisierung

(1) Da der Vermieter im Streitfall den Zugang des Mieterhöhungsverlangens beweisen muß, empfiehlt sich die **Briefversendung** per **Einschreiben/Rückschein** oder die Zustellung durch einen Boten, welcher das Schreiben in einen Umschlag steckt und in den Briefkasten des Mieters wirft.

(2) Das Mieterhöhungsverlangen muß **an alle betroffenen Mieter** versandt werden; sind mehrere Personen Mieter einer Wohnung, so muß das Schreiben an alle gerichtet sein.
(3) Das **Mieterhöhungsverlangen** kann **unmittelbar** nach tatsächlichem **Abschluß** der Modernisierungsarbeiten gestellt werden; eine zeitliche Grenze besteht nicht.
(4) Die durchgeführten **Maßnahmen** sind kurz zu **beschreiben**.
(5) Sind mehrere Personen Vermieter, so sollte das Mieterhöhungsverlangen von **allen Vermietern** abgefaßt und **unterschrieben** sein. Bei Vertretung ist eine Originalvollmacht beizufügen.
(6) Das **Datum** des **Ankündigungsschreibens** bezüglich der Modernisierungsmaßnahmen ist **anzugeben**.
(7) Grundsätzlich sind alle entstandenen **Baukosten** und erforderlichen **Baunebenkosten** (wie z.B. Gerüstaufstellung) der Modernisierungsmaßnahmen **ansatzfähig**; auch Kosten, die zur Wiederherstellung der Mietsache erforderlich sind, dürfen angesetzt werden. Dagegen dürfen keinesfalls die Kosten mitgerechnet werden, die für fällige Instandhaltungsmaßnahmen (z.B. Austausch abgenutzter Teile) oder Reparaturen der Mietsache entstanden sind. Ebensowenig dürfen Kapitalbeschaffungskosten oder Ausfälle wegen Mietzinsminderung angesetzt werden.
(8) Wenn die Baukosten aus eigenen Mitteln oder privaten Darlehen finanziert wurden, sind sie voll ansatzfähig. Sollten dagegen **öffentliche Mittel** verwendet worden sein, so sind **folgende Abzüge** zu machen und zu erläutern:
Bei der Verwendung von Mieterdarlehen oder Mietvorauszahlungen sowie der Verwendung von zinsverbilligten oder zinslosen Darlehen aus öffentlichen Haushalten wird der **Erhöhungsbetrag verringert** um die jährliche Zinsdifferenz gegenüber marktüblichen Zinsen für erststellige Hypotheken. Wenn Zuschüsse oder Darlehen gewährt werden zur Deckung von laufenden Aufwendungen, so verringern sich die Baukosten um den Jahresbetrag des Zuschusses oder Darlehens.

Schließlich werden von den Baukosten, die der Mieter trägt, alle **öffentlichen Zuschüsse** zur Kostendeckung **abgezogen**.

(9) Bei Modernisierungsmaßnahmen, die mehrere Wohnungen oder Gemeinschaftseinrichtungen betreffen, sind die Anteile für die einzelnen Wohnungen an den Gesamtkosten nach einem **angemessenen Verteilerschlüssel** zu berechnen, also z. B. nach Anzahl der erneuerten Fenster in der jeweiligen Wohnung. Falls einzelne Kosten nur für bestimmte Wohnungen angefallen sind, so ist auch dies zu erklären.

(10) Der **Anteil** der betreffenden Wohnungen an den ansatzfähigen Gesamtkosten nach Anwendung des Verteilerschlüssels ist zu nennen.

Wie kann sich der Mieter gegen eine unwirksame oder falsche Mieterhöhungserklärung wehren?

Gegen eine unwirksame oder falsche Mieterhöhungserklärung kann der Mieter in verschiedener Weise vorgehen. Er kann entweder die **Miete nicht bezahlen**, was für ihn das Risiko beinhaltet, daß die Mieterhöhungserklärung doch wirksam war und er eventuell eine fristlose Kündigung riskiert.

Er kann den Mietzinserhöhungsbetrag, um die fristlose Kündigung zu verhindern, ohne Anerkennung einer Rechtspflicht unter dem **Vorbehalt der Rückforderung** bezahlen.

Er kann aber auch eine **negative Feststellungsklage** gegen die Mieterhöhung einreichen mit der Zielsetzung, daß festgestellt wird, ob die Mieterhöhung unwirksam ist. Der Streitwert bezüglich dieser Feststellungsklage richtet sich nach dem dreifachen Jahreserhöhungsbetrag und kann durch den Vermieter dadurch erhöht werden, indem er die Erhöhungsbeträge einklagt und künftige Leistung fordert, damit er eine berufungsfähige Entscheidung bei Gericht bekommt.

Mieterhöhung bei Sozialwohnungen?

Auch bei Sozialwohnungen kann nach Modernisierung die Kostenmiete erhöht werden. Die Arbeiten müssen von der behördlichen Stelle als **Wertverbesserung** anerkannt worden sein. Die Voraussetzungen der Erhöhung sind im wesentlichen mit denen bei frei finanzierten Wohnungen identisch. Der Mieter muß eine **neue Wirtschaftlichkeitsberechnung** oder eine Ergänzung mit der Berechnung und Erläuterung der Positionen erhalten.

Modernisierung durch den Mieter

Bei der Mietermodernisierung stellt sich die Frage, ob der Mieter einen Anspruch gegen den Vermieter hat, **selbst** eine Modernisierungsmaßnahme durchzuführen.

Vertragliche Regelung oder Maßnahme im Rahmen vertragsgemäßen Gebrauches

Zunächst ist zu prüfen, ob der geschlossene Mietvertrag hierzu eine Regelung trifft; wenn danach auch für geringfügige Änderungen die ausdrückliche Zustimmung des Vermieters erforderlich ist, so hat der Mieter Anspruch hierauf jedenfalls dann, wenn sich die geplanten Maßnahmen im Rahmen des vertragsgemäßen Gebrauches halten.

Unter **vertragsgemäßen Gebrauch** fallen zum Beispiel folgende Maßnahmen:

- Das Anbringen von Dübeln, Haken und Schrauben im normalen Rahmen.

- Die Montage einer Einbauküche.
- Der Anschluß einer Duschkabine.
- Die Anbringung einer Markise.

Wenn der geschlossene Mietvertrag hierüber keine Regelungen enthält, so ist die Zulässigkeit der Modernisierungsmaßnahme danach zu beurteilen, um **welche Art** von Modernisierungsmaßnahme es sich handelt. Nur wenn diese **keinen erheblichen Eingriff** in die **Substanz** der Mietsache bedeutet und sich bei Auszug unschwer ohne Folgen beseitigen läßt, ist sie ohne Zustimmung des Vermieters zulässig.

Auch folgende Maßnahmen des Mieters hielten die Gerichte **ohne** die **Zustimmung** des Vermieters für **zulässig**:

- Einbau eines Durchlauferhitzers statt eines Kohlebadeofens.
- Einbau eines Hochbettes.

Einwilligung erforderlich

Dagegen erfordern Maßnahmen, die einen wesentlichen Eingriff in die Substanz der Mietsache nach sich ziehen, die Einwilligung des Vermieters, um zulässig zu sein. Die Erfordernis einer Einwilligung bejahten die Gerichte

- für das Einrichten einer Sauna,
- für die Anbringung einer Deckenverkleidung aus Styropor.

Nimmt der Mieter ohne Genehmigung des Vermieters derartige weitergehende Veränderungen vor, so stellen diese eine **Vertragsverletzung** dar (§ 550 BGB). Der Vermieter kann – nach erfolgter Abmahnung – nicht nur auf Unterlassung solcher Maßnahmen durch den Mieter klagen, sondern bei erheblichen Eingriffen in die Bausubstanz auch das Mietverhältnis sofort **ohne Einhaltung** einer **Kündigungsfrist kündigen**.

Maßnahmen außerhalb des Hauses

Schwieriger wird es, wenn der Mieter außerhalb seiner Wohnung etwas verändern möchte, so zum Beispiel, wenn er eine Parabolantenne anbringen will. Dabei gibt es oft Streit wegen des Aussehens am Haus.

Der Vermieter muß dem Mieter die Installation einer eigenen **Parabolantenne** erlauben, wenn kein Breitbandkabelanschluß zur Verfügung steht. Ausnahmsweise kann der Vermieter die Zustimmung verweigern, wenn er dafür sachbezogene Gründe hat. Dies können zum Beispiel technische Gründe sein.

Ausländische Mieter haben sogar dann Anspruch auf eigene Installation einer Parabolantenne, wenn zwar ein Breitbandkabelanschluß vorhanden ist, über diesen jedoch keine Programme aus dem Heimatland des Mieters angeboten werden.

Beachte!

Wenn der Mieter mit Zustimmung des Vermieters seine Wohnung selbst modernisiert, so muß er eventuell notwendige bauordnungsrechtliche Genehmigungen einholen. Hat der Mieter Modernisierungsmaßnahmen nicht richtig durchgeführt, dann muß er die Baulichkeiten entweder ordnungsgemäß herstellen oder beseitigen.

Kann der Vermieter bei Mietermodernisierung die Miete erhöhen?

Grundsätzlich darf der Vermieter Modernisierungen durch den Mieter **nicht** zum Anlaß für eine **Mieterhöhung** nehmen. Auch bei der Ermittlung der ortsüblichen Vergleichsmiete darf er nur den Zustand der unmodernisierten Wohnung zugrunde legen.

Etwas **anderes** gilt natürlich dann, wenn die Parteien eigene **vertragliche Regelungen** hierüber treffen.

Fallen nach der Modernisierung erhöhte Betriebskosten – etwa nach Einbau einer Elektroheizung – an, so treffen diese ausschließlich den Mieter. Werden diese Kosten nach Verbrauch abgerechnet und vom Vermieter auf sämtliche Mieter des Hauses umgelegt, so können die übrigen Mieter verlangen, daß der Verteilungsschlüssel entsprechend geändert wird und sie nicht mehr zahlen als vorher.

Kann der Mieter seine Einbauten in der Wohnung lassen?

Grundsätzlich muß der Mieter bei Beendigung des Mietverhältnisses das Mietobjekt so hinterlassen, wie er es übernommen hat § 546 BGB (neu – früher § 556 Abs. 1 BGB). Das bedeutet im Regelfall: Von ihm **veranlaßte Einbauten** müssen wieder **entfernt** werden. Wie bei jeder Regel gibt es aber auch hier **Ausnahmen**: So darf der Mieter die Wohnung im umgebauten Zustand hinterlassen, wenn der Vermieter sich – nachweislich – mit den Umbaumaßnahmen einverstanden erklärt und den Mieter nicht verpflichtet hat, beim Auszug den alten Zustand wiederherzustellen. Das gleiche gilt auch dort, wo die Rekonstruktion aus technischen Gründen nicht ohne weiteres möglich ist, wenn also beispielsweise Versorgungsleitungen unter Putz verlegt wurden.

Hat der Mieter bei Auszug Anspruch auf Entschädigung?

Für Mieterinvestitionen muß der Vermieter in **folgenden Fällen** bei Auszug des Mieters Entschädigung zahlen:

- wenn diese vereinbart wurde;
- wenn er vom Mieter verlangt, daß die Einrichtungen in der Wohnung bleiben § 552 Abs. 1 BGB (neu – früher § 547 a Abs. 2 BGB);
- wenn es sich bei den Mieterinvestitionen um eine sogenannte notwendige Verwendung handelt. Das sind bauliche Veränderungen und andere Maßnahmen, die erforderlich sind, um die

Bewohnbarkeit der Wohnung zu erhalten oder überhaupt herbeizuführen § 536 a Abs. 2 BGB (neu – früher § 547 BGB).

In anderen Fällen kann der Mieter eine Kostenerstattung grundsätzlich nur dann verlangen, wenn die Veränderung **auch** im **Interesse** des **Vermieters** vorgenommen wurde. Allerdings muß der Mieter dies beweisen, was in der Praxis ohne schriftliche Vereinbarung oder Zeugen sehr schwierig sein wird. Aus diesem Grund bleiben dem Mieter bei Auszug oft nur zwei Möglichkeiten; zum einen kann er versuchen, mit dem Vermieter eine **Entschädigung** zu **vereinbaren**, zum anderen kann er sich mit Zustimmung des Vermieters einen Nachmieter suchen, der an der Wohnung interessiert ist und deshalb die Einrichtung übernimmt und dafür eine **Abstandssumme** zahlt. Hierbei ist jedoch zu beachten, daß derartige Vereinbarungen über das Entgelt unwirksam sind, soweit dieses in einem auffälligen Mißverhältnis zum Wert der Einrichtung oder des Inventars steht (§ 4 a Abs. 2 des Wohnungsvermittlungsgesetzes).

Darf der Mieter die eingebauten Gegenstände mitnehmen, wenn er das wünscht?

§ 539 Abs. 2 BGB (neu – früher § 547 a BGB) regelt, wie mit eingebauten Gegenständen verfahren werden kann. Danach steht dem Mieter grundsätzlich ein **»Wegnahmerecht«** hinsichtlich solcher Einrichtungen zu, mit denen er die Wohnung versehen hat. Dies betrifft beispielsweise Lampen, Badezimmer- und Kücheneinrichtungen, Wandschränke, Waschbecken, Duschboiler usw.

Allerdings kann der Vermieter die Ausübung des Wegnahmerechtes des Mieters durch Zahlung einer angemessenen Entschädigung abwenden, es sei denn, daß der Mieter ein **berechtigtes Interesse** an der Wegnahme hat.

Eine Vereinbarung, durch die das **Wegnahme-**

recht des Wohnraummieters **ausgeschlossen** wird, ist nur wirksam, wenn ein **angemessener Ausgleich** vorgesehen ist.

Das Recht des Mieters, die Einrichtungen mitzunehmen, **verjährt sechs Monate** nach Ende der Mietzeit. Mit Eintritt der Verjährung kann der Mieter auch keine Ersatzansprüche wegen des Eigentumsverlustes mehr geltend machen (BGH, WM 1987, S. 262).

Was sollte der Mieter tun?

Grundsätzlich ist es ratsam, vor Beginn der Umbauarbeiten mit dem Vermieter eine Modernisierungsvereinbarung zu treffen. Diese schafft Klarheit und vermeidet Rechtsstreitigkeiten infolge der Umbauarbeiten.

Nachfolgend finden Sie eine Mustervereinbarung des Bundesjustizministeriums zur Modernisierung durch Mieter für nicht preisgebundene Wohnungen.

Muster einer Vereinbarung zwischen Mieter und Vermieter vor Maßnahmen zur Wohnungsmodernisierung und zur Energieeinsparung

§ 1 Vertragsparteien, Vertragszweck

Zwischen ______________________________
(Name, Vorname des Vermieters)

wohnhaft in ______________________________
(Ort, Straße, Hausnummer)

und ______________________________
(Name, Vorname des Mieters)

sowie ______________________________
(Name, Vorname des [Ehe-]Partners)

wohnhaft in ______________________________
(Ort, Straße, Hausnummer)

wird zur Durchführung von baulichen Maßnahmen, die den Gebrauchswert der Wohnung nachhaltig erhöhen oder die allgemeinen Wohnverhältnisse auf Dauer verbessern oder nachhaltig Einsparungen von Heizenergie bewirken, folgende Vereinbarung abgeschlossen:

§ 2 Allgemeines

(1) Die Vereinbarung bezieht sich auf die Wohnung des/der Mieter(s) im Hause

____________________ im ___Geschoß ______________

(Ort, Straße, Hausnummer) (z. B. rechts, links, Mitte)

(2) Diese Vereinbarung ist eine Ergänzungsvereinbarung zu dem Mietvertrag vom

________________ und wird dessen Bestandteil.

(3) Die Parteien sind sich darüber einig, daß in der Wohnung des Mieters

- in sämtlichen Räumen
- im Bad
- in der Küche
- im/in ______________________________________

____

____

bauliche Maßnahmen durchgeführt werden. Die Arbeiten betreffen

- Fenster/Türen/Rolläden
- Heizung/Warmwasseranlage
- Wärme-/Schallisolierung von Wänden/Böden/Decken/Dach
- Sanitärinstallation
- Elektroinstallation

(4) Art und Umfang der Maßnahmen im einzelnen ergeben sich aus der Anlage 1 dieses Vertrages. Sie ist Vertragsbestandteil.

§ 3 Leistungen des Mieters

(1) Der Mieter führt die Maßnahmen im eigenen Namen sowie auf eigene Kosten aus, soweit sie nicht gemäß Abschnitt II der Anlage 1 dem Vermieter obliegen.

Er ist dem Vermieter gegenüber verpflichtet, immer die Arbeiten ordnungsgemäß durchzuführen.

(2) Die Anlagen und Einrichtungen, mit denen die Wohnung aus dieser Vereinbarung ausgestattet wird, gehen in das Eigentum des Vermieters über, auch soweit sie nicht wesentliche Bestandteile des Grundstücks werden. Der Mieter verzichtet auf das Recht, solche Anlagen und Einrichtungen wegzunehmen § 539 BGB (neu – früher § 547 a Abs. 1 BGB).

(3) Zur Vermeidung von Schäden aus der Durchführung der Maßnahmen verpflichtet sich der Mieter, Arbeiten, die besondere Fachkenntnisse und die Einhaltung technischer Vorschriften erfordern, nur durch Fachfirmen oder in fachkundiger Selbsthilfe oder Nachbarschaftshilfe durchzuführen.
Der Mieter erklärt, daß er folgende Haftpflichtversicherung abgeschlossen hat:

____

(4) Die Arbeiten sollen in der Zeit vom ________ (Monat, Jahr) bis zum ________ (Monat, Jahr) durchgeführt werden.

(5) Die Kosten des Mieters für die gesamten Maßnahmen einschließlich der hierdurch verursachten Instandsetzungsarbeiten werden voraussichtlich EUR ____________________, in Worten ____________________ Euro, betragen. Dieser Betrag setzt sich wie folgt zusammen:

- Handwerkerleistungen gemäß beigefügten Kostenvoranschlägen ca. EUR _______
- vom Mieter zu beschaffendes Material ca. EUR _______

- Arbeitsaufwand des Mieters, der pauschal bewertet wird mit EUR ______
- Arbeitsaufwand des Mieters, der auf ______ Arbeitsstunden bei einem Stundensatz von EUR ______ veranschlagt wird EUR ______

Folglich ergibt sich insoweit ein Betrag von ca. EUR ______

(6) Nach Abschluß der Maßnahmen sind die Arbeiten vom Vermieter abzunehmen und die endgültigen Kosten des Mieters festzustellen. Hierüber wird ein Abnahme- und Kostenfeststellungsprotokoll nach Anlage 2 dieser Vereinbarung aufgenommen. Dieses wird Vertragsbestandteil. Zur Feststellung der endgültigen Kosten hat der Mieter Belege beizubringen. Wenn der Endbetrag die Kosten in Absatz (5) um mehr als 20 % übersteigt, wird der überschießende Betrag für die Abwohndauer (§ 4) und den Restwert (§ 5) nicht berücksichtigt.

§ 4 Leistungen des Vermieters

(1) Der Vermieter verzichtet für die Abwohndauer auf sein ordentliches Kündigungsrecht § 573 BGB (neu – früher § 564 b des Bürgerlichen Gesetzbuches), außer für den Fall einer schuldhaften, nicht unerheblichen Verletzung der vertraglichen Verpflichtungen des Mieters § 569 Abs. 2 BGB, § 573 BGB (neu – früher § 564 b Abs. 2 Nr. 1 BGB).

(2) Für künftige Mieterhöhungen und für die Instandhaltung der vom Mieter geschaffenen Einrichtungen gilt die folgende Regelung:

a) Die Maßnahmen, die Gegenstand dieser Vereinbarung sind, bleiben während der Abwohndauer bei Mieterhöhung nach § 558 BGB (neu – früher § 2 MHG) außer Betracht. Der Vermieter ist für die Dauer des Mietverhältnisses verpflichtet, für die Instandhaltung, Wartung und gegebenenfalls Erneuerung der Einrichtung zu sorgen. Soweit nach dem Mietvertrag der Parteien Kleinreparaturen und Schönheitsreparaturen vom Mieter übernommen sind, gilt dies auch für die neuen Einrichtungen.

b) Die Maßnahmen, die Gegenstand dieser Vereinbarung sind, bleiben während der gesamten Dauer des Mietverhältnisses bei Mieterhöhungen nach § 558 BGB (neu – früher § 2 MHG) außer Betracht. Der Mieter ist für die gleiche Zeit verpflichtet, für die Instandhaltung, Wartung und gegebenenfalls Erneuerung der Einrichtungen zu sorgen.

(3) Die Abwohndauer

- beträgt jeweils vier Jahre für Aufwendungen in Höhe einer Jahresmiete, insgesamt jedoch mindestens fünf und höchstens fünfzehn Jahre. Sie beginnt mit der Abnahme der Arbeiten. Als Jahresmiete gilt das Zwölffache der monatlichen Miete bei Abschluß dieser Vereinbarung; Nebenkosten, über die gesondert abzurechnen ist, bleiben unberücksichtigt;
- läuft bis Ende des Jahres.

(4) Der Vermieter beteiligt sich nach Maßgabe des Abschnitts II der Anlage 1 an den Maßnahmen. Er hat diese Leistungen bis zum __________ zu erbringen.

§ 5 Abwicklung bei Beendigung des Mietverhältnisses und bei nachfolgenden Maßnahmen des Vermieters

(1) Bei Beendigung des Mietverhältnisses hat der Mieter Anspruch auf Rückzahlung des Restwertes der durchgeführten Maßnahmen. Der Mieter verzichtet jedoch für die Dauer von __ Jahren auf sein ordentliches Kündigungsrecht.

(2) Der Anspruch auf Rückzahlung des Restwertes besteht auch dann, wenn die Maßnahmen des Mieters durch nachfolgende Maßnahmen des Vermieters zerstört oder wertlos gemacht werden.

(3) Für die Berechnung des Restwertes werden von den Aufwendungen des Mieters (Abschnitt II der Anlage 2) bis zum Ablauf eines Jahres nach der Abnahme 20 % und in den folgenden Jahren jeweils weitere 10 % abgezogen.

§ 6 Sonstige Vereinbarungen

____

____

____

(Ort, Datum)

____________________ ________________________

(Unterschrift Vermieter) (Unterschrift des/der Mieter/s)

Hinweise des Bundesjustizministers zu der Mustervereinbarung

Allgemeines

Die Mustervereinbarung ist auf den **Fall** zugeschnitten, daß der **Vermieter** die **Modernisierungs-** und **Energieeinsparungsmaßnahmen nicht selbst durchführen** will, jedoch bereit ist, derartigen Maßnahmen des Mieters zuzustimmen. Die Mustervereinbarung geht somit davon aus, daß die Maßnahmen entweder ganz oder überwiegend von dem Mieter durchgeführt werden. Sie paßt nicht, wenn der Mieter sich lediglich an einer Maßnahme des Vermieters beteiligt. Für einen derartigen Fall mögen die Parteien, gegebenenfalls in Anlehnung an das vorliegende Vertragsmuster, individuelle Absprachen treffen.

Die **Mustervereinbarung paßt** in der vorliegenden Form auch **nicht** auf die rechtlich und tatsächlich andersartige Lage im preisgebundenen Wohnungsbau.

Schließlich ist die Mustervereinbarung auch **nicht** für **Investitionen unter** etwa **1000,– DM** gedacht. Auch solche kleineren Maßnahmen können – gerade zum Zweck der Energieeinsparung – sehr sinnvoll sein. Bei ihnen wird es jedoch in der Regel ausreichen, daß der Mieter das Einverständnis des Vermieters einholt. Wenn darüber hinaus eine besondere vertragliche Regelung getroffen werden soll, ist das vorliegende Vertragsmuster entsprechend anzupassen, z. B. durch eine Verkürzung der Abwohndauer (§ 4 Abs. 3).

Vor Abschluß der Vereinbarung sollten die Parteien prüfen, ob wegen der Besonderheit ihres Falles die Regelungen des Vertragsmusters in einzelnen Punkten abgeändert werden sollten. Die nachfolgenden Hinweise geben dafür einige Hilfen. Häufig wird aber auch eine Beratung, etwa durch den Mieter- oder Vermieterverein bzw. durch einen Rechtsanwalt, empfehlenswert sein.

Zu § 2

Sollen Maßnahmen (auch) außerhalb der Wohnung durchgeführt werden, so etwa im Treppenhaus, ist die Vereinbarung entsprechend abzuändern oder entsprechend zu ergänzen. Sollen Maßnahmen von mehreren Mietern gemeinsam durchgeführt werden, empfiehlt sich, daß jeder Mieter mit dem Vermieter eine gesonderte Vereinbarung hinsichtlich seines Beitrages abschließt.

Der Vermieter kann seinen Grundpfandgläubigern vertraglich verpflichtet sein, ihre Einwilligung zu den Maßnahmen einzuholen.

Zu § 3

Absatz 1

Zur ordnungsgemäßen Durchführung der Maßnahmen gehört auch, daß die Arbeiten so zügig wie möglich durchgeführt werden, um Störungen anderer Mieter gering zu halten. Wenn begonnene Arbeiten nicht zu Ende geführt werden und dem Vermieter dadurch ein Schaden entsteht, kann der Mieter nach allgemeinen Rechtsgrundsätzen zum Ersatz verpflichtet sein. Für Mängel der Arbeit haftet der Mieter dem Vermieter im Grundsatz nach Werkvertragsrecht (vgl. die Hinweise zu § 6). Bei größeren Arbeiten kann eine Baugenehmigung erforderlich sein, bei Veränderungen historischer oder sonst erhaltenswerter Bausubstanz auch eine Genehmigung der Denkmalschutzbehörde. Soweit die Arbeiten von Handwerkern auszuführen sind, sind diese von dem Mieter zu beauftragen und zu bezahlen.

Absatz 3

Wenn die Maßnahmen fachgerecht und gemäß den technischen Vorschriften durchgeführt werden, wird es kaum vorkommen, daß bei den Arbeiten Personen- oder Sachschäden entstehen und die Geschädigten vom Mieter Ersatz verlangen. Für den Fall, daß dies dennoch geschieht, kann sich der Mieter in gewissem Umfang durch den Abschluß einer Haftpflichtversicherung schützen. Eine Spezialversicherung für die Wohnungsmodernisierung gibt es nicht. Es sind jedoch folgende Versicherungen bedeutsam:

1. Privathaftpflichtversicherung: In der Privathaftpflicht ist auch die gesetzliche Haftpflicht als Mieter einer selbstgenutzten Wohnung versichert. Hierbei erstreckt sich der Versicherungsschutz auch auf die gesetzliche Haftpflicht des Versicherungsnehmers als »Bauherr« (der Mieter läßt die Arbeiten durch einen Handwerker durchführen) oder »Unternehmer von Bauarbeiten« (der Mieter führt die Arbeiten selbst aus) bis zu einer Baukostensumme von 20000,– DM einschließlich des Wertes der Eigenleistung des Mieters. Schäden an Sachen, die der Versicherungsnehmer gemietet hat, sind nach den allgemeinen Versicherungsbedingungen vom Versicherungsschutz ausgenommen. Enthält die Privathaftpflichtversicherung jedoch eine Mietsachschadendeckung, so ist die gesetzliche Haftung aus der ungewollten Beschädigung der gemieteten Sachen – also z. B. aus einer versehentlichen Beschädigung des Fußbodens der Mietwohnung – aufgrund einer zwischen Mieter und Vermieter vereinbarten Nutzung mitversichert. Diese Deckung erfaßt dagegen nicht Haftpflichtversicherungsansprüche wegen

– Abnutzung, Verschleiß und übermäßiger Beanspruchung;

- Schäden an Heizungs-, Maschinen-, Kessel- und Warmwasserbereitungsanlagen sowie an Elektro- und Gasgeräten;
- Glasschäden, soweit sich der Versicherungsnehmer hiergegen besonders versichern kann.

2. Die Bauherrenhaftpflichtversicherung: Bei Überschreiten der Baukostensumme von 20000,– DM kann der Mieter eine eigene Bauherrenhaftpflichtversicherung abschließen. Der Versicherungsschutz wird dann gewährt, wenn »Planung, Bauleitung und Bauausführung an einen Dritten vergeben sind«, jedoch ist die Mitversicherung der gesetzlichen Haftpflicht des Versicherungsnehmers aus der Ausführung von Baueigenleistungen (bauliche Selbsthilfe, auch in Form der Nachbarschaftshilfe) auf besonderen Antrag hin möglich. Schäden an Sachen, die der Versicherungsnehmer gemietet hat, sind bei der Bauherrenhaftpflichtversicherung vom Versicherungsschutz ausgeschlossen.

Weder die Privathaftpflichtversicherung noch die Bauherrenhaftpflichtversicherung decken aber Ansprüche aus der eigentlichen Vertragserfüllung. Das bedeutet, daß die Dinge, die Gegenstand der Modernisierungs- und Energieeinsparungsmaßnahmen selbst sind, also z. B. die einzubauenden Fenster, nicht unter den Versicherungsschutz fallen. Versichert sind von vornherein nur Schäden, die durch die Arbeiten an anderen Sachen entstehen, und Personenschäden, die andere in diesem Zusammenhang erleiden. Eine zusätzliche Sicherheit für den Mieter bedeutet es, wenn ein beauftragter Bauhandwerker eine Betriebshaftpflichtversicherung abgeschlossen hat. Über Einzelheiten des Versicherungsschutzes können sich Mieter und Vermieter bei den Haftpflichtversicherern beraten lassen.

Absätze 5 und 6

Über die voraussichtlichen Kosten sollte ein möglichst genauer Kostenvoranschlag erstellt oder eingeholt werden. Bei Eigenleistungen des Mieters ist zur Vermeidung von Streit entweder eine pauschale Bewertung oder aber eine Abschätzung des Zeitaufwandes mit Einigung über den Stundensatz angezeigt. Die Gesamtkosten sollten so genau kalkuliert werden, daß die tatsächlich entstehenden Kosten nicht wesentlich darüber hinausgehen. Es ist zu beachten, daß Kosten, die über einen bestimmten Betrag hinaus von dem Kostenvoranschlag abweichen, nicht zu berücksichtigen sind (Abs. 6, Satz 5).

Beteiligt sich der Vermieter mit Geld- oder Sachleistungen, sind in Abs. 5 sowie in dem Kostenfeststellungsprotokoll nach Abs. 6 nur die Aufwendungen und Leistungen des Mieters einzusetzen.

Im allgemeinen dürfte es sachgerecht sein, eine Überschreitung des Kostenvoranschlags bis zu 20 % zu berücksichtigen. An einen niedrigeren Satz von etwa 10 % ist zu denken, wenn die Schätzung der Kosten keine größeren Schwierigkeiten bereitet.

Zu § 4

Absatz 1

Im Regelfall wird der Mieter seine Investition abwohnen. Der wichtigste Fall der ordentlichen Vermieterkündigung, die sogenannte Eigenbedarfskündigung, ist so lange ausgeschlossen, bis die Maßnahme abgewohnt ist. Der Vermieter kann aber kündigen, wenn der Mieter sich nicht unerhebliche Vertragsverletzungen zuschulden kommen läßt oder wenn ein Grund für eine fristlose Kündigung gegeben ist.

Absatz 2

Das Vertragsmuster sieht hier zwei Möglichkeiten vor, die Frage künftiger Mieterhöhungen und die Pflicht zur Instandhaltung neuer Einrichtungen zu regeln. Die Parteien sollen prüfen und sich gegebenenfalls beraten lassen, welche dieser Möglichkeiten für ihren Fall günstiger ist.

Wenn nichts anderes eingetragen wird, gilt die bei a) vorgesehene Regelung. Nach dieser kann der Vermieter, wenn er die Miete an die ortsübliche Vergleichsmiete anpassen will, während der Abwohndauer als Vergleichswohnungen nur Wohnungen heranziehen, die der Wohnung vor Durchführung der Arbeiten vergleichbar sind. Nach der Abwohndauer fällt diese Beschränkung weg; bei Mieterhöhungen nach § 558 BGB (neu – früher § 2 MHG) kann dann der verbesserte Zustand der Wohnung zugrunde gelegt werden. Die Instandhaltung der neuen Einrichtungen übernimmt von Anfang an der Vermieter. Für Kleinreparaturen und Schönheitsreparaturen gilt die im Mietvertrag vorgesehene Regelung. Die vom Mieter durchgeführten Maßnahmen werden also nach der Abwohndauer so behandelt, als hätte sie der Vermieter vorgenommen.

Nach der bei b) vorgesehenen Regelung bleibt die genannte Beschränkung der Mieterhöhungen dagegen während der gesamten Dauer des Mietverhältnisses bestehen. Andererseits ist der Mieter verpflichtet, die neuen Einrichtungen instand zu halten. Die vom Mieter durchgeführten Maßnahmen werden also während der gesamten Dauer des Mietverhältnisses nicht dem Vermieter zugerechnet.

Für beide Möglichkeiten gilt, daß bei Mieterhöhungen nach § 558 BGB (neu – früher § 2 MHG) keine Abzüge mit Rücksicht auf die vom Mieter aufgewendeten Kosten zu machen sind; § 558 BGB (neu – früher § 2 Abs. 1 Satz 2 MHG) in Verbindung mit § 559 BGB (neu – früher § 3 MHG) ist bei Maßnahmen unter der Verantwortung des Mieters nicht anwendbar.

Werden beide Möglichkeiten wegen der Besonderheiten des Einzelfalles als unbefriedigend empfunden, kann unter § 6 eine abweichende Regelung getroffen werden. Wenn beispielsweise schon während der Abwohndauer erhebliche Instandsetzungskosten anfallen können, kann die bei a) vorgesehene Regelung dahingehend ergänzt werden, daß mit Rücksicht auf die den Vermieter betreffenden zusätzlichen Instandhaltungskosten eine Anhebung der Miete vereinbart wird oder daß die Instandhaltungskosten für die neuen Einrichtungen während der Abwohndauer vom Mieter übernommen werden.

Absatz 3

Beispiel für das Verhältnis von aufgewendeten Kosten und Abwohndauer:

Miete DM/Monat	Jahresmiete DM	Kosten DM	Abwohndauer
300,–	3600,–	7200,–	8 Jahre

Werte unter fünf und über fünfzehn Jahren werden nicht berücksichtigt: zum Beispiel begründet auch schon eine Investition im Werte von neun Monatsmieten eine Abwohndauer von fünf Jahren. Erhält der Mieter öffentliche Förderungsmittel, so werden diese hier – wie auch im Rahmen des § 5 – nicht in Abzug gebracht.

Im Einzelfall kann es angebracht sein, die Abwohndauer länger als in dem Vertragsmuster vorgesehen festzusetzen, etwa dann, wenn der Mieter aufwendige energiesparende Investitionen vornimmt, die erst nach einer größeren Anzahl von Jahren durch Heizkosteneinsparungen aufgewogen werden, oder sich bei höheren Mieten eine verhältnismäßig kurze Abwohndauer ergibt und der Mieter auch nach Ablauf der Abwohndauer modernisierungsbedingten Zinsbelastungen ausgesetzt sein wird.

Zu § 5

Nach Absatz 1 in Verbindung mit Absatz 3 hat der Mieter bei einer Beendigung des Mietverhältnisses vor Ablauf des ersten Jahres einen Erstattungsanspruch nur in Höhe von 80 % der aufgewendeten Kosten. Dies erscheint sachgerecht, da der Vermieter für den Fall des kurzfristigen Auszugs des Mieters nicht zu Aufwendungen gezwungen werden soll, zu denen er in dieser Höhe gerade nicht bereit war. In der Folgezeit verringert sich der Erstattungsanspruch des Mieters im Normalfall jährlich um 10 %. Dies bedeutet, daß im vierten Jahr nur mehr 50 % der investierten Kosten zu erstatten sind und ein Erstattungsanspruch vom neunten Jahr ab entfällt. Ein niedrigerer Prozentsatz – mit der Folge einer zeitlichen Streckung des Erstattungsanspruches – kann insbesondere bei hohen Modernisierungsaufwendungen mit langwährenden Zinsbelastungen des Mieters und bei besonders langlebigen Investitionen angebracht sein; so beträgt die wirtschaftliche Lebensdauer von Investitionen an Dächern oder Außenwänden häufig 25 Jahre und mehr. Umgekehrt kann bei kurzlebigen Investitionen oder niedrigen Modernisierungskosten eine Erhöhung des Prozentsatzes – mit der Folge eines schnelleren Schrumpfens des Restwertanspruches – in Betracht kommen. Wird vereinbart, daß der Vermieter den Restwert in Raten zurückzahlt, so ist die rechtliche Wirksamkeit dieser Vereinbarung zweifelhaft § 547 BGB (neu – früher § 557 a BGB).

Wenn der Mieter für einige Jahre auf sein ordentliches Kündigungsrecht verzichtet, erhält der Vermieter einen zusätzlichen Schutz vor einer hohen Restwertentschädigungspflicht. Härten, die bei großen Investitionen insbesondere in den ersten vier Jahren entstehen können, sind auf diesem Wege vermeidbar. Außerordentliche Kündigungsrechte des Mieters, z. B. das Recht zur Kündigung ohne Einhaltung einer Kündigungsfrist bei schweren Vertragsverstößen des Vermieters § 543 Abs. 1, § 569 Abs. 2 und 4 BGB (neu – früher § 554 a BGB), bleiben in jedem Falle erhalten.

In Absatz 2 ist der Beendigung des Mietverhältnisses der Fall gleichgestellt, daß die neuen Einrichtungen durch Maßnahmen des Vermieters zerstört oder wertlos gemacht werden. Der Sonderfall, daß der Vermieter durch einen Anschlußzwang oder in anderer Weise zu solchen Maßnahmen gezwungen ist, bleibt wegen seiner geringen praktischen Bedeutung ungeregelt. Ob der Mieter nachfolgende Maßnahmen des Vermieters dulden muß, richtet sich nach den vertraglichen Vereinbarungen und den gesetzlichen Vorschriften.

Zu § 6

Zu denken ist etwa an Vereinbarungen im Zusammenhang mit der Instandhaltung der neuen Einrichtungen und Anlagen (vgl. die Hinweise zu § 4). Entstehen durch die neuen Einrichtungen zusätzliche Betriebskosten, wird es zweckmäßig sein zu regeln, wer diese Kosten zu tragen hat. Kommen Störungen anderer Mieter in Betracht, kann sich eine Vereinbarung empfehlen, wonach der Mieter eine Einverständniserklärung anderer Mieter beizubringen oder den Vermieter von etwaigen Minderungsansprüchen freizustellen hat. Weiter können besondere Vereinbarungen für den Fall von Mängeln der Arbeiten zweckmäßig sein. Grundsätzlich gilt insoweit das Sachmängelrecht für Werkverträge (§§ 633 ff. BGB). Die Anwendung der Wandlungs- und Minderungsvorschriften kann jedoch in den durch das Vertragsmuster erfaßten Fällen zu praktischen Schwierigkeiten führen. Im Einzelfall kann es sich deshalb empfehlen, die Rechte des Vermieters bei Mängeln auf die Ansprüche des § 633 BGB zu beschränken (Anspruch auf Mängelbeseitigung, bei Verzug Anspruch, die Mängel selbst zu beseitigen und Ersatz der erforderlichen Aufwendungen zu verlangen). Ferner kann eine Verkürzung der in der Regel fünfjährigen Verjährungsfrist auf zwei Jahre angebracht sein, jedenfalls dann, wenn der Mieter Handwerker beauftragt und insoweit einer zweijährigen Verjährungsfrist unterworfen wird. Wenn Handwerker beauftragt werden, kann für den Fall der vorzeitigen Beendigung des Mietverhältnisses auch vorsorglich eine Abtretung der Gewährleistungsansprüche des Mieters an den Vermieter vereinbart werden.

Die **Mustervereinbarung** wird hier nur in ihren **wesentlichen Teilen** aufgeführt. Der **vollständige Wortlaut** kann direkt beim Bundesjustizministerium, Jerusalemer Straße 24–28, 10117 Berlin, angefordert werden.

Anmerkung

Die vorgenannten Hinweise stammen vom Bundesjustizminister Schmidt-Jorzig und sind in der derzeit geltenden Fassung abgedruckt.

5. Mietminderung

Allgemeines

Grundsätzlich schuldet der Vermieter dem Mieter die Überlassung der Mieträume in einem Zustand, der dem Mieter den **vertragsgemäßen Gebrauch** gewährt. Häufig tritt aber der Fall ein, daß die Mietsache zur Zeit der Überlassung mit einem **Fehler behaftet** ist oder daß während der Mietzeit **Mängel auftreten**, die die Tauglichkeit der Mietsache zum vertragsgemäßen Gebrauch aufheben oder mindern. Liegt ein solcher Fall vor, ist der Mieter grundsätzlich zur Minderung des Mietzinses berechtigt. Das **Ausmaß** der Mietminderung ist jedoch stets nach dem Maße der Beeinträchtigung der Mietsache zum vertragsgemäßen Gebrauch zu beurteilen. Dies kann so weit gehen, daß die Pflicht zur Mietzinszahlung gänzlich **entfällt**, wenn ein so schwerwiegender Fehler oder Mangel vorliegt, der einen Gebrauch der Mietsache zum vertraglich vereinbarten Zweck völlig unmöglich macht. Liegt aber eine bloß unerhebliche Minderung der Tauglichkeit vor, so ist in der Regel der Mieter nicht zur Ausübung der Mietminderung berechtigt. Die Mietzinsminderung darf vom Mieter so lange ausgeübt werden, wie der Fehler oder der Mangel besteht; auf ein Verschulden des Vermieters kommt es nicht an. Gemäß § 536 Abs. 4 BGB (neu – früher § 537 Abs. 3 BGB) ist eine zum Nachteil des Mieters abweichende Vereinbarung, etwa der Ausschluß eines Mietminderungsrechtes, grundsätzlich unwirksam.

Was sind Mängel der Mieträume?

Im Mietrecht gibt es **zwei Arten** von **Mängeln** der Mieträume. Es gibt die sogenannten **Rechtsmängel** und die sogenannten **Sachmängel.**

Rechtsmängel

Ein Rechtsmangel einer Mietfläche liegt dann vor, wenn die Mietfläche zum Beispiel nicht als Wohnfläche vermietet werden durfte. Kann der Vermieter seinen Mietvertrag nicht erfüllen, steht dem Mieter unter Umständen ein Recht zur fristlosen Kündigung zu. Es können sich erhebliche **Schadensersatzansprüche** gegen den Vermieter aus einem Rechtsmangel ergeben. Der Vermieter sollte sich deshalb immer vorher erkundigen, ob die Räume für den vom Mieter beabsichtigten Zweck überhaupt geeignet und behördlich erlaubt sind. Mancher Vermieter nimmt deswegen folgende Klausel in den Mietvertrag auf:

Schutzklausel

> *»Der Mieter hat sich bei den zuständigen Behörden und aufgrund einer eingehenden Besichtigung der Mieträume, auch durch Fachleute, vergewissert, daß die Mieträume für seinen Mietzweck geeignet sind und behördlicherseits benutzt werden dürfen. Er kennt sämtliche Auflagen, die für seinen Gewerbebetrieb notwendig sind. Er ist verpflichtet, sämtliche Auflagen und gesetzliche Anforderungen seitens der Behörden auf seine Kosten zu erfüllen. Werden durch Auflagen der Behörden zusätzliche Mieträume notwendig, z. B. Auflage der Schaffung gesonderter Toilettenräume, ist der Mieter verpflichtet, diese Räume vom Vermieter zu dem im Mietvertrag vereinbarten Mietpreis abzumieten. Eine Verpflichtung des Vermieters hieraus, derartige Flächen dem Mieter zu vermieten, ist dann nicht gegeben, wenn der Vermieter entsprechende Flächen nicht zur Verfügung hat.«*

Sachmängel

Ein Sachmangel liegt dann vor, wenn die Mieträume für den vom Mieter bezweckten Gebrauch, sei es Wohn- oder Gewerbegebrauch, **nicht geeignet** sind, weil Mängel vorliegen, zum Beispiel nicht funktionsfähige Heizung, fehlende Schalldämmung/Wärmedämmung, Feuchtigkeitsschäden usw. Nicht jeder Sachmangel führt allerdings zu einem Recht auf Mietminderung, Voraussetzung ist vielmehr, daß der Mangel der Mietsache von **einiger Intensität** ist.

Ordnungsgemäßer Mietgebrauch

Grundsätzlich schuldet der Vermieter den **ordnungsgemäßen Mietgebrauch**. Hierunter ist zu verstehen, daß zu Beginn des Mietverhältnisses die Mietflächen so geeignet sind, daß ein ordnungsgemäßer Mietgebrauch möglich ist. Dies bedeutet für den Vermieter, daß er während der Mietzeit die Räume und das Mietobjekt so instand zu halten und instand zu setzen hat, daß der Mietgebrauch nicht dadurch eingeschränkt wird, daß Mängel des Mietshauses vorhanden sind. Diese Gebrauchsgewährungspflicht des Vermieters betrifft auch die Fläche außerhalb der Mieträume. Funktioniert zum Beispiel der Fahrstuhl nicht oder befindet sich im Eingangsbereich ein Loch im Fußboden oder funktioniert die Hausbeleuchtung nicht, ist der Vermieter genauso verantwortlich für die sofortige Reparatur wie bei Mängeln innerhalb der Mieträume. Der **Mieter** dagegen ist **nur verantwortlich** für Mängel in den Mieträumen bzw. Schäden, wenn er sie schuldhaft verursacht hat. Normale Abnutzungserscheinungen gehen auf Kosten des Vermieters. Soweit keine besondere schriftliche Vereinbarung zwischen den Parteien getroffen wurde, haftet der Vermieter nicht nur für die Behebung der Schäden, sondern ist auch verpflichtet, alle drei bis fünf Jahre die Mieträume instand zu setzen (siehe Schönheitsreparaturen, Seite 158ff.).

Zugesicherte Eigenschaften

Nicht nur bei Rechtsmängeln oder Sachmängeln soll dem Mieter ein Recht zur Minderung des Mietzinses zustehen, sondern auch dann, wenn der Vermieter dem Mieter eine **bestimmte Eigenschaft** der Wohnung **zugesichert** hat. Dies wäre beispielsweise der Fall, wenn der Vermieter dem Mieter zugesichert hat, die Wohnung habe 100 m^2, tatsächlich beträgt aber die Wohnfläche nur 80 m^2. Zu beachten ist jedoch, daß nicht jede Äußerung des Vermieters automatisch eine Zusicherung im Sinne von § 536 Abs. 4 BGB (neu – früher § 537 BGB) darstellt, sondern es ist vielmehr erforderlich, daß **Inhalt** und **Umfang** der **Zusicherung genau erkennbar** sind und die Zusicherung als **Vertragsbestandteil** schriftlich im Mietvertrag niedergelegt worden ist. So stellt beispielsweise die bloße Angabe der Wohnungsgröße im Mietvertrag noch keine zugesicherte Eigenschaft dar.

Duldungspflicht für Mängelbeseitigung

Der Vermieter darf **ohne Genehmigung** des **Mieters nie** die Mieträume **betreten**! Der Mieter hat absolutes Hausrecht. Betritt der Vermieter ohne Genehmigung des Mieters die Mieträume, macht er sich wegen Hausfriedensbruch strafbar. Jedes Recht, das der Vermieter im Mietbereich erreichen will, kann er nur über ein rechtskräftiges Urteil bekommen (in ganz wenigen Fällen gegebenenfalls auch durch ein Schnellverfahren/eine einstweilige Verfügung).

Der Mieter muß **Instandhaltungsmaßnahmen** und **Mängelbeseitigungsmaßnahmen**, die im Rahmen der Verwirklichung der Instandhaltungspflicht des Vermieters durchgeführt werden, **dulden** § 554 Abs. 1 BGB (neu – früher § 541 a BGB). Reparaturen des Gebäudes (Treppenhaus, Fassade, Dach usw.), die durch normale Einwirkungen auf die Mietsache notwendig werden, muß der Mieter akzeptieren, und er hat auch kein Mietminderungsrecht. Alle Maßnahmen, die der Wiederherstellung oder Erhaltung der Substanz der Wohnungen dienen, der Beseitigung von Brandschäden durch schadhafte Elektroinstallationen, von Wasserschäden durch unzulängliche Wasser- und Abwasserleitungen, von Feuchtigkeitsschäden durch schadhafte Dächer, von Heizungsschäden durch schadhafte Anlagen oder falsche Bedienung der Anlage durch den Vermieter, aber auch durch Verschleiß, muß der Mieter dulden. Der Vermieter muß mit dem Mieter vorher die Zeiten, zu denen die Wohnung für die vorgenannten Maßnahmen betreten wird, absprechen. Der Mieter ist nicht verpflichtet, die Maßnahmen zu **abwegigen Zeiten** zu dulden. Unzeiten sind Sonn- und Feiertage, Samstagnachmittage und Abendstunden. Der Mieter muß die Maßnahmen auch nicht dulden, wenn diese sich **über Gebühr hinauszögern**.

Der Vermieter muß dem Mieter sämtliche Kosten ersetzen, die durch derartige Maßnahmen anfallen, wie z.B. Schmutzbeseitigung in der Wohnung, neue Tapezierung usw.

Wie wird die Mietminderung durchgeführt?

Aufforderung zur Mängelbeseitigung

Der Mieter muß, um nicht das Recht zur Mietminderung zu verlieren, den Vermieter zur **Mängelbeseitigung auffordern** und ihm mitteilen, daß er, falls die Mängel nicht behoben werden, in einer gewissen Höhe den Mietzins mindern wird. Darüber hinaus kann der Mieter den Vermieter **abmahnen**, d.h., er kann dem Vermieter eine Frist setzen, innerhalb der bestimmte Mängel, die er in dem Abmahnschreiben aufführt, zu beseitigen sind. Eine Frist von 14 Tagen wird hierbei regelmäßig als eine angemessene Frist, welche für das Abmahnschreiben erforderlich ist, angesehen. **Nach Ablauf** der Frist hat der Mieter **zwei Möglichkeiten**:

1. Er kann die Leistung durch den Vermieter ablehnen und auf Kosten des Vermieters die Mängel beheben lassen.
2. Er kann sich auch einen Kostenvoranschlag über die Mängelbeseitigung einholen und erst einmal die Kosten für die Mängelbeseitigung einklagen.

Unterläßt der Mieter diese Mängelanzeige, so **verliert** er das **Recht**, wegen dieser Mängel die Miete zu mindern; er kann sogar Gefahr laufen, gegebenenfalls schadensersatzpflichtig zu werden. Grund für diese Regelung ist, daß der Vermieter die Möglichkeit haben soll, die Mängel zu beseitigen und den drohenden Schaden bzw. den entstandenen Schaden in Grenzen zu halten.

Zurückbehaltungsrecht

Oftmals versucht der Mieter den Vermieter ergebnislos zur Mängelbeseitigung aufzufordern. Damit der Mieter in einem derartigen Fall nicht schutzlos dasteht, kann er auch die sogenannte **»Einrede des nicht erfüllten Vertrages«** erheben und die Miete zurückbehalten. Das Zurückbehaltungsrecht unterscheidet sich vom Mietminderungsrecht dadurch, daß bei der Mietminderung lediglich ein Teil des Mietzinses nicht an den Vermieter ausbezahlt wird, während der Mieter beim Zurückbehaltungsrecht **teilweise** die **Miete** zunächst zurückhält. Die Höhe des Betrages, der dem Zurückbehaltungsrecht unterliegt, ist in der Rechtsprechung unterschiedlich bewertet worden. Man kann davon ausgehen, daß es die Kosten sind, die entstehen, um die Mängel, mit deren Beseitigung sich der Vermieter in Verzug befindet, zu bezahlen. Das Zurückbehaltungsrecht stellt somit ein wirksames Druckmittel gegen den Vermieter dar. Zu beachten ist aber, daß der Mieter nicht von seiner Mietzinszahlung befreit wird, sondern die zurückbehaltenen Mieten müssen selbstverständlich nachgezahlt werden, sobald die Mängel durch den Vermieter beseitigt worden sind. Dagegen hat der Vermieter bei berechtigter Mietminderung keinen Nachzahlungsanspruch in Höhe des Minderungsbetrages. Zu beachten ist noch, daß **nicht jeder Mangel** zu einem **100 %igen Zurückbehaltungsrecht** führt. So wird vielfach angenommen, daß es gegen Treu und Glauben verstoßen würde, wenn der Mieter bei kleineren Mängeln der Mietsache mehr als den drei- bis fünffachen Betrag der Minderungsquote zurückbehält.

Wann ist die Mietminderung ausgeschlossen?

Unerhebliche Beeinträchtigung

Die Mietminderung ist ausgeschlossen, wenn der Mangel lediglich zu einer **unerheblichen Beeinträchtigung** der Mietsache führt. Eine unerhebliche Beeinträchtigung liegt vor, wenn die Nutzungsmöglichkeit der Wohnung in kaum spürbarer Weise beeinträchtigt wird. Beispiele hierfür wären eine defekte Glühbirne im Keller oder im Treppenhaus, geringfügige Lärmbelästigung durch Mitmieter, z. B. das Öffnen und Schließen von Fenstern nach 22.00 Uhr, oder auch Haarrisse an der Zimmerdecke einer Altbauwohnung.

Mieter kennt den Mangel bei Einzug

Eine Mietminderung ist gemäß § 536 b BGB (neu – früher § 539 BGB) grundsätzlich dann **ausgeschlossen**, wenn der **Mieter** den **Mangel** bei Abschluß des Mietvertrages **kannte** oder infolge grober Fahrlässigkeit nicht kannte. Dies ist beispielsweise der Fall, wenn der Mieter eine Wohnung bezieht, obwohl er genau weiß, daß die Fenster in katastrophalem Zustand sind. Der Grund, warum man hier keine Mietminderung zuläßt, liegt darin, daß regelmäßig der Zustand einer Wohnung für die Höhe des Mietzinses von Bedeutung ist und einer Mietminderung bereits in einem regelmäßig niederen Mietzins Rechnung getragen wird. Anders ist allerdings der Fall zu beurteilen, wenn der Vermieter dem Mieter den genauen **Umfang** des **Schadens** bei Abschluß des Mietvertrages **verschwiegen** hat. So beispielsweise, wenn der Vermieter zugesichert hat, daß der Lärm, der von einer Gaststätte ausgeht, um 22.00 Uhr beendet ist, während sich tatsächlich die Nachtruhe erst um Mitternacht einstellt. Auch wenn der Vermieter beispielsweise bei Vertragsabschluß die Beseitigung eines Mangels versprochen hat, dies aber nicht veranlaßt, bleibt dem Mieter sein Recht auf Mietzinsminderung erhalten.

Der Mieter, der in **Kenntnis** des **Mangels** seine **Miete** weiterhin **bezahlt** und den Vermieter auch nicht zur Mängelbeseitigung aufgefordert hat, ist grundsätzlich vom Recht der Mietminderung ausgeschlossen § 536 b BGB (neu – früher § 539 BGB). Hat der Mieter den Vermieter auf einen Mangel hingewiesen, zahlt aber vorbehaltlos die Miete weiter, so kommt es darauf an, wie lange der Mieter darauf vertrauen darf, daß der Vermieter den Mangel abstellt. Nach der Rechtsprechung soll diese Vertrauensfrist unter anderem von der Art des Mangels abhängen.

Hinweis

In der Regel wird davon ausgegangen, daß bei vorbehaltloser vollständiger Mietzahlung über ein halbes Jahr hinweg der grundsätzlich bestehende Mietminderungsanspruch verlorengeht. Es wird deshalb **empfohlen**, dem Vermieter einen entdeckten Mangel **umgehend schriftlich mitzuteilen** und ihn **aufzufordern**, den Mangel zu beheben, sowie ihm mitzuteilen, daß die Mietzahlung nur noch unter Vorbehalt geleistet wird.

Selbstverschulden des Mieters

Hat der Mieter einen Mangel selbst verschuldet oder einen Mangel auch nur teilverschuldet, so soll er nicht berechtigt sein, die Miete zu mindern bzw. teilzumindern. **Selbstverschuldete Mängel** des Mieters stehen häufig in Zusammenhang mit falschem Heiz- und Lüftungsverhalten des Mieters. Denn ein Mieter, der seine Wohnung nicht regelmäßig ent- bzw. belüftet, kann dadurch Feuchtigkeitsschäden innerhalb der Wohnung hervorrufen. Diese Schäden sind dann nicht dem Vermieter, sondern nur dem Mieter zuzurechnen mit der Folge, daß das Recht zur Mietminderung entfällt.

Hat der Mieter neben der Mietminderung noch andere Ansprüche?

Schadensersatz

Der Mieter kann neben der Mietminderung grundsätzlich Schadensersatzansprüche gegen den Vermieter geltend machen, wenn aufgrund der Wohnungsmängel **anderweitige Schäden entstehen**. Diese Schäden hat der Vermieter dann zu ersetzen. Dies wäre beispielsweise der Fall, wenn aufgrund erheblicher Baumängel bei einem Mieter Feuchtigkeitsschäden auftreten und dadurch seine Möbel oder andere Einrichtungsgegenstände beschädigt werden. Zu beachten ist allerdings, daß in manchen Mietverträgen häufig die **Klausel** vereinbart ist, wonach der Vermieter **nur Vorsatz** und **grobe Fahrlässigkeit** zu vertreten hat; dies bedeutet, daß bei einem fahrlässigen Handeln des Vermieters Schadensersatzansprüche gegen ihn ausgeschlossen wären. Eine derartige Klausel kann in einem Mietvertrag wirksam vereinbart werden.

Kündigungsrecht

Neben der Mietminderung hat der **Mieter** auch ein **Recht** zur **fristlosen Kündigung** ohne Einhaltung einer Kündigungsfrist. Ein solcher Fall liegt beispielsweise vor, wenn die Wohnung wegen eines Mangels in einem Zustand ist, der die Gesundheit des Mieters gefährdet § 569 BGB (neu – früher § 544 BGB). Dieses Kündigungsrecht setzt auch keinen bereits entstandenen Gesundheitsschaden voraus, sondern es reicht hierfür aus, wenn der Mieter in seiner Gesundheit bedroht ist bzw. der Eintritt einer Krankheit möglich und naheliegend ist.

Darüber hinaus berechtigt auch die sogenannte **Nichtgewährung des Gebrauchs** zur fristlosen Kündigung. Ein solcher Fall liegt vor, wenn die Wohnung so mangelhaft oder mit so schwerwiegenden Fehlern behaftet ist, daß der Vermieter nicht in der Lage ist, den vertragsgemäßen Zustand herzustellen. Dies ist beispielsweise der Fall bei einem völligen Heizungsausfall während der Wintermonate, bei massiven Feuchtigkeitsschäden mit Pilzbefall oder bei ungenügender Beheizbarkeit von Wohnräumen. Zu beachten ist, daß der Mieter nur zur Kündigung berechtigt ist, wenn er dem Vermieter die Mängel, worauf er seine Kündigung stützt, vorher angezeigt hat.

Bis zu welcher Höhe kann die Mietminderung durchgeführt werden?

Maßstab

Im folgenden soll eine beispielhafte Aufzählung von Mietminderungsfällen und deren Minderungsquoten gegeben werden. Es wird aber darauf hingewiesen, daß die Aufzählung **keinesfalls** als **starres System** zu betrachten ist. Es kommt hier immer auf den **Einzelfall** an. Die Auflistung soll lediglich einen Anhaltspunkt dafür bieten, in welchem Prozentbereich eine Mietminderung bei Vorliegen eines Mangels geltend gemacht werden kann. Will man für einen vorliegenden Mangel einen Prozentsatz festlegen, so muß dies unter **Berücksichtigung** der **Schwere** des **Mangels** und des **Wohnungszustandes** geschehen. Darüber hinaus ist für die Bestimmung notwendig, wie schwerwiegend sich ein entstandener Mangel auf die Bewohnbarkeit der Mietwohnung oder des Miethauses auswirkt.

Übersicht zuerkannter Minderungsquoten

Bei Vorliegen nachstehender Mängel wurden von den Gerichten folgende Minderungsquoten zuerkannt:

Mängel	**Minderungsquote der Monatsmiete**
Altbau, gelegentlich dringt Wasser durch die Decke in die Wohnung	5 %
Bad, Feuchtigkeit	10 %
Bad, Wasseraustritt durch undichte Rohre; schwergängige Fenster	10 %
Badewanne, Unbenutzbarkeit	20 %
Badewanne: Küchenwasser in Badewanne	3 %
Balkon, Unbenutzbarkeit wegen herumstreunender Katzen, die von Nachbarn angelockt werden	15 %
Bauarbeiten, erhebliche im und am Haus über 6 Monate hinweg	22 %
Bauarbeiten, extreme Lärmbelästigung durch Bauarbeiten	60 %

Mängel	Minderungsquote der Monatsmiete
Bauarbeiten, Fenster können nicht geöffnet werden, eine normale Unterhaltung ist nicht möglich	25 %
Bauarbeiten: Ist wegen noch nicht durchgeführter Fertigstellung die Wohnung nicht abgeschlossen, weil die Trennwand zum Hausflur noch nicht eingebaut ist, dann steht dem Mieter eine Mietminderung zu	25 %
Baulärm, Staub, Abgase usw. in unmittelbarer Nachbarschaft	20 %
Bauordnungsvorschriften nicht eingehalten	33 %
Briefkasten durch Alter und Beschädigung funktionsuntüchtig	1 %
Briefkasten, fehlender: Postzustellung unmöglich	3 %
Doppelfenster sind undicht und wegen eindringender Feuchtigkeit beschlagen	6 %
Doppelfenster werden infolge von Feuchtigkeit blind	10 %
Dusche funktioniert nicht	16 %
Eingangstür zum Treppenhaus nicht abschließbar	5 %
Fenster im Küchenraum undicht, schadhafter Fußboden im Flur	9 bis 10 %
Fenster nicht verschließbar	10 %
Fenster sind in schlechtem Zustand und deshalb luftdurchlässig und schwer schließbar (Winter)	10 %
Fenster sind in schlechtem Zustand und deshalb luftdurchlässig und schwer verschließbar (Sommer)	5 %
Fenster und Haustüre undicht	10 %

Mängel	Minderungsquote der Monatsmiete
Fenster und Türen, Undichtigkeit und dadurch starke Zugluft im Haus	20 %
Fenster, Undichtigkeit aller Fenster einer Wohnung und damit verbundene Feuchtigkeit	50 %
Fenster, Undichtigkeit ist ein Fehler der Mietsache; Wasserschäden treten lediglich bei Schlagregen auf, im Wohnzimmer und Schlafzimmer im Fensterbereich	5 %
Fensterläden, Entfernung	10 %
Feuchtigkeit aus dem Erdboden, dadurch in Funktionswert und Geltungswert erheblich beeinträchtigt	60 %
Feuchtigkeit durch Dachschaden, mangelnde Isolierung der Außenmauern, herausgespülter Mörtel	9,5 %
Feuchtigkeit im Schlaf- und Kinderzimmer, Schimmelbildung hinter Heizkörper	10 %
Feuchtigkeit im Schlafzimmer	10 %
Feuchtigkeit in der Wohnung	10 %
Feuchtigkeit, beschränkte Nutzungsmöglichkeit des Kellers	5 %
Feuchtigkeit, erhebliche, und Nässe in der angemieteten Wohnung (Durchfeuchtung eines Teppichbodens, Tropfwasser an der Decke)	50 %
Feuchtigkeit, Schimmelpilzbefall, Beeinträchtigung der Wohnqualität	20 %
Feuchtigkeit, starke Durchfeuchtung der Wohnung	93 %
Feuchtigkeits- und Schimmelbefall eines großen Teils der Räumlichkeiten wegen undichten Daches	20 %

Mängel	Minderungsquote der Monatsmiete
Feuchtigkeitsfleck, 70 x 80 cm großer, bei sich ablösendem Anstrich und Wasserrändern	10 %
Fluglärm, erheblicher, und das Fehlen von Isolierungen	10 %
Formaldehyd-Belästigung führt zu einer Reizung der Nasenschleimhaut des Kindes des Mieters	25 %
Formaldehyd-Konzentration, gesundheitsgefährliche Überhöhung in der Wohnung	56 %
Fußbodenkälte wegen mangelnder Wärmedämmung in der Kellerdecke, fehlende Querlüftungsmöglichkeit	30 %
Garage, Unbenutzbarkeit einer vermieteten Garage wegen Unbefahrbarkeit der Garageneinfahrt	100 %
Gaststättenlärm, erheblicher, bis 1 Uhr nachts	37 %
Geräuschbelästigung durch defekte Maschinen	20 %
Geräusche: unvermeidbare, ein vertretbares Maß nicht übersteigende Geräusche aus einer Wohnung stellen eine nur unerhebliche Minderung der Tauglichkeit einer Wohnung dar, derentwegen eine Mietminderung nicht in Betracht kommt	0 %
Geräusche: Wasserleitungen, die nicht entsprechend den DIN-Vorschriften (DIN 4104) verlegt wurden und dadurch zu zusätzlicher Geräuschentwicklung führen	20 %

Mängel	Minderungsquote der Monatsmiete
Gerüstaufbau	15 %
Gewerbliche Nutzung uneingeschränkt unmöglich	40 %
Haus befindet sich in einem Zustand, in dem es auf dem freien Wohnungsmarkt nicht mehr vermietet werden kann, z. B. mangelhafte Beheizbarkeit eines Teiles der Räume, andere Räume sind gänzlich unbeheizbar, Löcher in einer Zimmerdecke, unbenutzbare Gartentreppe	100 %
Hausmüllschlucker, dauernder Defekt	2,5 %
Hauswasserleitung, rostiges Leitungswasser wegen der Beschaffenheit der Hauswasserleitung	10 %
Heizkessel, überdimensionierter, verursacht ungenutzten Energiemehrverbrauch von 60 %	10 bis 15 %
Heizleistung, schlechte, wegen Schornsteinmangel und Rauchentwicklung	10 %
Heizperiode, wenige kalte Tage außerhalb der Heizperiode stellen keinen Mangel dar	0 %
Heizung: 34 % der Wohnfläche können nicht beheizt werden	15 %
Heizung: Ausfall in einer Mietwohnung in den Wintermonaten	50 %
Heizung: Durchschnittstemperatur von 15 Grad C während der gesamten Heizperiode	25 %
Heizung: häufiger Ausfall während eines längeren Zeitraumes	50 %

Mängel	Minderungsquote der Monatsmiete
Heizung: mangelhafte Beheizung der Mieträume während der Heizperiode über längere Zeit	15 %
Heizung: ungenügend in Kinder- und Schlafzimmer	20 %
Heizung: Unterbeheizung der Wohnung mit 18,5 Grad C	15 %
Heizung: Wohnung wird über einen längeren Zeitraum 17–18 Grad erwärmt und nicht vertragsgemäß 20 Grad C, Gebrauch daher unmöglich	16 bis 17 %
Heizungsanlage, Ausfall	25 %
Heizungsausfall an 20 Tagen im Oktober bei Außentemperaturen von 2 Grad C	25 %
Heizungsausfall im Oktober	20 %
Heizungsausfall im Winter	50 %
Heizungsausfall, total von September bis Februar	100 %
Heizungstemperatur war an den Winterabenden unter 20 Grad C	20 %
Hellhörigkeit eines Teils der Räume einer Wohnung	10 %
Herd und Backofen unbenutzbar	3 %
Installation, defekte: Austritt von Fäkalien aus WC und Badewanne	38 %
Isolierglasscheiben, Trübung	0,5 bis 1 %
Keller: Die fehlende Beleuchtung im Keller des Mieters ist ein Mangel, der allerdings nicht erheblich ist und die Minderung nicht rechtfertigt, wenn den Kellergang natürliches Licht erreicht	0 %
Kellerraum: Feuchtigkeit	5 %

Mängel	Minderungsquote der Monatsmiete
Kellerraum: Überlassung bloßer Abstellflächen statt des vereinbarten abgeschlossenen Kellers	10 %
Kfz-Einstellplatz, nachhaltige Behinderung in der Nutzung durch ständiges verkehrswidriges Parken Dritter	100 %
Klimaanlage, Mängel an der Klimaanlage in einem Einkaufszentrum	25 %
Klopfgeräusche in der Zentralheizung	17 %
Knacken und Rauschen in der Heizung	10 %
Knackgeräusche, rhythmisch wiederkehrende, in der Heizung, die die Benutzung des Schlafzimmers unzumutbar machen	75 % des Mietwertes für das Schlafzimmer
Kriminelle Handlungen: Mieter befürchtet, Opfer krimineller Handlungen seiner Hausnachbarn zu werden	25 %
Küchendecke, Feuchtigkeitsflecken	5 %
Küchenherd defekt	5 %
Küchenwand ist wegen undichter Fenster und daraus resultierender Feuchtigkeit z. T. schwarz geworden	20 %
Kurbetrieb, gepachteter: Einrichtung einer Fußgängergasse mit Einbahnstraßensystem in unmittelbarer Nähe	35 %
Lärm durch angrenzenden Kindergarten	15 bis 20 %
Lärm durch Bauarbeiten	15 %
Lärm durch kinderreiche Mitmieter, frühmorgens und spätabends	11 %
Lärm und sonstige Belästigungen seitens einer unter der Mietwohnung gelegenen Kinderarztpraxis	10 %
Lärm, die Nachtruhe störender	20 %

Mängel	Minderungsquote der Monatsmiete
Lärmbelästigung durch einen Waschsalon im Hause	7 %
Lärmbelästigung durch Fluglärm (erheblich)	8,5 %
Lärmbelästigung durch Handwerkerarbeiten	33 %
Lärmbelästigung durch Mitmieter	10 bis 13 %
Lärmbelästigung durch Mitmieter, mehrmals in der Woche Störung der Nachtruhe	10 %
Lärmbelästigung durch Müllschlucker	17 %
Lärmbelästigung durch normales Wohnverhalten in der Nachbarwohnung	0 %
Mängel, geringfügige: Geringfügige Mängel in der Mietwohnung berechtigen den Mieter nicht zur Mietminderung	0 %
Mängel, mehrere: Wenn mehrere Mängel zusammentreffen, sind 50 % Mietminderung gerechtfertigt; die Mängel müssen erheblich sein. Von 15 Steckdosen funktionieren 3, WC-Abfluß ist nicht frei, Post kann nicht ordnungsgemäß zugestellt werden	50 %
Mäuse und Kakerlaken, monatelanger Befall der Wohnung	10 %
Müllschlucker ist stillgelegt	0 %
Nachtruhe, erhebliche Störung wegen Lärmbelästigung durch eine Diskothek	30 %
Nachtspeicherheizung, Mängel und schlechte Isolierung	10 %
Neubaufeuchtigkeit: Die übliche Neubaufeuchtigkeit ist kein Mangel; der Mieter muß der Neubaufeuchtigkeit durch	

Mängel	Minderungsquote der Monatsmiete
Lüften begegnen und die Möbel von den Wänden abrücken	0 %
Neubauwohnung, durchschlagende Flecken und wiederkehrende kleine Risse, geringfügige Feuchtigkeitsschäden	10 %
Nitratgehalt im Wasser ist gesundheitsgefährlich überhöht	10 %
Nutzungsänderung im Wohngebäude; anstelle Drogerie Imbißstube mit Alkoholausschank, dadurch empfindliche Ruhestörung	20 %
Oberlichter der Wohnungsfenster lassen sich weder zum Putzen noch zum Lüften öffnen, da sie in mangelhaftem Zustand sind	10 %
Prostitution im gleichen Haus	25 %
Ratten und Feuchtigkeit	100 %
Raumtemperaturen von nur 15 Grad C	15 %
Sandkiste auf dem Kinderspielplatz fehlt	5 %
Schallschutz, bauliche Mindestanforderungen sind bei der gemieteten Wohnung nicht erfüllt	20 %
Schimmel in zwei Zimmern (Küche und WC)	15 %
Schimmel oder sog. Spakflecken an der gesamten Außenwand eines Abstellraumes in der Wohnung	10 %
Schimmel- und Spakflecken in der Wohnung	7 %
Schimmelbildung und muffiger Geruch in Bad, Küche und Schlafzimmer, auch wenn die Schäden zum Teil auf das Verhalten des Mieters zurückzuführen sind	10 %

Mängel	Minderungsquote der Monatsmiete
Schimmelbildung, Schränke müssen von der Wand abgerückt werden	10 %
Schönheitsreparaturen, Nichtvornahme durch den Vermieter	20 %
Schornsteinabdichtung, mangelhafte, uneben geputzte Innenwände, wippender Fußboden	50 %
Stand, schwere Mängel der Ausstattungsorganisation bei der Miete eines Standes	100 %
Stellfläche, verkleinerte, nach Wohnungsmodernisierung: Deswegen müssen zusammengehörige Möbel getrennt aufgestellt werden, veränderte Heizkörperanordnung in der Küche verengt den Durchgang zur Speisekammer	10 %
Taubenhaltung auf dem Nachbargrundstück	25 %
Taubenhaltung des Vermieters, dadurch nicht unerhebliche Beeinträchtigung der Tauglichkeit der Wohnung	20 %
Temperaturabfall von etwa 20 % gegenüber der vereinbarten Durchschnittstemperatur	7,5 %
Temperaturen in der Wohnung von nur 15 bis 18 Grad C	30 %
Teppichboden: Nichtvermieteter, lediglich auf Veranlassung des Vermieters verlegter Teppichboden gehört nicht zur Mietsache. Eine Minderung ist daher bei mangelhafter Verlegung ausgeschlossen.	0 %
Tiergestank berechtigt zur Mietminderung	30 %
Toilettenbenützung, fehlende	7 %

Mängel	Minderungsquote der Monatsmiete
Toilettenraum der Mietwohnung wird nur durch eine zentrale Absaugvorrichtung entlüftet, Defekt an der Lüftungsleitung	5 %
Toilette: Abwasser einer oben gelegenen Nachbarwohnung fließt in die Toilette	20 %
Treppenhaus, verwahrlostes	10 %
Trinkwasser, eine bräunliche Verfärbung des Trinkwassers aus der Wasserleitung der Mietwohnung rechtfertigt die Mietminderung	10 %
Trittschalldämmung: Ist bei dem Ausbau einer im Dach befindlichen Wohnung die Trittschalldämmung nicht eingebaut worden, dann wird dadurch die Gebrauchstauglichkeit der Wohnung nicht nur unerheblich beeinträchtigt	20 %
Trockenraum, wird dem Wohnungsmieter die Nutzung entzogen, ist die Miete zu mindern	1 %
Überschwemmungsschaden am Teppichboden mit unerträglichem Gestank	80 %
Unbewohnbarkeit der Wohnung wegen Neubaus und Neugestaltung	100 %
Vertraglich zugesichertes Recht, einen Teil des Hofraumes als Blumengarten zu benutzen, wurde wieder entzogen	10 %
Wärmeverlust aufgrund mangelhafter Isolierung	25 %
Warmwasserversorgung, fehlende: Dadurch ist die Wohnung in ihrer Tauglichkeit zum vertragsgemäßen Gebrauch gemindert	10 %

Mängel	Minderungsquote der Monatsmiete
Warmwasserversorgung, keine und Entzug des Kellers	30 %
Waschküche und Trockenraum, Entziehung der Nutzung	10 %
Waschküche, Vorenthaltung der Benutzung	5 bis 10 %
Waschmaschine, Defekt der hauseigenen	5 %
Waschplan, Veränderung durch Vermieter einseitig zuungunsten des Mieters	10 %
Wasserschäden an Wohnzimmerdecke und Wänden	25 %
Wohnungsfeuchtigkeit, empfindliche	20 %
Wohnungstür, fehlende	15 %
Wohnungsübergabe: Vermieter kam einer vertraglichen Verpflichtung zur Übergabe einer renovierten Wohnung nicht nach	20 %
Wohnzimmer unbenutzbar wegen eingedrungenem Wasser, Einlagern der Möbel in anderen Räumen erforderlich	50 %
Wohnzimmer, Durchschnittstemperatur von 15 Grad C	30 %
Wohnzimmer, Feuchtigkeitsschäden durch schadhafte Außenwand, z. B. abgelöste Tapeten, Schimmelflecken	10 %
Wohnzimmer, Unbenutzbarkeit wegen Einsturzgefahr der Zimmerdecke infolge eines Wasserschadens	30 %
Zimmerdecke, Durchfeuchtung	8 %
Zimmerdecke, Regenwasser tropft stark durch	50 %
Zimmerdecke, Wasser tropft durch, Mangel wurde durch Naturkatastrophe (Schneesturm) hervorgerufen	30 %

Mängel	Minderungsquote der Monatsmiete
Zimmertemperatur von 16–18 Grad C .	20 %
Zugangsweg zum Haus (Abkürzungsweg) wird entgegen jahrelanger Gestattung dem Gebrauch entzogen	10 %
Zweckentfremdung: Wurde dem Mieter die Mietsache vermietet, ohne daß der Vermieter geprüft hat, ob nicht ein Verstoß gegen die Zweckentfremdung – Verbot der gewerblichen Nutzung – vorliegt, dann kann der Mieter den Mietpreis mindern	10 %

Die Berechnung der Mietminderung

Da sich die Berechnung der Mietminderung oft schwerer gestaltet als zunächst gemeint, hat das Landgericht Hamburg eine **Tabelle** entwickelt, mit Hilfe derer die **Berechnung** der **Minderungsquote** bzw. des **Minderungsbetrages erleichtert** werden soll (LG Hamburg WM 1983, S. 290). Nach dieser sogenannten **Hamburger Tabelle** wird der **Wohnwert** der einzelnen Räume unter Berücksichtigung der jeweiligen Größe und der normalen Nutzung ins **Verhältnis zum Mietzins** gesetzt. Dann wird bestimmt, inwieweit der Wohnwert der einzelnen Räume **durch** den **Mangel gemindert** ist und wie hoch dadurch der **Minderwert** der **gesamten Wohnung** ist. Es wird aber darauf hingewiesen, daß nach der Hamburger Tabelle nicht einfach die Minderungsquote für die einzelnen Räume zusammengerechnet werden darf, sondern zusätzlich ist erforderlich, daß eine sogenannte **Gesamtbe-**

wertung der örtlichen Gegebenheiten vorgenommen werden muß. So ist beispielsweise zu berücksichtigen, ob nicht etwa ein Mangel in der Küche durch die verstärkte Nutzung anderer mangelfreier Räume ausgeglichen werden kann. Abschließend wird aber darauf hingewiesen, daß im Streitfall die **Beurteilung** der Mietminderung nur **Sache** des **Richters** ist. Ein Sachverständigengutachten spielt nur noch insofern eine Rolle, als darin festgestellt werden kann, ob ein tatsächlicher Mangel vorliegt oder nicht.

Welche Rechte hat der Vermieter bei Mängeln?

Bei Mängeln in den Mieträumen muß der Vermieter natürlich auch klären, ob die Mängel wirklich durch den normalen Mietgebrauch bzw. durch normale Beschädigungen innerhalb des Hauses oder durch **vertragswidriges Verhalten** des Mieters oder von Personen, die den Mieter besucht haben oder mit dem Mieter zusammenleben, verursacht wurden. Er sollte sofort einen **Sachverständigen** mit der Begutachtung der Mängel beauftragen. Am besten wäre es, wenn er ein sogenanntes **Beweissicherungsverfahren** wegen der Mietmängel einleitet.

Kann der Vermieter das Mietverhältnis wegen Mietminderung fristlos kündigen?

Der Vermieter kann das Mietverhältnis wegen Mietzinsminderung fristlos kündigen, wenn kein Mangel vorhanden ist oder wenn nur ein Bagatellmangel vorhanden ist. Im **Wohnraummietrecht** sind derartige Kündigungen **selten erfolgreich,** weil meistens die vom Mieter gerügten Mängel tatsächlich vorhanden sind. Im **Gewerberaummietrecht** ist es für den Mieter äußerst gefährlich, den Mietzins zu mindern oder zurückzubehalten, weil hier erfolgreiche Kündigungen nicht selten sind.

Empfehlung

Der Mieter, der kein Risiko eingehen will, sollte in derartigen Fällen den Mietzins zwar mindern, aber in voller Höhe unter Vorbehalt weiterzahlen. Ein solches Schreiben würde folgendermaßen aussehen:

Musterschreiben

> *»Hiermit wird der Mietzins um 20 % gemindert im Hinblick auf folgende Mängel:*
> *(hier die Mängel detailliert auflisten)*
> *Wir zahlen zwar den Mietzins in voller Höhe weiter, in Höhe von 20 % jedoch ohne Anerkennung einer Rechtspflicht und unter Vorbehalt der Rückforderung.«*

Für den Mieter bedeutet das folgenden **entscheidenden Vorteil**:

Der Mieter riskiert **keine fristlose Kündigung** wegen Mietzahlungsverzugs. Will er im Rahmen eines Rechtsstreits den Mangel klären, hat er auch **keinen hohen Streitwert**, sondern er braucht nur die Differenzmiete von einem Monat, also den geminderten Betrag von einem Monat, einzuklagen.

V. Die Kündigung

1. Welche Arten von Kündigungen gibt es?

Das Gesetz unterscheidet drei Arten von Kündigungen:

Ordentliche Kündigung

Jedes Mietverhältnis, das **nicht auf bestimmte Zeit** geschlossen ist, kann durch eine ordentliche Kündigung zu der im Gesetz vorgesehenen Kündigungsfrist beendet werden (§ 542 Abs. 1 BGB – neu). Die Kündigungsfrist ergibt sich für Wohnraummietverhältnisse aus § 573 c BGB (neu – früher § 565 BGB), nämlich spätestens am dritten Werktag eines Kalendermonats.. Nur der Vermieter von Wohnraum, nicht der Mieter, braucht hierfür grundsätzlich ein berechtigtes Interesse § 573 BGB (neu – früher § 564 b BGB).

Außerordentliche Kündigung

Der Gesetzgeber hat sowohl dem Vermieter als auch dem Mieter **bei Vorliegen gewisser Umstände** die Möglichkeit der Beendigung von Mietverhältnissen im Wege einer außerordentlichen Kündigung **(Sonderkündigungsrecht)** eingeräumt. Diese Sonderkündigungsrechte wirken sich vor allem im Bereich der Kündigungsfrist aus. (Siehe dazu auch den Punkt »Kündigungsfristen«, Seite 285 ff.)

Derartige **Sonderkündigungsrechte** gibt es beispielsweise in folgenden Gesetzesbestimmungen:

- § 540 Abs. 1 BGB (neu – früher § 549 Abs. 1 BGB) (wenn der Vermieter die **Untervermieterlaubnis nicht erteilt**),
- § 580 BGB (neu – früher § 569 BGB) (Sonderkündigungsrecht bei **Tod** des Mieters für den Erben oder für den Vermieter),
- §§ 563, 563 b BGB (neu – früher § 569 a BGB) (Sonderkündigungsrecht für den Vermieter, wenn in der Person, die **nach Tod** des Mieters in das Mietverhältnis **eingetreten** ist, entweder Ehepartner oder Familienangehöriger, ein **wichtiger Grund** vorliegt),
- § 1056 Abs. 2 BGB **(Nießbrauchbeendigung)**,
- § 2135 BGB **(Nacherbfolge)**,
- § 57 a ZVG (Sonderkündigungsrecht des **Ersteigerers** von Wohn- oder Gewerberaum),
- § 30 Abs. 2 Erbbaurechtsverordnung.

Ein Sonderkündigungsrecht ergibt sich bei Vermögenslosigkeit des Schuldners – auf seiten des Mieters oder auf seiten des Vermieters – aus der Insolvenzordnung.

Fristlose Kündigung

Voraussetzungen

Jedes Mietverhältnis kann **auch fristlos** gekündigt werden, wenn die gesetzlich vorausgesetzten Gründe dafür vorliegen. Der **Vermieter** kann kündigen, wenn der Mieter seine **Mietvertragsverpflichtungen nicht einhält**. Als Folge einer fristlosen Kündigung ergibt sich, daß für den Mieter keine Kündigungsfrist besteht und er sofort ausziehen muß. Der Vermieter kann eine fristlose

Kündigung grundsätzlich nur dann aussprechen, wenn der Mieter seine **Pflichten** so **erheblich** verletzt hat, daß man es dem Vermieter nicht mehr zumuten kann, den Mieter noch länger in der Mietwohnung zu belassen. In den meisten Fällen einer fristlosen Kündigung ist allerdings erforderlich, daß der Vermieter den Mieter vorher **abgemahnt** hat mit dem Hinweis, in Zukunft das vertragswidrige oder störende Verhalten zu unterlassen. Erst wenn nach erfolgter Abmahnung keine Änderung eintritt, ist der Vermieter berechtigt, die fristlose Kündigung auszusprechen. Stellt der Mieter nach erfolgter Abmahnung sein vertragswidriges Verhalten ein oder beseitigt er einen vertragswidrigen Zustand, so entfällt das Recht zur fristlosen Kündigung.

Abmahnung-Musterschreiben

Die **Abmahnung** müßte folgendermaßen formuliert werden:

> Sehr geehrte Mieterin,
> sehr geehrter Mieter,
>
> folgende Mißstände sind aufgetreten, die eine Fortsetzung des Mietverhältnisses unmöglich machen:
>
> ________________________________
>
> ________________________________
>
> ________________________________
>
> ________________________________
>
> (hier genau die Mißstände aufführen)
>
> Sollten die Mißstände weiter bestehen, wird das Mietverhältnis sofort fristlos gekündigt. Dieses Schreiben ist als Abmahnung für die fristlose Kündigung gedacht.

Das Gesetz nennt beispielhafte **Gründe**, die dem Vermieter das Recht zur fristlosen Kündigung geben.

Gründe für fristlose Kündigung

Nach dem neuen Paragraphen des Mietrechtsänderungsgesetzes (§ 543 BGB) ist die außerordentliche fristlose Kündigung aus wichtigem Grund in einer eigenen Bestimmung zusammengefaßt, die wie folgt lautet: Jede Vertragspartei kann das Mietverhältnis aus wichtigem Grund außerordentlich fristlos kündigen. Ein **wichtiger Grund** liegt vor, wenn dem Kündigenden unter Berücksichtigung aller Umstände des Einzelfalls, insbesondere eines Verschuldens der Vertragsparteien und unter Abwägung der beiderseitigen Interessen die Fortsetzung des Mietverhältnisses bis zum Ablauf der Kündigungsfrist oder bis zur sonstigen Beendigung des Mietverhältnisses nicht zugemutet werden kann. Als wichtiger Grund wird in Abs. 2 von § 543 BGB (neu) besonders erwähnt, wenn dem Mieter der vertragsgemäße Gebrauch der Mietsache ganz oder zum Teil nicht rechtzeitig gewährt oder wieder entzogen wird oder das (§ 542 Abs. 2 Satz 2 BGB) der Mieter die Rechte des Vermieters dadurch in erheblichem Maße verletzt, daß er die Mietsache durch Vernachlässigung der ihm obliegenden Sorgfalt erheblich gefährdet oder sie unbefugt einem Dritten überläßt. Ein **weiterer Kündigungsgrund** ergibt sich aus § 543 Abs. 3 BGB (neu): Wenn der Mieter für zwei aufeinanderfolgende Termine mit der Entrichtung der Miete oder eines nicht unerheblichen Teils der Miete in **Verzug** ist oder in einem Zeitraum, der sich über mehr als zwei Termine erstreckt, mit der Entrichtung der Miete in Höhe eines Betrages in Verzug ist, der die Miete für zwei Monate erreicht. In diesen Fällen ist allerdings die Kündigung ausgeschlossen, wenn der Vermieter vorher befriedigt wird. Die Kündigung wird unwirksam, wenn sich der Mieter von seiner Schuld durch **Aufrechnung** befreien konnte und unverzüglich nach der Kündigung die Aufrechnung erklärt. Wichtig in diesem Zusammenhang ist, daß die Kündigung bei Verletzung einer Pflicht aus dem Mietvertrag erst nach erfolglosem Ablauf einer zur Abhilfe bestimmten angemessenen Frist oder nach erfolgloser Abmahnung zulässig ist. Dies gilt nicht, wenn

1) eine Frist oder Abmahnung offensichtlich keinen Erfolg verspricht

2) Die sofortige Kündigung aus besonderen Gründen unter Abwägung der beiderseitigen Interessen gerechtfertigt ist.

Anwendungsbereich

§ 543 BGB (neu) gilt für **alle Mietverhältnisse**, also für **Gewerbe- und Wohnraummietverhältnisse**. Speziell für Wohnraummietverhältnisse findet sich eine Ergänzung in § 569 BGB (neu). Danach ist eine fristlose Kündigung im Wohnungsraummietrecht auch dann zulässig, wenn der gemietete Wohnraum so beschaffen ist, daß eine Benutzung mit einer erheblichen Gefährdung der Gesundheit verbunden ist. Das gilt auch, wenn der Mieter die gefahrbringende Beschaffenheit bei Vertragsschluß gekannt und darauf verzichtet hat, die ihm wegen dieser Beschaffenheit zustehenden Rechte geltend zu machen. § 569 BGB verlängert die Möglichkeit, daß der Mieter, selbst nach Zustellung einer Räumungsklage noch in den Räumen bleiben kann, wenn die Miete bezahlt wird auf zwei Monate. Die Kündigung nach § 569 Abs. 2 BGB wird nämlich dann unwirksam, wenn der Vermieter **spätestens bis zum Ablauf von zwei Monaten** nach Eintritt der Rechtshängigkeit des Räumungsanspruchs hinsichtlich der fälligen Miete und der fälligen Entschädigung nach § 546 a BGB befriedigt wird oder sich eine öffentliche

Stelle zur Befriedigung verpflichtet. Diese Rechte hat der Mieter nicht, wenn der Kündigung vor nicht länger als zwei Jahren bereits eine Kündigung wegen Zahlungsverzug vorausgegangen ist.

Zerrüttetes Mietverhältnis

Wichtig ist der neue §543 BGB, der für alle Mietverhältnisse gilt, wonach praktisch bei einem **zerrütteten Mietverhältnis** eine Kündigung möglich ist, wenn dem Kündigenden unter Berücksichtigung aller Umstände des Einzelfalls, insbesondere eines Verschuldens der Vertragsparteien und unter Abwägung der beiderseitigen Interessen die Fortsetzung des Mietverhältnisses bis zum Ablauf der Kündigungsfrist oder bis zur sonstigen Beendigung des Mietverhältnisses nicht zugemutet werden kann. Im Klartext bedeutet dies, daß jeder noch so langfristige Mietvertrag wegen Zerrüttung gekündigt werden kann.

Zahlungsverzug

Für die Frage, ob **Zahlungsverzug als Kündigungsgrund** ausreichend ist, ist wichtig, daß bei Wohnraummiete nunmehr durch den neu eingeführten §556b BGB der Mieter die Miete bis zum dritten Werktag im voraus bezahlt haben muß. Der Vermieter kann dem Mieter gemäß §543 Abs. 2 BGB (neu – früher §553 BGB) wegen **vertragswidrigen Gebrauchs** die Mieträume fristlos kündigen, wenn der Mieter trotz vorausgegangener Abmahnung die vertragswidrige Nutzung nicht unterläßt. Dies ist beispielsweise der Fall, wenn der Mieter eine Wohnung als **Arztpraxis** nutzt. Ein fristloser Kündigungsgrund kann sich auch daraus ergeben, daß der Mieter eine **unerlaubte Untervermietung** betreibt, d.h., der Mieter hat ohne Zustimmung des Vermieters die Mieträume einem Dritten überlassen. Häufig werden die **angemieteten Räume** von den Mietern auch derartig **vernachlässigt**, daß sie in ihrer Bausubstanz gefährdet werden (z.B. Schwammgefahr). Auch in einem derartigen Fall soll dem Vermieter ein fristloses Kündigungsrecht gemäß § 543 Abs. 2 BGB (neu – früher § 553 BGB) zustehen. Eine fristlose Kündigung kann der Vermieter auch dann aussprechen, wenn der Mieter **fortlaufend verspätete Mietzahlungen** leistet § 543 BGB (neu – früher § 554 a BGB). Voraussetzung hierfür ist wiederum eine ordnungsgemäße Abmahnung, die auch eine Kündigungsandrohung enthalten muß, damit dem Mieter klar wird, daß es dem Vermieter nicht nur auf die Miete ankommt, sondern daß er wegen des unzumutbaren Verhaltens des Mieters das Mietverhältnis beenden will.

Die beispielhafte Aufzählung der Kündigungsgründe, die den Vermieter zu einer fristlosen Kündigung berechtigen, ist bei weitem **nicht abschließend**. Aus dem allgemeinen Rechtsgrundsatz von Treu und Glauben ergeben sich noch eine **Vielzahl von Kündigungsgründen**, durch die eine fristlose Kündigung gerechtfertigt sein kann.

Umnutzung des Mietobjekts

Der Vermieter kann das Mietverhältnis auch dann nach § 543 Abs. 2 BGB (neu – früher § 553 BGB) wegen vertragswidrigen Gebrauchs fristlos kündigen, wenn der Mieter das Mietobjekt umnutzt. Eine **vertragswidrige Nutzung** liegt vor, wenn der Mieter eine Wohnung gewerblich nutzt und die Nutzung **unzumutbare Störungen** für Vermieter oder Mitmieter bewirkt, der Charakter der Wohnung verändert wird oder eine **Gefährdung** der Wohnung auftritt. Es kommt also gerade bei einem derartigen Fall entscheidend auf den **Publikumsverkehr** an. Umgekehrt liegt eine vertragswidrige Nutzung von gewerblichen Räumen dann vor, wenn der Mieter in den Räumen ständig wohnt.

Beleidigung

Nicht jede Beleidigung berechtigt den Vermieter oder Mieter zur fristlosen Kündigung des Mietverhältnisses. Es ist immer auf den **Einzelfall** abzustellen, und die Tatbestände, die zur Beleidigung führten, sind zu berücksichtigen. Generell ist eine Beleidigung ein pflichtwidriges Verhalten eines Vertragspartners. Allerdings können beleidigende Äußerungen sich als weniger verletzend darstellen, soweit sie aus einer Provokation heraus oder im Zusammenhang einer bereits vorgegebenen streitigen Atmosphäre erfolgt sind oder wenn sie im Sinne einer momentanen und ganz vereinzelten Unbeherrschtheit zu bewerten sind. Soweit einer der Vertragspartner sich auf die Situation beruft, muß er allerdings in einem etwaigen Rechtsstreit substantiiert diese Umstände darlegen; fehlen diese besonderen Tatumstände, so ist die bewußte, wiederholte grobe Beleidigung des Vertragspartners, die keinem momentanen Kontrollverlust entspringt, als Grund für die fristlose Kündigung eines Mietvertrages anzusehen.

Ständige Besuche

Besuch als solcher gibt dem Vermieter kein Recht zur fristlosen Kündigung, da das Empfangen von Besuchen, auch zum Zwecke der Übernachtung, zum normalen Mietgebrauch gehört. Gewährt der Mieter allerdings ohne Erlaubnis des Vermieters **ständig wechselnden** Personen, die in der Wohnung ein und aus gehen, Unterkunft, stellt dies eine deutliche Überreizung der mietvertraglichen Nutzung der Wohnung und damit eine unzumutbare Belastung für den Vermieter dar, so daß er zur fristlosen Kündigung des Mietverhältnisses wegen vertragswidriger Gebrauchsüberlassung an Dritte berechtigt ist (Urteil des LG Hannover vom 29.4.1993, AZ: 16 S 270/92).

Prostitution

Die Ausübung von Prostitution in einer Mietwohnung ohne Zustimmung des Vermieters ist **regelmäßig** als **vertragswidriger** Gebrauch der Mietsache anzusehen, der die fristlose Kündigung des Mietverhältnisses rechtfertigt. Dies gilt jedenfalls dann, wenn die Wohnung sich in einem durchschnittlich bürgerlichen Haus und einer **entsprechenden Wohngegend** befindet.

Fristlose Kündigung des Mieters

Aber nicht nur der Vermieter kann fristlos kündigen, sondern auch für den Mieter besteht die Möglichkeit, von seinem Recht zur fristlosen Kündigung Gebrauch zu machen. Der **Mieter** ist beispielsweise zur fristlosen Kündigung **berechtigt**, wenn der Vermieter trotz Abmahnung und Fristsetzung dem Mieter den **Mietgebrauch** nicht oder nur **fehlerhaft** (der Vermieter stellt die Wohnung z.B. nicht rechtzeitig zur Verfügung oder der Vermieter beseitigt einen wesentlichen Mangel nicht) gewährt. Gemäß § 569 BGB (neu – früher § 544 BGB) kann der Mieter auch fristlos kündigen, wenn die Wohnung oder andere zum Aufenthalt bestimmte Räume so beschaffen sind, daß die Benutzung mit einer **erheblichen Gesundheitsgefährdung** verbunden ist (z.B. bei starker Feuchtigkeit, bei Ratten- oder Ungezieferbefall).

Verwirkung des Kündigungsrechtes

Zu beachten ist, daß das Recht zur fristlosen Kündigung sowohl vom Vermieter als auch vom Mieter verwirkt werden kann. Eine Verwirkung liegt dann vor, wenn der Mieter oder Vermieter **nicht innerhalb angemessener Frist** nach Auftreten des Kündigungsgrundes von seinem Recht auf fristlose Kündigung Gebrauch macht. So ist beispielsweise eine fristlose Kündigung, die sechs Monate nach Vorliegen des Kündigungsgrundes ausgesprochen wird, unwirksam. Im Gegensatz zur ordentlichen Kündigung **entfällt** bei der fristlosen Kündigung für den Vermieter, oder auch für den Mieter, die **Begründungspflicht**.

Kündigungsgründe im

Im gewerblichen Mietrecht sind die Kündigungsgründe nicht abschließend im Gesetz geregewerblichen Mietrecht

gelt. Der Vermieter kann Kündigungsgründe praktisch erfinden. Üblich und empfehlenswert sind folgende außerordentliche Kündigungsgründe:

- Versagung der Betriebsgenehmigung
- Verfahren wegen Unzuverlässigkeit
- Verfahren wegen Verstoß gegen das Lebensmittelgesetz
- Verfahren wegen Verstoß gegen das Betäubungsmittelgesetz
- Entziehung der Konzession
- Verstoß gegen die Verpflichtung zum Betreiben und Offenhalten des Mietobjektes
- Verstoß gegen die Verpflichtung, nur Arbeitnehmer mit gültiger Arbeitserlaubnis zu beschäftigen
- Verstoß gegen die Schönheitsreparaturenverpflichtung
- Verstoß gegen die Einhaltung der behördlichen Auflagen und Genehmigungen, die betriebsbedingt durch den Betrieb des Mieters sind
- Antrag auf Eröffnung des Konkursverfahrens
- Antrag auf Eröffnung des Vergleichsverfahrens
- eidesstattliche Versicherung des Mieters
- Haftbefehl gegen den Geschäftsführer oder den Mieter wegen Nichtabgabe der eidesstattlichen Versicherung
- viermaliges unpünktliches Zahlen der Miete, wobei die Unpünktlichkeit schon bei einem Zahlungsverzug pro Termin von drei Tagen erreicht ist und nicht bei aufeinanderfolgenden Terminen erfüllt sein muß.

Teilkündigung

Eine Teilkündigung ist nach § 573 b BGB (neu – früher § 564 b Abs. 2 Nr. 4 a BGB) möglich. Danach kann der Vermieter nicht zum Wohnen bestimmte Nebenräume oder Teile eines Grundstücks ohne ein berechtigtes Interesse im Sinne des § 573 BGB kündigen, wenn er die Kündigung auf diese Räume oder Grundstücksteile beschränkt und sie dazu verwenden will.

1. Eine Teilkündigung ist nach § 573 b BGB (neu – früher § 564 b Abs. 2 Nr. 4 a BGB) zulässig, wenn der Vermieter nicht zum Wohnen bestimmte Nebenräume oder Teile eines Grundstückes verwenden will, um Wohnraum zum Zwecke der Vermietung zu schaffen. Die gesetzliche Neuregelung bezieht sich nunmehr nicht nur auf den **Ausbau** von bestehenden Räumen, sondern auch auf die **Neuschaffung** von **Wohnraum** durch Aufstockung, Anbau oder ähnliche Maßnahmen. Nach der neuen gesetzlichen Regelung kann der Vermieter auch Garagen oder Teilflächen oder Abstellplätze auf mitvermieteten Gärten oder Grundstücken unter Aufrechterhaltung des bisher bestehenden Mietverhältnisses kündigen. Diese Bestimmung gilt auch für nicht zum Wohnen bestimmte Nebenräume, wie Teile eines Dachbodens oder eines Kellers. Nach der neuen gesetzlichen Regelung ist der Begriff *»in zulässiger Weise«* entfallen, worunter man nach der alten gesetzlichen Regelung die baurechtliche Zulässigkeit verstanden hat.
2. Nach § 573 b Abs. 1 Satz 2 BGB (neu – früher § 564 b Abs. 2 Nr. 4 Satz 1 BGB) kann der Vermieter kündigen, wenn er nicht zum Wohnraum bestimmte Nebenräume oder Teile eines Grundstückes dazu verwenden will, den neu zu schaffenden oder den vorhandenen Wohnraum mit **Nebenräumen** und **Grundstücksteilen**

auszustatten. Es handelt sich um einen neu gegebenen Kündigungstatbestand, der dann vorliegt, wenn durch zusätzliche Aufstockung, Dachgeschoßausbau oder Anbau neuer Wohnraum geschaffen wird. Zu beachten ist, daß dieser Kündigungstatbestand auch die Bereiche umfaßt, wo eine große Wohnung in mehrere kleine Wohnungen umgebaut werden soll und hierzu zusätzlicher Nebenwohnraum benötigt wird.

Kündigungsfrist

Die Kündigungsfrist für die Teilkündigung nach § 573 b Abs. 2 BGB (neu – früher § 564 Abs. 2 Nr. 4 Satz 1 BGB) ist **verkürzt** worden, damit Vermieter schnell neuen Wohnraum schaffen können. Die Kündigungfrist, die bisher bei Mietverhältnissen über 10 Jahre ein Jahr betrug, ist weggefallen. Nach der neuen Kündigungsregelung § 573 b Abs. 2 BGB (neu – früher § 564 b Abs. 2 Nr. 4 Satz 2 BGB) ist die Kündigung am dritten Werktag eines Kalendermonats für den Ablauf des übernächsten Monats zulässig, egal wie lange das Mietverhältnis dauerte.

Rechte des Mieters

Bei der Teilkündigung kann sich der Mieter auf die **Sozialklausel** gemäß § 574 BGB (neu – früher 556 a BGB) berufen. Er kann des weiteren die **Mietminderung** im Hinblick auf die Reduzierung oder Veränderung des Mietobjektes verlangen. Wichtig ist in diesem Zusammenhang, daß der Mieter nur dann etwas verlangen kann, wenn der Wohnraum zum Zwecke der Vermietung geschaffen wird. Eigene Interessen haben in diesem Bereich der Teilkündigung nichts zu suchen. Der Vermieter kann also nicht die Teilkündigung damit begründen, daß er seine eigene Wohnung vergrößern will. Das Merkmal »Vermietung« ist allerdings erfüllt, wenn der Vermieter an seine eigenen Angehörigen weitervermieten will.

2. Welche Mietverhältnisse können gekündigt werden?

Grundsätzlich kann **jedes** Mietverhältnis, das nicht auf bestimmte Zeit geschlossen ist, durch eine ordentliche Kündigung zu der im Gesetz vorgesehenen Kündigungsfrist beendet werden. Erforderlich hierzu ist die Einhaltung der gesetzlichen Kündigungsfristen und im Wohnraummietrecht das Vorliegen eines berechtigten Interesses des Vermieters. Dagegen kann die fristlose Kündigung bei **allen** Mietverhältnissen ausgesprochen werden, gleichgültig, ob es sich hierbei um befristete oder unbefristete oder sogenannte Zeitmietverträge handelt. Will der Vermieter einen sogenannten **Zeitmietvertrag** ordentlich kündigen, so ist zu prüfen, ob es sich um einen Zeitmietvertrag mit oder ohne Kündigungsschutz handelt.

Zeitmietvertrag ohne Kündigungsschutz – sogenannter qualifizierter Zeitmietvertrag

Durch das neue Mietrechtsänderungsgesetz gibt es ab 1.9.2001 keine einfachen Zeitmietverträge mehr. Das Widerspruchsrecht des Mieters beim einfachen Zeitmietvertrag ist weggefallen. Es gibt nur noch gemäß § 575 BGB (neu – früher § 564 c Abs. 2 BGB) die sogenannten **qualifizierten Zeitmietverträge** oder auch in der Praxis **»echte« Zeitmietverträge**. Das Mietverhältnis endet nach der Befristung, ohne daß der Mieter durch Widerspruch eine Verlängerung erreichen kann. Folgende **drei Voraussetzungen** müssen vorhanden sein, die der Vermieter im Mietvertrag erwähnen muß:

a) Er benötigt die Räume für sich oder für zu seinem Hausstand gehörende Personen und Familienangehörige. (Der Grund des Eigenbedarfs muß genau im Mietvertrag angegeben sein. Auch die Personen müssen genau bezeichnet sein. Je genauer die Angaben, desto sicherer ist die Beendigung des Mietverhältnisses.)
b) Der Vermieter will in zulässiger Weise die Räume beseitigen oder so wesentlich verändern oder instand setzen, daß die Maßnahmen durch eine Fortsetzung des Mietverhältnisses erheblich erschwert würden.
c) Die Räume, die mit Rücksicht auf das Bestehen eines Dienstverhältnisses vermietet worden sind, will der Vermieter an einen anderen Dienstverpflichteten vermieten.

Schriftliche Mitteilung

Voraussetzung für diesen besonderen Tatbestand der Beendigung des Mietverhältnisses ist, wie im Gesetz ausdrücklich unter § 575 BGB (neu – früher § 564 c Abs. 2 Satz3 BGB) erwähnt wird, daß der Vermieter dem Mieter diese Absicht bei Vertragsabschluß **schriftlich** mitgeteilt hat. Je genauer – wie oben ausgeführt – desto besser. Nach dem neuen §§ 575 Abs. 2 BGB kann der Mieter vom Vermieter frühestens **vier Monate vor Ablauf der Befristung** verlangen, daß dieser ihm binnen eines Monats mitteilt, ob der Befristungsgrund noch besteht. Erfolgt die Mitteilung später, so kann der Mieter eine Verlängerung des Mietverhältnisses um den Zeitraum der Verspätung verlangen. Die im früheren Gesetz enthaltene Pflicht des Vermieters, dem Mieter drei Monate vor Ablauf der Mietzeit schriftlich mitzuteilen, daß eine Verwendungsabsicht noch besteht, ist weggefallen. Nunmehr muß der Mieter und nicht der Vermieter tätig werden. Weggefallen ist im neuen Recht auch die Befristung der qualifizierten Zeitmietverträge auf fünf Jahre. Nach dem neuen Recht können Zeitmietverträge so lange geschlossen werden, wie die Parteien es wünschen.

Diese Aufzählung der in Betracht kommenden Verwendungsabsichten ist abschließend. Möglich ist jedoch, daß der Vermieter im Mietvertrag die Gründe kumulativ oder alternativ erwähnt.

Verkauf kein Beendigungsgrund

Vielfach meinen Vermieter, ein Mietvertrag endet nach Ablauf der vereinbarten Mietzeit auch gerade dann, wenn das Mietobjekt verkauft werden soll. Der Gesetzgeber sieht jedoch den **Verkauf nicht als Beendigungsgrund** an, sondern nur die bereits oben erwähnten Gründe. Der Gesetzgeber geht davon aus, daß der Mieter, der sich auf einen derartigen Vertrag einläßt, keinen Sozialschutz hat, mit der Konsequenz, daß der Mieter auch in einem Räumungsprozeß keinen Anspruch auf Räumungsschutz hat. Die einzige Schutzmöglichkeit für den Mieter ist die Antragstellung auf Vollstreckungsschutz gem. § 765 a ZPO.

Nähere Ausführungen zur Rechtsproblematik sind in der Dokumentation »Befristete Mietverträge« im Institut für Mietrecht der »Kester-Haeusler-Stiftung«, Wolfratshauser Str. 80, 81379 München, erhältlich.

3. Welche Mietverhältnisse genießen keinen Kündigungsschutz?

Möblierte Wohnung

Auch der Mieter einer möblierten Wohnung genießt vollen Kündigungsschutz. Es macht also keinen Unterschied, ob eine leere oder eine möblierte Wohnung vermietet wird.

Mieter wohnt beim Vermieter

Wohnt der Mieter mit dem Vermieter in der gleichen Wohnung und hat der Mieter die Räume selbst möbliert oder wohnt der Mieter dort mit seiner Familie, hat der Mieter die Möglichkeit, sich auf die Sozialklausel zu berufen. Bei in der vom Gericht durchgeführten Interessenabwägung werden die im Kündigungsschreiben genannten Interessen des Vermieters und die Interessen des Mieters gegeneinander abgewogen.

Zudem ist der Mieter sehr **kurzen Kündigungsfristen** ausgesetzt (siehe § 573 c Abs. 3 BGB i. V. m. § 549 Abs. 2 Nr. 2 BGB (neu) früher § 565 Abs. 3 BGB). So ist beispielsweise die Kündigung an jedem Tag für den Ablauf des folgenden Tages zulässig, wenn die Miete nach Tagen bemessen ist. Ist die Miete dagegen nach Wochen bemessen, so kann spätestens am ersten Werktag einer Woche zum folgenden Samstag gekündigt werden. Bestimmt sich die Mietzeit nach Monaten, so kann der Mieter bis zum Ablauf des 15. eines Monats zum letzten Tag eines Monats kündigen. Voraussetzung der Kündigung für möblierten Wohnraum ist allerdings, daß die Wohnung dem Mieter nicht zum Gebrauch mit seiner Familie überlassen wurde.

Altenheime

Der Mieter in einem Altenheim genießt **vollen Kündigungsschutz**, wenn er mehr als die Hälfte des aufgewendeten Geldes für das Wohnen und weniger als die Hälfte für sonstige Leistungen (Verpflegung und Betreuung) bezahlt.

Altenbetreute Wohnanlagen, seniorengerechtes Wohnen

«Altenbetreute Wohnanlagen«, »seniorengerechte Wohnanlagen« oder ähnliche Bezeichnungen werden oftmals für den Verkauf von Eigentumswohnungen verwendet, um höhere Renditen oder bei der Vermietung höhere Mieten zu erzielen. Die Rechtslage ist hier völlig ungeklärt. Einerseits können derartige Anlagen – wenn die Pflege und Unterbringung von Menschen Hauptgegenstand des Vertrages ist – unter das Heimgesetz fallen, mit den Konsequenzen, daß gewisse Vorschriften für den Bau der Heime und die Ausstattung der Zimmer gegeben sind und daß die Preise gesetzlich vorgeschrieben werden. Andererseits kann der gesamte Vertrag mietrechtlich zu bewerten sein – wenn das Schwergewicht in der Vermietung liegt – mit der Konsequenz, daß eventuell der Tatbestand der Wuchermiete gegeben ist. Das weitere Problem besteht darin, daß bei Nichtfunktionieren (z. B. funktioniert die Notrufanlage nicht) oder Nichterfüllung irgendwelcher Nebenleistungen auch das Mietminderungsrecht gegeben ist (s. S. 235). Eine ausführliche Dokumentation gibt es hierzu im Institut für Grundstücksrecht der »Kester-Hänsler-Stiftung«, Wolfratshauser Str. 80, 81379 München.

Empfehlung

Es ist dringend zu empfehlen, vor Abschluß derartiger Kauf- und Mietverträge, Expertenrat einzuholen. Expertenadressen werden ebenfalls über die vorgenannte Anschrift vermittelt.

Studentenwohnheim

Bei einem Mietvertrag über eine Wohnung in einem Studentenwohnheim kann der Vermieter das

Mietverhältnis **stets** ohne Angabe von berechtigten Interessen kündigen (§ 549 Abs. 3 BGB neu – früher § 564 b VII Nr. 3 BGB). Allerdings kann sich der Mieter auf einen **Härtefall** berufen und der Kündigung widersprechen. Dies wäre beispielsweise der Fall, wenn der gekündigte Mieter kurz vor seinem Examen stünde.

Werkswohnung

Die gesamte Regelung über Werks-/Dienstwohnungen wurde im neuen Mietrecht ab 1. 9. 2001 neu geregelt. Es gilt nunmehr folgende Rechtslage gemäß § 576 BGB – neu:

Wenn der Wohnraum mit Rücksicht auf das Bestehen eines Dienstverhältnisses vermietet worden ist, kann der Vermieter nach Beendigung des Dienstverhältnisses, abweichend von den normalen Kündigungsfristen der §§ 573 c Abs. 1 Satz 2 BGB **mit folgenden Fristen kündigen**:

1. Bei Wohnraum, der dem Mieter weniger als zehn Jahre überlassen war, spätestens am **dritten Werktag eines Kalendermonats zum Ablauf des übernächsten Monats**, wenn der Wohnraum für einen anderen zur Dienstleistung Verpflichteten benötigt wird;

Sozialklausel

2. Spätestens am **dritten Werktag eines Kalendermonats zum Ablauf dieses Monats**, wenn das Dienstverhältnis seiner Art nach die Überlassung von Wohnraum erfordert hat, der in unmittelbarer Beziehung oder Nähe zur Arbeitsstätte steht und der Wohnraum aus dem gleichen Grund für einen anderen zur Dienstleistung Verpflichteten benötigt wird.

   Ausdrücklich wird in § 576 Abs. 2 BGB geregelt, daß zum Nachteil des Mieters abweichende Vereinbarungen unwirksam sind. Der Mieter hat auch ein **Widerspruchsrecht** aufgrund der **Sozialklausel** gegen die Kündigung. Es regelt allerdings § 576 a BGB ausdrücklich, daß die Belange des Dienstberechtigten im Rahmen der Sozialklausel zu berücksichtigen sind (§ 576 a BGB – neu). Ausdrücklich wird die Sozialklausel nach § 576 a Abs. 2 BGB ausgeschlossen, wenn der Vermieter nach § 576 Abs. 1 Nr. 2 BGB die Wohnung gekündigt hat, also die Wohnungsüberlassung im Rahmen des Dienstverhältnisses erforderlich war und der Wohnraum aus dem gleichen Grunde für einen anderen zur Dienstleistung Verpflichteten benötigt wird oder wenn der Mieter das Dienstverhältnis gelöst hat, ohne daß ihm von dem Dienstberechtigten gesetzlich begründeter Anlaß dazu gegeben war oder der Mieter durch sein Verhalten dem Dienstberechtigten gesetzlich begründeten Anlaß zur Auflösung des Dienstverhältnisses gegeben hat. Diese Regelungen gelten für sogenannte Werkswohnungen, also für Wohnungen, die mit Rücksicht auf das Bestehen eines Dienstverhältnisses vermietet worden sind. Abzugrenzen hiervon sind die sogenannten **Werks-/Dienstwohnungen**. Bei diesen Mietverträgen ist die Wohnraumüberlassung Teil des Dienst- bzw. Arbeitsvertrags, und ein Teil der Vergütung besteht darin, daß die Wohnung dem Werks-/Dienstwohnungsmieter überlassen worden ist (typische Fälle Pförtnerwohnungen, Hausmeisterwohnungen, Bewachungskräfte usw.). Es liegt also bei diesen Fällen nicht ein typischer Mietvertrag vor, sondern ein gemischter Mietvertrag und Arbeitsvertrag. Nach § 576 b BGB (neu) gilt das Recht für Werkswohnungen und Dienstwohnungen. Hat der zur Dienstleistung Verpflichtete den Wohnraum überwiegend mit Einrichtungsgegenständen ausgestattet oder wohnt er mit seiner Familie oder Personen zusammen, mit denen er einen auf Dauer angelegten gemeinsamen Haushalt führt, gelten für die Beendigung des Mietverhältnisses hinsichtlich der Werks-/Dienstwohnung die Vorschriften über Mietverhältnisse entsprechend.

Sonderkündigungsrecht für Zweifamilienhäuser und Einliegerwohnung

Leichtere Kündigung

Von Mietern wird vielfach übersehen, daß für Zweifamilienhäuser mit Einliegerwohnung und Einfamilienhäuser mit Einliegerwohnung, in denen der Vermieter selbst wohnt, der **Kündigungsschutz nicht gegeben** ist. Nach § 573 a BGB ist die Kündigung des Vermieters in derartigen Sonderfällen erleichtert. Nach dem Gesetz gilt: Ein Mietverhältnis über eine Wohnung in einem vom Vermieter selbst bewohnten Gebäude mit nicht mehr als zwei Wohnungen kann der Vermieter auch kündigen, **ohne** daß ein **berechtigtes Interesse** im Sinne des § 573 BGB vorliegt. Der Vermieter muß allerdings in dem Kündigungsschreiben angeben, daß er keine Eigenbedarfskündigung durchführt, sondern die Kündigung im Rahmen des Zweifamilienhauses mit Einliegerwohnung oder Einfamilienhauses mit einer selbst bewohnten Wohnung. Als weitere Besonderheit gilt für derartige Kündigungen, daß sich prinzipiell die Kündigungsfrist auf **drei Monate** verlängert. Das Widerspruchsrecht nach der Sozialklausel hat der Mieter nach wie vor.

4. Wie wirkt sich der Kündigungsschutz aus?

Für den Vermieter

Der Vermieter kann das Mietverhältnis **nur ordentlich kündigen**, wenn er ein **berechtigtes Interesse** an der Beendigung des Mietverhältnisses hat § 573 Abs. 2 BGB (neu – früher § 564 b Abs. 1 BGB). Beispiele hierfür sind:

Pflichtverletzung des Mieters

Das Vorliegen einer schuldhaften, nicht unerheblichen Pflichtverletzung des Mieters § 573 Abs. 2 Satz 1 BGB (neu – früher § 564 b Abs. 2 Ziffer 1 BGB).

Eigenbedarfsvoraussetzungen

Der Eigenbedarf des Vermieters rechtfertigt die ordentliche Kündigung eines Wohnraummietverhältnisses nach § 573 Abs. 2 Satz 2 BGB (neu – früher § 564 b Abs. 2 Ziffer 2 BGB). Eigenbedarf liegt vor, wenn der Vermieter die Wohnung als Räume für sich, die zu seinem Hausstand gehörenden Personen oder seine Familienangehörigen benötigt. Der Eigenbedarf setzt ein **Wohnbedürfnis** des **Vermieters** oder des begünstigten Personenkreises voraus. Andere Nutzungszwecke, wie etwa der Betriebsbedarf, fallen nicht darunter. Ein **Wohnbedarf** liegt vor, wenn der Vermieter oder die begünstigten Personen nicht oder nicht ausreichend untergebracht sind. Bei einer Kündigung wegen Eigenbedarfs ist das Gericht verpflichtet, auch die Ernsthaftigkeit der Eigenbedarfsgründe zu überprüfen und die Kündigung dementsprechend zu würdigen. Der Eigenbedarf des Vermieters ist grundsätzlich zu bejahen, wenn der Vermieter **vernünftige** und **nachvollziehbare Gründe** für seinen Wunsch anführt, die Wohnung des auf Räumung in Anspruch genommenen Mieters selbst oder durch einen nach § 573 Abs. 2 Satz 2 BGB (neu – früher § 564 b Abs. 2 Nr. 2 BGB) privilegierten Dritten bewohnen zu lassen. Es wird darauf hingewiesen, daß eine Kündigung, die nur mit dem Vermerk *»wegen Eigenbedarfs«* erklärt wird, unwirksam ist. Erforderlich für eine wirksame Kündigung wegen Eigenbedarfs ist die Angabe von **konkreten Umständen** über die bisherigen Wohnverhältnisse, die betroffenen Personen und die Gründe für den erhöhten Wohnbedarf. Diese Gründe sind so präzise, so deutlich und so umfassend wie möglich darzulegen. Denn nur wenn das Gericht alle Umstände und Hintergründe für den Eigenbedarf kennt, ist es in der Lage, im Verlauf des Verfahrens die Interessen des Vermieters gegen die Argumente des Mieters abzuwägen. An dieser Stelle ist zu betonen, daß die gerichtliche Entscheidung über Eigenbedarfskündigungen immer Einzelfallentscheidung ist und aufgrund der Abwägung und Wohnungssituation unterschiedliche Ergebnisse entstehen können.

Grundsätzlich wird nur der **gegenwärtige** oder der mit Ablauf der Kündigungsfrist eingetretene Eigenbedarf anerkannt; ausnahmsweise kann ein künftiger Bedarf die Kündigung rechtfertigen. Dies ist zum Beispiel der Fall, wenn der betagte Vermieter den Wohnraum für eine Pflegeperson beansprucht und aufgrund der äußeren Umstände mit einiger Sicherheit damit gerechnet werden kann, daß der Vermieter die Pflege und Betreuung in naher Zukunft benötigt. Sind mehrere Vermieter vorhanden, so genügt es bereits, wenn sich einer von ihnen auf einen Eigenbedarf berufen kann.

Wegfall des Eigenbedarfs

Problematisch ist der sogenannte Wegfall des Eigenbedarfs. Er liegt vor, wenn in der Zeit nach Zugang des Kündigungsschreibens bis zur Räumung durch den Mieter der **Bedarfsgrund wegfällt** (z. B. der Sohn des Vermieters hat überraschend eine passende Wohnung gefunden). Würde nun das

Räumungsverlangen durch den Vermieter aufrechterhalten, so könnte ihm rechtsmißbräuchliches Verhalten zur Last gelegt werden. Es wird darauf hingewiesen, daß einem Vermieter ein **Strafverfahren** wegen Betrugs **droht**, wenn der Eigenbedarf des Vermieters weggefallen ist und der Vermieter den Mieter nicht bis zur Räumung über den Wegfall des Eigenbedarfs informiert hat. Über die strafrechtlichen Konsequenzen eines derartigen Verhaltens hinaus können sich für den Vermieter auch erhebliche **Schadensersatzverpflichtungen** gegenüber dem Mieter ergeben. Deshalb wird angeraten, den Mieter nach Wegfall des Eigenbedarfs umgehend zu benachrichtigen. Ist bereits Klage erhoben, empfiehlt es sich, die Erledigung der Hauptsache zu erklären nach § 91 a ZPO, da die Rücknahme der Klage mit Kostennachteilen verbunden wäre.

Will der Erwerber eines vermieteten Hauses oder einer vermieteten Eigentumswohnung Eigenbedarf geltend machen, so besteht hierfür grundsätzlich **keine Wartefrist**. Eine Ausnahme hierzu bilden allerdings Wohnungen, die erst nachträglich (also nach Einzug des Mieters) in Eigentumswohnungen umgewandelt wurden. In diesem Fall kann der erste Erwerber drei Jahre lang (gerechnet ab Eintragung des Kaufvertrages im Grundbuch) nicht wegen Eigenbedarfs kündigen. Diese Frist kann vor allem in Ballungsräumen aufgrund Verordnungen der Landesregierungen auf fünf bzw. zehn Jahre ausgedehnt werden (die 10jährige Bindungsfrist ergibt sich aus dem Sozialklauselgesetz). Auf welche Gebiete dies zutrifft, muß im Einzelfall erfragt werden.

Wichtig

Es muß noch einmal klargestellt werden, daß bei Verkauf einer Eigentumswohnung nicht prinzipiell eine dreimonatige Sperrfrist zur Kündigung existiert, sondern nur, falls die Wohnung nach Überlassung an den Mieter und Abschluß des Mietvertrages in eine Eingentumswohnung umgewandelt wurde.

Will der Vermieter zugunsten eines Angehörigen Eigenbedarf geltend machen, so ist dies nur möglich, wenn der Vermieter zu dem Angehörigen einen gewissen sozialen Kontakt hat oder unterhält. So wird beispielsweise Eigenbedarf für den Enkel des Vermieters noch möglich sein, während der Neffe des Vermieters nicht mehr als »naher Familienangehöriger« zu werten sein dürfte.

Kündigung wegen wirtschaftlicher Unzumutbarkeit

Ein berechtigtes Interesse an der ordentlichen Kündigung kann sich für den Vermieter auch aus sogenannter **wirtschaftlicher Unzumutbarkeit** ergeben, nämlich wenn der Vermieter durch die Fortsetzung des Mietverhältnisses an einer angemessenen wirtschaftlichen Verwertung des Mietobjektes gehindert wird und dadurch erhebliche Nachteile erleiden würde (§ 564 b Abs. 2 Ziffer 3 BGB). Dabei genügt der Wunsch des Vermieters, bei einer Neuvermietung höhere Mieteinnahmen zu erzielen oder die Wohnung als Eigentumswohnung gewinnbringender verkaufen zu können, nicht.

Das Sonderkündigungsrecht mit der Begründung, bei einer Fortsetzung des Mietverhältnisses an einer angemessenen wirtschaftlichen Verwertung gehindert zu sein § 573 Abs. 2 Satz 3 BGB (neu – früher § 564 b Abs. 2 Nr. 3 BGB) ist auf die Dauer in den neuen Bundesländern ausgeschlossen. Diese Regelung ist auch nicht durch eine Vertragsänderung seit dem 3. 10. 1990 zum Nachteil des Mieters abdingbar. Der Ausschluß des Kündigungsrechts besteht auch dann, wenn er für den Vermieter eine Härte bedeuten würde.

Es wird nochmals darauf hingewiesen, daß zugunsten des Mieters nur diejenigen Gründe Berücksichtigung finden, die im **Kündigungsschreiben** angegeben sind. Ausnahmsweise dürfen auch Gründe, die später entstanden sind, herangezogen werden, vorausgesetzt, sie sind tatsächlich erst nachträglich entstanden § 573 Abs. 3 BGB (neu – früher § 564 b Abs. 3 BGB).

Für den Mieter

Der Mieter kann einer Kündigung des Vermieters widersprechen und Fortsetzung des Mietverhältnisses verlangen, wenn die Beendigung für ihn oder seine Familie eine **Härte** bedeuten würde, die unter Würdigung der im Kündigungsschreiben des Vermieters angegebenen Gründe nicht zu rechtfertigen ist (Sozialklausel, § 574 BGB neu – früher § 556 a Abs. 1 und 2 BGB). Die Interessen des Vermieters an der Rückerlangung der Wohnung und des Mieters an der Beibehaltung der Wohnung sind gegeneinander **abzuwägen**. Überwiegen die Interessen des Mieters, so ist das Mietverhältnis im allgemeinen unbefristet fortzusetzen. Können sich Vermieter und Mieter über die Fortsetzung des Mietverhältnisses nicht einigen, so entscheidet hierüber das Gericht. Der Mieter kann die Fortsetzung nicht verlangen, wenn er selbst gekündigt oder dem Vermieter einen Grund zur fristlosen Kündigung gegeben hat § 574 Abs. 1 Satz 2 BGB (neu – früher § 556 a Abs. 4 BGB).

5. Wie wird gekündigt?

Schriftform

Die Schriftform der Kündigungen wird in § 568 BGB neu geregelt. Danach bedarf nur noch die Kündigung eines Wohnraummietverhältnisses der Schriftform. Alle anderen Mietverhältnisse können auch mündlich gekündigt werden. Die Kündigung bei einem Zweifamilienhaus nach § 573 a BGB (neu) bedarf wie die Kündigung des Vermieters nach § 573 b BGB ebenfalls der Schriftform. Bei den fristlosen Kündigungen nach § 569 Abs. 4 BGB (neu) sind die zur Kündigung führenden wichtigen Gründe im Kündigungsschreiben anzugeben.

Personenmehrheit

Besteht die kündigende Vertragsseite aus mehreren Personen, so müssen **alle unterschreiben**. Besteht die gekündigte Vertragsseite aus mehreren Personen, so muß die Kündigung **jedem zugehen**. Die Schriftform ist nur gewahrt, wenn die Erklärung vom Aussteller eigenhändig durch Namensunterschrift (oder durch notariell beglaubigtes Handzeichen) unterzeichnet ist und so dem Empfänger auch zugeht. Die Zugangserfordernis ist also auch gleichzeitig Formerfordernis. So genügt beispielsweise ein **Telegramm**, das ja nicht vom Aussteller unterzeichnet ist, nicht der Schriftform für eine Kündigung. Wird die Kündigung eines Wohnraummietvertrages im Laufe eines bereits zwischen dem Vermieter und dem Mieter anhängigen Rechtsstreits durch einen **prozessualen Schriftsatz** erklärt, so ist die Schriftform erfüllt, wenn dem Mieter eine vom Prozeßbevollmächtigten des Vermieters selbst **beglaubigte Abschrift** dieses Schriftsatzes zugeht.

Zugang der Kündigung

Zum Thema Zugang von Erklärungen im Mietrecht gibt es immer wieder **Rechtsstreitigkeiten** darüber, **wann** eine Erklärung **zugegangen** ist. Gerade hinsichtlich der Problematik des Zugangs von Kündigungserklärungen taucht immer wieder die Frage auf, ob eine Kündigung, die dem Vermieter oder Mieter z. B. nach 18 Uhr zugeht, noch für den Tag, an dem sie zugestellt worden ist, gerechnet wird oder bereits für den nächsten Tag.

Zugang-Musterregelung

Aus diesem Grund empfiehlt sich, im Mietvertrag eine Regelung über den Zugang zu treffen, die bisher noch in keinem Mietvertrag verwendet worden ist. Die Regelung könnte folgendermaßen lauten:

> *Zugang von Erklärungen während des Mietverhältnisses*
>
> *»Die Parteien vereinbaren, daß für die Rechtzeitigkeit von Erklärungen, die während des Mietverhältnisses abgegeben wurden, der Zugang bis 24 Uhr des Tages, an dem der Zugang zu erfolgen hat, ausreichend ist. Die Parteien verpflichten sich, sich nicht darauf zu berufen, daß ein Schreiben nicht rechtzeitig zugegangen ist, weil es nach den üblichen Postleerungszeiten des Briefkastens zugestellt wurde.«*

Zustellung bei Abwesenheit

Auch **während** der **Urlaubszeit** muß der Mieter/Vermieter dafür sorgen, daß ihm ein Schreiben zugestellt werden kann, bzw. gilt das Schreiben dennoch als zugestellt, wenn die Zustellung erfolgt und der Mieter oder Vermieter in Urlaub ist. Dies gilt sogar, falls Einschreiben nicht zugestellt werden können, wenn der Vermieter oder Mieter mit einer Zustellung in dieser Zeit rechnen mußte. Wenn der Empfänger in Kenntnis der Zustellung – z. B. weil der Vermieter dem Mieter eine Frist gesetzt hat, bis zu einem bestimmten Tag zuzustellen – die Zustellung durch Abwesenheit **verhindert,** muß der Mieter oder Vermieter sich nach Treu und Glauben so behandeln lassen, wie wenn die Erklärung rechtzeitig zugegangen wäre.

Zugang

Die Kündigung ist eine einseitige, empfangsbedürftige Willenserklärung und ist nur dann wirksam, wenn sie zugegangen ist. **Zugang** bedeutet in diesem Zusammenhang, daß die Kündigung **in** den **Machtbereich** des **Empfängers gelangt** und dieser die **Möglichkeit** der **Kenntnisnahme** hat. Dies ist beispielsweise regelmäßig der Fall, wenn die Kündigung in den Briefkasten des Empfängers eingeworfen wird. Bezüglich des Zugangs gibt es aber verschiedene Formen. Der einfachste Zugangsweg ist es, dem Mieter oder Vermieter das Schreiben direkt zu **überreichen**. Eine Verpflichtung des anderen Vertragspartners, den Empfang zu quittieren, gibt es nicht. Eine weitere Möglichkeit ist es, die Kündigung auf **normalem Postweg** zu übersenden. Allerdings besteht dann das Problem mit dem Nachweis des Zugangs. Weitere Möglichkeiten liegen darin, die Kündigung durch **Einschreiben** oder **Einschreiben mit Rückschein** zu versenden. Allerdings beinhaltet diese Versendungsart, daß der Mieter oder Vermieter behauptet, daß er nur das Kuvert zugestellt bekommen hat. Die sicherste Form der Zustellung liegt in der **Übersendung durch Boten**, der allerdings bestätigen muß, daß er vorher den Inhalt des Schreibens gelesen hat, weil er ja im Rahmen eines eventuellen Gerichtsverfahrens bestätigen muß, welches Schreiben er dem Mieter oder Vermieter zugestellt hat. Eine sehr **sichere Zustellungsart** ist auch die Zustellung über den **Gerichtsvollzieher**, da dieser mittels eines speziellen Formulars nachweisen muß, wann das Schreiben zugestellt worden ist, und der Gerichtsvollzieher derartige Schreiben ohne Kuvert zustellt. Befindet sich im Haus des Mieters oder Vermieters kein Briefkasten, so reicht es nach der Rechtsprechung aus, daß das Schreiben in dem normalen Empfangsbereich des Mieters oder Vermieters zugegangen ist. Es reicht also aus, wenn es dem Mieter oder Vermieter unter der Türe durchgeschoben wird oder, falls der Mieter oder Vermieter das Schreiben nicht entgegennehmen will, es ihm einfach vor die Füße gelegt wird. Nimmt er dann keine Kenntnis von dem Schreiben, so ist es trotzdem als zugestellt anzusehen.

Vollmacht

Kündigt jemand in Vollmacht des Vermieters oder Mieters (Hausverwalter, Ehepartner, Mitmieter), so empfiehlt es sich, die **Vollmacht im Original vorzulegen**. Die Kündigung ohne Vollmachtsvorlage ist zwar wirksam, aber der **Empfänger** ist nach § 174 BGB **berechtigt**, die **Kündigung** unverzüglich **zurückzuweisen**, wodurch die Kündigung unwirksam wird. Der Hausverwalter muß selbst dann eine Vollmacht zur Kündigung vorlegen, wenn er für den Vermieter den Mietvertrag unterzeichnet hat. Bei einem Anwalt reicht die Vorlage einer Prozeßvollmacht nicht aus. Die Vollmacht muß **speziell** für die Kündigungserklärung ausgestellt worden sein. Die Zurückweisung der Kündigung mangels Vollmacht muß unverzüglich erfolgen, d. h. ohne schuldhaftes Zögern. In der **Praxis** geht man davon aus, daß die Zurückweisung binnen sechs Tagen erfolgen muß.

6. Mit welcher Frist kann gekündigt werden?

Ordentliche Kündigungsfrist

Länge der Wohndauer entscheidend

Die Kündigungsfristen sind in § 580a BGB (neu) durch das Mietrechtsänderungsgesetz zusammengefaßt worden. Für Geschäftsräume gilt nach dem neuen § 580a Abs. 2 BGB, daß Mietverhältnisse über Geschäftsräume spätestens am dritten Werktag eines Kalendervierteljahres zum Ablauf des nächsten Kalendervierteljahres, soweit diese Mietverhältnisse nicht zeitlich befristet sind, sondern unbefristet laufen, mit einer ordentlichen Kündigung beendet werden können. Geändert sind die Kündigungsfristen für Wohnraummieter bzw. -vermieter. Für Vermieter gilt die Regelung, daß wenn der Mietzins nach Monaten bemessen wurde, die Kündigung spätestens am dritten Werktag eines Monats zum Ablauf des übernächsten Monats zulässig ist. Die Kündigungsfrist für den Vermieter verlängert sich nach fünf und acht Jahren seit der Überlassung des Wohnraums um jeweils drei Monate, also maximal auf neun Monate (früher 12 Monate). Die Kündigungsfrist für Wohnraummieter beträgt insgesamt nur noch drei Monate bei normalen Wohnraummietverhältnissen.

Die Kündigung muß dem Kündigungsempfänger spätestens am dritten Werktag des ersten zur Kündigungsfrist zählenden Kalendermonats zugehen. Soll also zum Beispiel ein Mietverhältnis zum 30. September gekündigt werden, so muß die Kündigung dem Empfänger spätestens am 3. Werktag im Juli zugehen. Zieht der Mieter bereits **vor Ablauf** der **Kündigungsfrist** aus, muß er die Miete weiterhin bis zum Ende der Mietzeit bezahlen. Etwas anderes gilt nur, wenn der Vermieter mit einem anderen Mieter schon einen Vertrag geschlossen hat und die Wohnung dem anderen Mieter, gegebenenfalls auch ohne Vertrag, bereits überlassen hat. Die Beweislast dafür, daß der Vermieter die Wohnung schon einem anderen Mieter überlassen hat, trägt grundsätzlich der Mieter. Hat dagegen der Vermieter die Wohnung billiger vermietet als an den bisherigen Mieter, so muß der Mieter die Differenz bezahlen. Der Vermieter hat dann keinen Anspruch auf Mietzins, wenn er die Wohnung selbst nutzt oder wenn er sofort mit dem Umbau der Wohnung beginnt. Gleiches gilt, wenn er umfangreiche Renovierungsarbeiten vornimmt. Nimmt der Vermieter längst fällige Schönheitsreparaturen vor, dann soll die Mietzahlungspflicht des Mieters grundsätzlich nicht entfallen.

Abkürzung von Kündigungsfristen

Vielfach taucht bei Mietern das Rechtsproblem auf, daß diese eine ordentliche Kündigung bekommen haben und zwischenzeitlich überraschend durch das Finden einer Wohnung nicht an der langen Kündigungsfrist interessiert sind. Die Rechtsprechung geht davon aus, daß, wenn der Vermieter gezeigt hat, daß er den Mieter loswerden will, der Mieter dann einen Anspruch auf Abkürzung der langen Kündigungsfrist hat.

Richtiger Kündigungstermin

In Kündigungsschreiben werden nicht selten die Kündigungsfristen falsch berechnet. Gilt in diesen Fällen die Kündigung zum nächsten zulässigen Termin? Diese Rechtsfrage ist umstritten. Aus diesem Grund empfiehlt sich, für Kündigungsschreiben folgende Formulierung zu verwenden:

> *»Hiermit kündigen wir zum __________ bzw. zum nächstzulässigen Zeitpunkt.«*

Bei einer derartigen Formulierung dürfte es keinerlei Auslegungsschwierigkeiten geben, wenn der Kündigungstermin falsch gewählt wurde, weil der Empfänger deutlich sehen kann, daß der Mieter/Vermieter sich auf jeden Fall durch Kündigung vom Mietverhältnis lösen will.

Besonderheiten bei Garagenmietverträgen

Bezüglich der **Kündigung** von **Garagen** tauchen verschiedene Rechtsprobleme auf, die davon abhängen, in welcher Form die Garage vermietet wurde. Wurde sie sofort oder später zu der Wohnung hinzuvermietet, dann kann sie nicht losgelöst von der Wohnung betrachtet werden. Es muß also deutlich klar zum Ausdruck gebracht werden, daß nicht nur eine Ergänzung des Wohnraummietvertrages gewollt war, sondern ein eigenständiger Mietvertrag vereinbart worden ist.

Entscheidend nach der Rechtsprechung ist der gesonderte Garagenmietvertrag, besonders wenn dieser hinsichtlich Vertragsdauer und Kündigungsfristen **unterschiedliche Regelungen** gegenüber dem Wohnungsmietvertrag enthält. Es wird daher in der **Praxis** geraten, falls man das Wohnraummietverhältnis vom Garagenmietverhältnis trennen will, was im Hinblick auf Kündigungsfristen und Mieterhöhungsmöglichkeiten empfehlenswert ist, im Garagenmietvertrag **ausdrücklich festzustellen**, daß dieser in keinerlei Zusammenhang mit dem Wohnraummietverhältnis geschlossen wird und daß die Parteien sich einig sind, daß dieser getrennt gekündigt werden kann.

Außerordentliche vorzeitige Kündigungsfristen

Es gibt gesetzliche, **außerordentliche vorzeitige Kündigungsfristen**. Es gilt die Dreimonatsfrist, egal wie lange die Mietverhältnisse andauerten und unabhängig davon, welche Frist im Mietvertrag vereinbart worden war. Derartige **Sonderkündigungsrechte** gibt es in folgenden Gesetzesbestimmungen:

- § 540 Abs. 1 Satz 1 BGB (neu – früher § 549 Abs. 1 BGB) (wenn der Vermieter die **Untervermieterlaubnis** nicht erteilt)
- § 580 BGB (neu – früher § 569 BGB) (Sonderkündigungsrecht bei **Tod** des **Mieters** für den Erben oder für den Vermieter)
- § 563 Abs. 4 BGB (neu – früher § 569 a Abs. 5 BGB) (Sonderkündigungsrecht für den Vermieter, wenn in der Person, die **nach Tod** des Mieters in das Mietverhältnis **eingetreten** ist, entweder Ehepartner oder Familienangehöriger, ein **wichtiger Grund** vorliegt)
- § 563 a BGB (neu – früher § 569 b BGB) (Sonderkündigungsrecht des **überlebenden** Ehepartners)
- § 1056 Abs. 2 BGB **(Nießbrauchbeendigung)**
- § 2135 BGB **(Nacherbfolge)**
- § 57 a ZVG (Sonderkündigungsrecht des Ersteigerers von Wohn- oder Gewerberaum)

sowie § 30 Abs. 2 Erbbaurechtsverordnung, § 15 Konkursordnung, § 51 Vergleichsordnung.

Kündigungsfrist bei Gewerberaummietverhältnissen

Bezüglich des Gewerberaummietverhältnisses gibt es **keine gesetzlichen Kündigungsfristen**, die sich danach richten, wie lange das Mietverhältnis dauerte. Die gesetzliche Kündigungsfrist, die erst vor kurzem geändert wurde, beträgt 6 Monate.

§ 565 Abs. 1 a: *Bei einem Mietverhältnis über Geschäftsräume ist die Kündigung spätestens am dritten Werktag eines Kalendervierteljahres für den Ablauf des nächsten Kalendervierteljahres zulässig.*

7. Wie kann der Vermieter seinen Räumungsanspruch durchsetzen?

Voraussetzungen

Will der Vermieter seinen Räumungsanspruch durchsetzen, so hat er folgende Voraussetzungen zu prüfen:

- Ist die Kündigung formell in Ordnung?
- Ist sie von allen Vermietern unterschrieben, oder liegt eine wirksame Vollmacht vor?
- Ist die Vollmacht dem Kündigungsschreiben beigefügt?
- Sind die Kündigungsgründe angegeben?
- Entsprechen die Kündigungsgründe dem Gesetz?
- Ist die Kündigungsfrist eingehalten?
- Ist der Mieter über den Kündigungswiderspruch, dessen Form und Frist belehrt?

Ist der Mieter trotz ausgesprochener Kündigung und trotz Beendigung des Mietverhältnisses nicht aus der Wohnung ausgezogen, so muß der Vermieter **innerhalb von zwei Wochen** nach Beendigung des Mietverhältnisses dem Verbleiben des Mieters in den Räumen **widersprechen** (§ 568 BGB).

Versäumt der Vermieter diese Frist, dann **gilt** das **Mietverhältnis** zu den bisherigen Bedingungen **fort**. Hat der Vermieter fristlos gekündigt, so kann er den Widerspruch zusammen mit der Kündigung aussprechen (Vorsicht aber bei langen Kündigungsfristen, weil der Widerspruch zeitnah zur Beendigung erfolgen muß). Ein Widerspruch ist nicht erforderlich, wenn die Anwendung des § 568 BGB im Mietvertrag ausgeschlossen ist. Erklärt der Mieter schon vor Ablauf der Kündigungsfrist, daß er nicht räumen werde, so kann der Vermieter schon jetzt Klage auf künftige Räumung erheben.

8. Wie kann sich der Mieter gegen eine Kündigung wehren?

Wurde einem Mieter gekündigt, so sollte dieser zunächst einmal die Wirksamkeit dieser Kündigung überprüfen. Hierbei sind **folgende Punkte** zu **beachten**:

- Ist die Kündigung formell in Ordnung?
- Falls ein Bevollmächtigter (z. B. Verwalter oder Rechtsanwalt) kündigt, ist eine Originalvollmacht des Vermieters beigefügt? Sollte dies nicht der Fall sein, sollte der Mieter die Kündigung aus diesem Grund sofort zurückweisen, da die Kündigung dann unwirksam ist.
- Ist ein Eigentümerwechsel eingetreten, und ist der Vermieter im Grundbuch eingetragen?
- Sind die Kündigungsgründe genau und nachvollziehbar angegeben? (Der Mieter sollte beachten, daß der Vermieter die Tatsachen, auf die er seine Kündigung stützt, beweisen muß.)
- Ist die Kündigungsfrist gewahrt?

VI. Die Mieterhöhung

1. Allgemeines

Wo ist die Mieterhöhung geregelt?

Nach dem neuen Mietrecht ist das Mieterhöhungsrecht nunmehr auch im Bürgerlichen Gesetzbuch übernommen worden. Das bisherige Miethöhegesetz (MHG) ist in den neuen §§ 557 BGB bis 561 BGB eingebaut worden. Es gilt folgende Systematik für die künftigen Mieterhöhungsmöglichkeiten:

- Eine Mieterhöhung ist möglich gemäß § 557 BGB (neu) aufgrund von Vereinbarung der Parteien, soweit nicht Ausschlußtatbestände vorliegen, wie Staffelmietvereinbarung, langfristiger Mietvertrag ohne Mieterhöhungsvereinbarung.
- Vereinbarung einer Staffelmiete nach § 557 a BGB (neu).
- Vereinbarung einer Indexmiete nach § 557 b BGB (neu).
- Der Vermieter kann das Mieterhöhungsverlangen nach § 558 BGB neu einleiten aufgrund von Mietspiegel, Vergleichsmieten oder Mietgutachten.
- Der Vermieter kann aufgrund von durchgeführten Modernisierungsmaßnahmen, die zur Wertverbesserung führen, 11 % der Modernisierungsmaßnahmen gemäß § 559 BGB neu erhöhend auf den Mietpreis umlegen.
- Die Möglichkeit der Erhöhung der Betriebskosten ist neu geregelt worden. Nach Wegfall von § 4 MGH durch § 560 BGB neu.

Wann ist eine Mieterhöhung ausgeschlossen?

Gemäß § 557 BGB (neu – früher § 1 Satz 3 MHG) steht dem Vermieter das Recht zur Mieterhöhung nicht zu, solange eine Erhöhung **durch Vereinbarung ausgeschlossen** ist oder der Ausschluß sich aus **Umständen**, insbesondere der Vereinbarung eines Mietverhältnisses auf bestimmte Zeit mit festem Mietzins, ergibt.

2. Erhöhung bis zur ortsüblichen Vergleichsmiete § 558 BGB (neu – früher § 2 MHG)

Voraussetzungen

Der Vermieter kann die Zustimmung zur Erhöhung des Mietzinses verlangen, wenn

1. der Mietzins in dem Zeitpunkt, zu dem die Erhöhung eintreten soll, **seit 15 Monaten unverändert** ist. Erhöhungen nach dem § 559 BGB (Mieterhöhung bei Modernisierung) und § 560 BGB (Veränderung von Betriebskosten) werden nicht berücksichtigt.
2. der verlangte Mietzins die **üblichen Entgelte nicht übersteigt**, die in der Gemeinde oder in vergleichbaren Gemeinden für nicht preisgebundenen Wohnraum vergleichbarer Art, Größe, Ausstattung, Beschaffenheit und Lage in den letzten vier Jahren vereinbart oder, von Erhöhungen nach § 560 BGB (neu – früher § 4 MHG) abgesehen, geändert worden sind, und
3. der Mietzins sich **innerhalb** eines **Zeitraums von 3 Jahren**, von Erhöhungen nach den §§ 559, 560 BGB (neu – früher §§ 3 bis 5 MHG) abgesehen, **nicht um mehr als 20 von 100 %**

erhöht (sogenannte Kappungsgrenze). Nach dem alten Mietrecht waren dies 30 %, nunmehr sind dies 20 %!

▸ Erläuterungen zu 1.:
Unveränderter Mietzins seit einem Jahr

Die einjährige Wartefrist wird ab dem Abschluß des Mietvertrages oder, bei zwischenzeitlicher Mieterhöhung, **ab** dem **Wirksamwerden** der **letzten Mieterhöhung** berechnet.

Beispiel

Wird am 10. 9. 2001 eine Mieterhöhung zum 1. 12. 2001 ausgesprochen, so beginnt die Wartefrist erst am 1. 12. 2001 und endet am 30. 11. 2002. Eine neue Mieterhöhung ist dann ab dem 1. 12. 2002 möglich.

Ein häufiger Fehler ist, daß die zweite Mieterhöhung direkt ein Jahr nach Ausspruch der ersten Mieterhöhung erklärt wird. Ein vor Ablauf der Wartefrist erklärtes Verlangen ist somit unwirksam. Es entfaltet auch nach dem Ablauf keine Wirkung.

Wirksame Mieterhöhungen wegen Modernisierungen nach § 559 BGB (neu – früher § 3 MHG) oder Umlage von Mehrbelastungen durch Betriebskosten nach § 560 BGB (neu – früher §§ 4 und 5 MHG) bleiben außer Betracht.

Begründung des Mieterhöhungsverlangens

Das Mieterhöhungsverlangen ist gegenüber dem Mieter schriftlich zu begründen.

Häufiger Fehler:

Bei Personenmehrheit auf Vermieter- oder Mieterseite wird die Mieterhöhung nicht von allen Vermietern erklärt oder nicht an alle Mieter gerichtet. Dies hat zur Folge, daß das Mieterhöhungsverlangen unwirksam ist.

Zugang

Wichtig ist auch der **Zugangsnachweis**. Man sollte ein Mieterhöhungsverlangen entweder per **Einschreiben/Rückschein** oder per **Boten (Zeugen)** zustellen lassen.

Zulässig ist eine Bevollmächtigung auf beiden Seiten. Eine Formularklausel, nach der sich mehrere Mieter wechselseitig bevollmächtigen, ist wirksam. Der Vermieter muß jedoch erkennbar machen, daß er den Adressaten seiner Erklärung auch als Bevollmächtigen der/des anderen Mieter/s, nicht nur als unmittelbaren Vertragspartner anspricht. Die Vollmacht ist im Original beizufügen, um einer Zurückweisung nach § 174 BGB durch den Mieter vorzubeugen.

Veräußert der Vermieter das Grundstück, so steht dem Erwerber der Anspruch auf Mieterhöhung nach § 558 BGB (neu – früher § 2 MHG) erst **mit Eintritt** in das **Mietverhältnis** nach §§ 566, 578 BGB (neu – früher § 571 BGB), d. h. mit **Grundbucheintragung**, zu. Vorher kann der Erwerber das Mieterhöhungsverlangen im Namen des Vermieters erklären. Der Vermieter kann allerdings den Anspruch auf Zustimmung zur Mieterhöhung selbständig nicht abtreten. Hat der Vermieter vor der Veräußerung ein Mieterhöhungsverlangen erklärt, so ist dies über den Eigentumswechsel hinaus zugunsten des Erwerbers wirksam.

Angabe des Erhöhungsbetrages

Der **Erhöhungsbetrag** soll angegeben werden, ebenso die Angabe des Wirkungszeitpunktes.

> *»Wir fordern Sie auf, einer Erhöhung der Nettomiete um 100 EUR auf 600 EUR ab dem 1. 12. 2001 zuzustimmen.«*

Der **Vermieter** bleibt an sein **Angebot** der Mieterhöhung jedenfalls für die Dauer der Überlegungsfrist **gebunden.** Die Mieterhöhung bedarf der gesetzlichen Schriftform nach § 126 BGB.

Form des Mieterhöhungsverlangens

Das Mieterhöhungsverlangen muß nach dem neuen § 558 BGB dem Mieter in Textform das Mieterhöhungsverlangen erklären und begründen. Die Unterschrift kann dann unter Verwendung der automatischen Einrichtung, aber **auch** durch **Faksimilestempel** angefertigt werden. Bei juristischen Personen müssen die Namen der vertretungsberechtigten Personen, also der Geschäftsführer oder einer der Vorstände, auf dem Erhöhungsschreiben stehen. Ein Mieterhöhungsschreiben, das lediglich unterzeichnet ist mit »Vorstand der Wohnungsbaugenossenschaft«, ist unwirksam.

Ortsübliche Vergleichsmiete – Was ist das?

Die **ortsübliche Vergleichsmiete** ist ein **statistischer Durchschnittspreis.**

Die Stadtverwaltung, die einen Mietspiegel aufstellt, oder der Sachverständige, der vor Gericht ein Gutachten abgeben muß: sie müssen ermitteln, wieviel in der jeweiligen Stadt für eine Wohnung gleicher Art, Lage, Größe und Ausstattung durchschnittlich pro Quadratmeter Wohnfläche gezahlt wird. Dabei dürfen sie nur die Mieten berücksichtigen, die in den letzten vier Jahren neu vereinbart oder geändert wurden.

Maßgeblich für die **Feststellung** der **ortsüblichen Vergleichsmiete** ist der Zeitpunkt, zu dem die Mieterhöhung dem Mieter **zugeht,** und nicht etwa der Zeitpunkt des Wirksamwerdens (BayObLG, WM 1992, S. 677).

Wie kann der Vermieter seine Forderungen begründen?

Das Gesetz nennt dem Vermieter drei verschiedene Begründungsmöglichkeiten. Er kann
- auf ein **Sachverständigengutachten** Bezug nehmen oder
- drei **Vergleichswohnungen** benennen oder
- auf den **Mietspiegel** verweisen.

Die **Begründungspflicht** ist **Wirksamkeitsvoraussetzung.** Es besteht keine Rangfolge zwischen den Begründungsmitteln **Mietspiegel, Sachverständigengutachten, Vergleichsmietenliste.**

Sachverständigengutachten

- Der **Gutachter** muß **öffentlich bestellt** oder **vereidigt** sein. Die Vereidigung muß sich aber nicht auf Mietpreisbewertung beziehen. Es genügt, wenn er Sachverständiger für Grundstücks- und Gebäudeschätzungen ist (BGH, RE, WM 1982, S. 177).
- Der Vermieter, der seine Mieterhöhung auf ein **Sachverständigengutachten** stützt, muß es im **vollen Wortlaut** beifügen. Es genügt auch eine Abschrift oder eine Kopie des Sachverständigengutachtens. Ein Nachreichen des Gutachtens ist nicht möglich.
- Das Gutachten muß sich auch **auf** die **Wohnung** des betreffenden Mieters **beziehen.**
- Der Sachverständige muß in der Regel die Wohnung gesehen haben. In einer großen Wohnanlage reicht es aber, wenn er eine Wohnung gleichen Typs besichtigt hat. Nicht erforderlich ist dann, über jede einzelne Wohnung ein Einzelgutachten zu erstellen. Es reicht ein sogenanntes Sammelgutachten, in dem der Sachverständige eine oder mehrere typische Wohnungen behandelt und die übrigen Zu- und Abschläge in Bezug

setzt. Der Sachverständige muß sein Gutachten so begründen, daß der Mieter einen ernsthaften und verläßlichen Anhaltspunkt für die Höhe der ortsüblichen Vergleichsmiete bekommt. Das Gutachten muß konkrete Grundlagen anführen, aus denen der Sachverständige seine Schlußfolgerungen ableitet.

- Der Mieter ist gegenüber dem Vermieter verpflichtet, die Besichtigung der Wohnung zur Erstellung eines Sachverständigengutachtens zu **dulden**.
- Das Gutachten muß bei Vorhandensein eines **Mietspiegels** auf diesen **Bezug** und zu diesem Stellung **nehmen**.
- Bei der Erstellung eines derartigen Gutachtens handelt es sich um ein **Parteigutachten**, an das das **Gericht** im Rechtsstreit **nicht gebunden** ist.

Vergleichswohnungen

- Es müssen mindestens **drei Vergleichswohnungen** (Vergleichsmieten) **angegeben** werden.
- Der Vermieter darf sich auf Vergleichswohnungen beziehen, die sich in dem vom Mieter bewohnten Haus befinden und **ebenfalls** dem **Vermieter gehören**.
- Die **Vergleichswohnungen** müssen in den **wesentlichen Wohnmerkmalen** wie Grundausstattungsmerkmalen, Bad, Sammelheizung, Art (z.B. Hochhaus, Reihenhaus, Mehrfamilienhaus, Bungalow), Baualtersklasse, Wohnlage, Anzahl der Zimmer, Quadratmeterpreis usw. **übereinstimmen**. Was die Wohnfläche betrifft, so darf diese kleiner sein als die Wohnung des Mieters. Entscheidend ist der Quadratmeterpreis. Da das Erhöhungsschreiben dem Mieter nur Anhaltspunkte geben soll, nicht aber einen endgültigen Beweis, kommt es hier auf die Woh-

nungsgröße noch nicht an. Das Erhöhungsschreiben ist also formal wirksam. Wenn aber geprüft wird, wie hoch die ortsübliche Vergleichsmiete tatsächlich ist, muß auch die Wohnungsgröße berücksichtigt werden. Denn kleinere Wohnungen werden im Regelfall zu einem höheren Quadratmeterpreis vermietet. Bei einer Flächendifferenz von 50 % geht man jedenfalls von einem unterschiedlichen Wohnungstyp aus.

- Die Vergleichsmieten müssen aus dem **örtlichen Wohnungsmarkt** sein.
- Vergleichsmieten aus der **Nachbargemeinde** kann man nur dann heranziehen, wenn in der eigenen Gemeinde keine Vergleichswohnungen vorhanden sind.
- Die **Mietstruktur** der Vergleichswohnungen muß **übereinstimmen** (Nettomiete, Bruttokaltmiete, Bruttomiete).
- Alle **Vergleichsmieten** müssen **höher** sein als der verlangte Mietzins, jedenfalls mindestens drei Vergleichswohnungsmieten.
- Für die **Vergleichbarkeit** ist es nicht erforderlich, daß die Vergleichswohnungen identisch sind, **Ähnlichkeit** genügt.
- Der Vermieter muß die Wohnungen so **genau beschreiben**, daß der Mieter sie finden kann. Notwendig ist demnach Angabe des Orts, der Straße, der Hausnummer, des Stockwerks, der Lage im Stockwerk usw. Wenn dies ausreicht, um die Wohnung zu finden, muß der Vermieter den Namen des Mieters oder Vermieters nicht mehr zusätzlich angeben.
- **Vergleichsmieten** dürfen **nicht** älter als **4 Jahre** sein. Werden z. B. drei Vergleichswohnungen angegeben und eine ältere liegt darunter, so ist das Mieterhöhungsverlangen nicht insgesamt unwirksam, sondern es gilt nur in Höhe der

niedrigsten Vergleichsmiete als ausreichend begründet.
- Ein häufiger Fehler liegt darin, daß Vergleichsmieten mit einer anderen **Mietzinsbezeichnung** genannt werden (z. B. Nettomiete, Teilinklusivmiete, Bruttokaltmiete, Bruttomiete).
- Oftmals wird auch eine **unzulässige Veränderung** der **Mietstruktur** vorgenommen.
- **Einrichtungen,** die der **Mieter** selbst angeschafft hat, dürfen bei der Vergleichsmiete **nicht berücksichtigt** werden, es sei denn, daß etwas anderes vereinbart wurde oder der Vermieter die Kosten erstattet hat.

Der Vermieter kann sein Mieterhöhungsverlangen mit einem Mietspiegel nach den § 578 c BGB begründen. Ein Mietspiegel ist eine Übersicht über die ortsübliche Vergleichsmiete, soweit die Übersicht von der Gemeinde oder von Interessenvertretern der Vermieter und der Mieter gemeinsam erstellt oder anerkannt worden ist.

Qualifizierter Mietspiegel

Mietspiegel können für das Gebiet einer Gemeinde oder mehrere Gemeinden oder für Teile von Gemeinden erstellt werden. Nach dem Gesetz sollen Mietspiegel im Abstand der Marktentwicklung angepaßt werden. Neu ist der § 558 d BGB, wonach ein **qualifizierter Mietspiegel** nunmehr eingeführt worden ist. Dies ist ein Mietspiegel, der nach anerkannten wissenschaftlichen Grundsätzen erstellt und von der Gemeinde oder von Interessenvertretern der Vermieter und den Mietern anerkannt worden ist. Neu ist auch die Möglichkeit, daß eine **Mieterdatenbank** nach § 558 e BGB zur Ermittlung der ortsüblichen Vergleichsmieten fortlaufend von der Gemeinde oder von Interessenvertretern der Vermieter oder der Mieter gemeinsam geführt und erkannt wird, aus denen sich

Auskünfte für die einzelnen Wohnungen ergeben und insbesondere aus einen ein Schluß auf die ortsübliche Vergleichsmiete zugelassen wird. Zur beachten ist § 558 a Abs. 3 BGB. Danach muß der Vermieter, der sein Mieterhöhungsverlangen beispielsweise mit Vergleichsmieten oder Mietgutachten begründet, in seinem Mieterhöhungsverlangen auch auf den qualifizierten Mietspiegel hinweisen. Der Vermieter muß sich mit den Daten des qualifizierten Mietspiegels auseinandersetzen und begründen, warum beispielsweise andere Mieten verlangt werden als im qualifizierten Mietspiegel. Entsprechend dem früheren § 2 Abs. 6 MHG ist dem Vermieter auch erlaubt, falls kein neuer aktueller Mietspiegel in der Gemeinde vorhanden ist, einen veralteten Mietspiegel oder einen Mietspiegel einer anderen vergleichbaren Gemeinde zu verwenden (neu) § 558 a Abs. 4 Satz 1 BGB.

Überlegungsfrist

Ein Mieter kann einem Mieterhöhungsverlangen bis zum Ablauf des zweiten Kalendermonats, der auf den Zugang des Mieterhöhungsverlangens folgt, **zustimmen**.

Beispiel

Zugang des Mieterhöhungsverlangens 10. 9. 2001, Ablauf der Überlegungsfrist 30. 11. 2001.

Ist der letzte Tag ein Samstag, Sonntag oder Feiertag, so endet die Frist erst mit dem Ablauf des folgenden Werktages.

Es ist nicht erforderlich, daß der Vermieter den **Zeitpunkt** angibt, zu dem die Mieterhöhung in Kraft treten soll. Auch wenn er gar keinen bzw. einen früheren Termin nennt, gilt die gesetzliche Regelung. Geht das korrekte Mieterhöhungsverlangen dem Mieter also im April zu, wird die

Mieterhöhung zum 1. Juli wirksam, auch wenn der Vermieter keinen Termin nennt oder die Erhöhung zum 1. Juni fordert. Wählt der Vermieter jedoch einen späteren Termin, muß er sich daran halten.

Klagefrist

Soweit der Mieter der Mieterhöhung nicht zustimmt, ist der Vermieter innerhalb einer **Frist** von **drei Monaten (früher zwei Monate)** gemäß § 558 b BGB (neu) nach Ablauf der Überlegensfrist des Mieters gehalten, die **Klage auf Zustimmung** einzureichen. Die Klage wird erst zulässig, wenn sie außerhalb der Zustimmungsfrist und innerhalb der Zweimonatsfrist bei Gericht eingereicht wurde. Hat der Vermieter die Klage schon vor der Zweimonatsfrist (= Überlegensfrist) bei Gericht eingereicht, so ist die Klage erst zulässig, wenn die **Überlegungsfrist abgelaufen** ist. Hat das Gericht so schnell einen Termin anberaumt, daß dieser noch innerhalb der Überlegungsfrist angesetzt wurde, kann sich der Vermieter durch ein Versäumnisurteil, indem er keine Anträge stellt, über dieses Rechtsproblem hinwegretten und gegen das Versäumnisurteil anschließend Einspruch einlegen, wodurch das Verfahren in den alten Gang zurückversetzt wird.

Ist die **Klagefrist versäumt**, gibt es keine Wiedereinsetzung. Allerdings kann der Vermieter auch sofort ein neues Mieterhöhungsverlangen stellen. Die Klage auf Zustimmung zur Mieterhöhung gemäß § 558 b BGB (neu – früher § 2 MHG) ist eine sogenannte Zustimmungsklage, keine Zahlungsklage. Der Vermieter kann also den Mieter nicht auf Zahlung des erhöhten Mietzinses verklagen. Er ist gezwungen, eine Klage auf Zustimmung zur Erhöhung des Mietzinses einzureichen.

Klageantrag

Der Klageantrag würde folgendermaßen lauten:

> *»Der Beklagte wird verurteilt, für die Wohnung in ____________ Geschoß ___________, bestehend aus ______________, einer Mietänderung von 150 EUR brutto auf 175 EUR brutto ab (Beispiel) 1. 2. 2002 zuzustimmen.«*

Urteil

Das Urteil würde dann folgendermaßen lauten:

> *»Der Beklagte wird verurteilt, einer Erhöhung der Miete Bahnhofstr. 5, 3.Etage, von 150 EUR auf 175 EUR ab 1. 2. 2002 zuzustimmen.«*

Erst das **Urteil gibt** dem **Vermieter** den **Zahlungsanspruch**. Nach § 569 Abs. 3 BGB (neu – früher § 9 Abs. 2 MHG) kann der Vermieter wegen der zwischenzeitlich angelaufenen Erhöhungsbeträge das Mietverhältnis **nicht fristlos kündigen**. Der Vermieter muß nach der Verurteilung des Mieters zwei Monate abwarten. Hat der Mieter innerhalb dieser Frist nicht gezahlt, kann das Mietverhältnis gemäß § 569 Abs. 2 BGB (neu – früher § 9 Abs. 2 MHG) gekündigt werden. Die Zweimonatssperrfrist für die Kündigung gilt dann nicht, wenn das Mieterhöhungsverlangen auf einem Prozeßvergleich beruht, da der Mieter sich auf die Nachzahlung hätte einstellen und durch Teilzahlungsverlangen im Rahmen des Vergleichs den Zahlungsrückstand hätte verhindern können.

Mieterhöhungszeittabelle

Wichtige Anmerkung: Diese Zeittabelle soll Ihnen helfen, im Schnellverfahren zu überprüfen, ob die Fristen in Ihrem Mieterhöhungsverfahren richtig angegeben sind. Es gibt bekanntlich drei Fristen im Mieterhöhungsrecht: einmal die zweimonatige Überlegungsfrist und dann den Tag, an dem die erste Zahlung der erhöhten Miete fällig wäre, sowie die Klagefrist.

Wichtig: Die Klagefrist beginnt zu laufen, wenn der Mieter dem Mieterhöhungsverlangen bis zum Ablauf der Überlegensfrist nicht zustimmt.

Stimmt der Mieter der Mieterhöhung nicht zu, wobei er nicht verpflichtet ist, auf das Mieterhöhungsverlangen in irgendeiner Weise zu reagieren, dann ist der Vermieter verpflichtet, innerhalb einer weiteren Zweimonatsfrist die Klage bei Gericht einzureichen.

Zugang des Mieterhöhungsschreibens bis*	Überlegungsende**	1. Tag der erhöhten Miete***	Ende der Klagefrist****
31. 1. 2001	31. 3. 2001	1. 4. 2001	31. 6. 2001
28. 2. 2001	30. 4. 2001	1. 5. 2001	30. 7. 2001
31. 3. 2001	31. 5. 2001	1. 6. 2001	31. 8. 2001
30. 4. 2001	30. 6. 2001	1. 7. 2001	31. 9. 2001
31. 5. 2001	31. 7. 2001	1. 8. 2001	30. 10. 2001
30. 6. 2001	31. 8. 2001	1. 9. 2001	31. 11. 2001
31. 7. 2001	30. 9. 2001	1. 10. 2001	30. 12. 2001
31. 8. 2001	31. 10. 2001	1. 11. 2001	31. 1. 2002
30. 9. 2001	30. 11. 2001	1. 12. 2001	31. 2. 2002
31. 10. 2001	31. 12. 2001	1. 1. 2002	28. 3. 2002
30. 11. 2001	31. 1. 2002	1. 2. 2002	31. 4. 2002
31. 12. 2001	28. 2. 2002	1. 3. 2002	30. 5. 2002

* Innerhalb des vergangenen Monats ging Ihnen das Mieterhöhungsverlangen zu.

** In den zwei Monaten bis zu diesem Datum können Sie überlegen, ob Sie der Mieterhöhung zustimmen.

*** Wenn Sie der Mieterhöhung zustimmen, müssen Sie ab diesem Tag die erhöhte Miete zahlen.

**** Wenn Sie der Mieterhöhung nicht zugestimmt haben, muß der Vermieter bis zu diesem Datum geklagt haben.

Wirkungszeitpunkt

Hat der Mieter zugestimmt, so schuldet er den Mietzins vom Beginn des dritten Kalendermonats an, der auf den Zugang des Erhöhungsverlangens folgt.

Beispiel

Zugang 10. 9. 2001, Beginn der Mieterhöhung 1. 12. 2001.

Die Zustimmung wird auch durch die Verurteilung durch ein Gericht ersetzt.

Der Mieter kann einer Mieterhöhung auch teilweise zustimmen. In diesem Fall muß der Rest eingeklagt werden.

Bei Personenmehrheit auf der Mieterseite müssen alle Mieter in gleichem Umfang zustimmen; stimmen sie in unterschiedlicher Höhe zu, so gilt die Zustimmung insgesamt als verweigert.

Checkliste für Mieterhöhungsschreiben

(1) Bitte genaue Namen **aller** Mieter angeben, sonst ist Ihr Mieterhöhungsschreiben unwirksam. Es müssen natürlich auch alle Vermieter im Schreiben genau erwähnt werden.

(2) **Genaue Anschrift** angeben.

(3) Soweit Sie den Vermieter vertreten, muß **Originalvollmacht** mitgeschickt werden. Den Zugang dieses Schreibens müssen Sie übrigens beweisen. Also aufpassen! Möglichst Brief mit **Einschreiben/Rückschein** versenden.

(4) **Alle Namen** der **Mieter** – Vor- und Zuname – hinschreiben.

(5) Die **Wartefrist** von 15 Monaten beginnt mit Vertragsabschluß oder mit der letzten Mieterhöhung, auch wenn diese frei mit den Parteien vereinbart war. Ein vor Ablauf der Wartefrist gestelltes Erhöhungsverlangen ist unwirksam.

(6) Es empfiehlt sich, eine **Kopie** des **Mietspiegels** beizufügen!

(7) Bitte genau **bezeichnen, wo** die **vergleichbare Miete** im **Mietspiegel aufgeführt** wird. Am besten, Sie senden den Mietspie-

gel mit und unterstreichen die von Ihnen gemeinte Miete farbig.

(8) Enthält der **Mietspiegel verschiedene Mietpreise** für die gleiche Wohnung, so muß nach dem ab 1. 1. 1983 geltenden Mietrecht die von Ihnen als passend herausgesuchte Miete nicht mehr begründet werden.

(9) In der Regel reichen drei Wohnungen aus. **Achtung!** Die Gerichte stellen hohe Anforderungen an die Vergleichswohnungen! Die Wohnungen müssen gleicher **Art** = Struktur des Hauses und des Wohnraums, Altbau oder Neubau, Baujahr, Einfamilien- oder Mehrfamilienhaus, Einzimmer- oder Mehrzimmerwohnungen sein. Die Größe sollte relativ gleich sein und nicht die Toleranzgrenze von 30 % plus oder minus Fläche unter- bzw. überschreiten. **Gleiche Ausstattung** = besondere Inneneinrichtung, Heizung usw. **Gleiche Beschaffenheit** = Gestaltung der Wohnung und Umgebung, Gartenbenutzung, Nachbarschaft von Industrieunternehmen, nicht behebbare Mängel. **Lage** = die Lage im Haus, Lage am Ort muß ähnlich sein.

(10) **Je genauer** die **Angaben** sind, desto mehr Chancen haben Sie, daß **keine Formfehler** im Mieterhöhungsschreiben enthalten sind.

(11) **Zustimmungsfrist:** Beispiel: Schreiben stammt vom 10. oder 28. Februar 2001, dann muß der Mieter in den Monaten März bis April die Zustimmung zur Mieterhöhung erklären.

(12) **1.Tag der erhöhten Miete:** Beispiel: Schreiben datiert vom 10. oder 28. Februar 2001 – Zustimmungsfrist zwei Monate = März bis April. Bei Zustimmung ist die erhöhte Miete erst nach Ablauf des 2. Monats zu bezahlen – also bei unserem Beispiel ist die erhöhte Miete erstmals zum 1. 5. 2001 zu bezahlen.

(13) Der Mietpreis darf in den drei Jahren, gerechnet vom letzten Erhöhungsdatum ab, nach dem neuen Mietrecht um **nicht mehr als 20 %** erhöht werden!

(14) **Fehler** im **Mieterhöhungsverlangen** können auch während des Gerichtsverfahrens nach dem neuen Mietrecht **korrigiert**

werden. Es läuft dann die Zustimmungsfrist von neuem im Gerichtsverfahren. Die Richter sind gehalten, die Verfahren auszusetzen, bis die Zustimmungsfrist abgelaufen ist. Allerdings hat der Vermieter ein Kostenrisiko, falls der Mieter sofort anerkennt. Es trägt der Vermieter dann sämtliche Kosten des Verfahrens.

Folgen eines fehlerhaften Mieterhöhungsverlangens

Im Rechtsstreit kann das Mieterhöhungsverlangen jederzeit **ergänzt** oder **berichtigt** werden. Soweit ein unwirksames Mieterhöhungsverlangen gestellt wurde, kann im Prozeß gemäß § 558 b Abs. 3 BGB (neu – früher § 2 Abs. 3 Satz 2 MHG) ein wirksames Mieterhöhungsverlangen gestellt werden. Ein wichtiger Hinweis ist allerdings, daß im Rechtsstreit ein unwirksames Mieterhöhungsverlangen **nicht** durch **Nachschieben einer Begründung** wirksam gemacht werden kann. Es muß im Rechtsstreit dann ein selbständiges, neues Mieterhöhungsverlangen gestellt werden, das wiederum neue Fristen auslöst.

Das bedeutet also im Klartext, daß bei der Neuabgabe eines Mieterhöhungsverlangens in dem Rechtsstreit berücksichtigt werden muß, ob die **Zustimmungsfrist** abgelaufen ist. Der Vermieter kann sich aus einem derartigen Rechtsstreit nicht dadurch herausmogeln, daß er den Rechtsstreit vertagt oder aussetzen läßt, sondern entscheidend ist der letzte Tag der mündlichen Verhandlung. Ist hier die Zustimmungsfrist noch nicht abgelaufen, ist die Klage als unzulässig abzuweisen.

3. Mieterhöhung wegen gestiegener Betriebskosten § 560 BGB (neu – früher § 4 MHG)

Kann der Vermieter gestiegene Betriebskosten ohne weiteres an seine Mieter weitergeben?

Betriebskosten als Vorauszahlung oder Pauschale

Bezüglich der Betriebskosten gilt erst einmal grundsätzlich, daß die in §§ 560 ff BGB enthaltenen Regelungen ausschließlich Wohnraummietverhältnisse betreffen. Im **Gewerberaummietrecht können Betriebskostenerhöhungen frei vereinbart** werden. Nach § 556 BGB wird nunmehr ausdrücklich festgelegt, daß die Mietvertragsparteien vereinbaren können, daß der Mieter Betriebskosten im Sinne des § 27 der Zweiten Berechnungsverordnung trägt. Grundsätzlich wird in § 526 Abs. 2 BGB nunmehr geregelt, daß **zwei verschiedene Arten der Betriebskostenregelungen** möglich sind, nämlich Betriebskosten als Pauschale oder als Vorauszahlung. Ist keine besondere Vereinbarung im Mietvertrag getroffen worden, gilt die bisherige Regelung, daß die Nebenkosten-/Betriebskosten in der Miete enthalten sind. Die **Möglichkeit der Betriebskostenerhöhung** ist nunmehr in § 560 BGB (neu) wie folgt geregelt worden: Sind im Mietvertrag Betriebskosten pauschal vereinbart worden, dann können diese nur erhöht werden, wenn dies im Mietvertrag ausdrücklich vereinbart worden ist. Die Erhöhung der Betriebskosten muß in **Textform** dem Mieter zugehen, das heißt, der Vermieter muß nicht das Schreiben unterzeichnen, er kann auch einen Vordruck verwenden. In der Erhöhungserklärung ist der Grund für die Umlage zu bezeichnen und zu erläutern. Der Mieter schuldet dann den auf ihn entfallenden Teil der Umlage mit Beginn des auf die Erklärung folgenden übernächsten Monats. Soweit die Erklärung darauf

Schriftliche Erhöhungserklärung

beruht, daß sich die Betriebskosten rückwirkend erhöht haben, wirkt sie auf den Zeitpunkt der Erhöhung der Betriebskosten, höchstens jedoch auf den Beginn des der Erklärung vorausgehenden Kalenderjahres zurück, sofern der Vermieter die Erklärung innerhalb von drei Monaten nach Kenntnis von der Erhöhung abgibt. **Ermäßigungen** sind **unverzüglich** dem Mieter mitzuteilen und die Betriebskostenpauschale ist vom Zeitpunkt der Ermäßigung an entsprechend herabzusetzen. Soweit Betriebskostenvorauszahlungen im Mietvertrag zwischen Mieter und Vermieter vereinbart worden sind, kann der Mieter als auch der Vermieter nach der zugegangenen Abrechnung durch einseitige Erklärung, die wiederum in Textform abgegeben werden kann, eine Anpassung der Vorauszahlung auf die angemessene Höhe vornehmen (§ 560 Abs. 4 BGB). Wichtig in diesem Zusammenhang ist, daß der Mieter oder Vermieter der Anpassung nicht zustimmen muß. Die Anpassung tritt also automatisch nach Zugang der Erklärung ein. Neu im Gesetz ist auch § 560 Abs. 5 BGB, wonach bei Veränderungen von Betriebskosten der Grundsatz der Wirtschaftlichkeit zu beachten ist. Die Rechtsprechung wird ergeben, ob überhaupt ein Ziel mit dieser gesetzgeberischen Regelung erreicht wird. Gemeint ist, daß der Vermieter wirtschaftlich kalkulieren muß oder soll.

4. Das Sonderkündigungsrecht nach § 561 BGB (neu – früher § 9 MHG)

Verlangt der Vermieter eine **Mieterhöhung** nach **§ 558 BGB (neu – früher 2 MHG)**, so ist der Mieter berechtigt, bis zum Ablauf des zweiten Monats, der auf den Zugang des Erhöhungsverlangens folgt, für den Ablauf des übernächsten Monats zu kündigen gemäß § 561 BGB (neu – früher § 9 Abs. 1 S. 1 MHG).

Beispiel

Geht dem Mieter das Zustimmungsverlangen am 10. 1. zu, so kann er bis zum 31. 3. kündigen. Das Mietverhältnis endet dann am 31. 5. des Jahres. Verlangt der Vermieter eine Mieterhöhung nach den §§ 558, 559 BGB (neu – früher §§ 3, 5 bis 7 MHG), so ist der Mieter berechtigt, das Mietverhältnis spätestens am dritten Werktag des Kalendermonats, von dem an der Mietzins erhöht werden soll, für den Ablauf des übernächsten Monats zu kündigen.

Beispiel

Zugang der Mieterhöhungserklärung des Vermieters am 20. 2.; Kündigungsmöglichkeit zum 3. 4., falls die ersten drei Tage des Monats Werktage sind, sonst entsprechende Verschiebung; Ende des Mietverhältnisses mit dem Ablauf des 31. 5.

Das **Kündigungsrecht** entsteht **ohne Rücksicht** darauf, ob die Erklärung **wirksam** ist oder nicht, da eine Nachprüfung bei Ungewißheit darüber unsicher und unzumutbar ist. Stimmt der Mieter innerhalb der Überlegungsfrist der Mieterhöhung zu, entfällt sein Kündigungsrecht.

Kündigt der Mieter, so tritt die Mieterhöhung nicht ein.

Kündigungsbeschränkung

In § 569 Abs. 3 BGB (neu – früher Abs. 2 des § 9 MHG) findet sich eine Kündigungsbeschränkung des Vermieters. **Sinn** und **Zweck** ist es, daß der Mieter **ausreichend Zeit** haben soll, die aufgelaufenen Erhöhungsbeträge zu zahlen, um eine **außerordentliche Kündigung** aus § 543 Abs. 3 BGB (neu – früher § 554 BGB) **vermeiden** zu können. § 569 Abs. 3 BGB (neu – früher § 9 Abs. 2 MHG) besagt für den Fall, daß der Mieter rechtskräftig zur Zahlung eines erhöhten Mietzinses nach den §§ 2 bis 7 verurteilt worden ist, daß der Vermieter das

Mietverhältnis wegen Zahlungsverzug des Mieters nicht vor Ablauf von zwei Monaten nach rechtskräftiger Verurteilung kündigen kann, wenn nicht die Voraussetzungen des § 569 Abs. 3 BGB (neu – früher § 554 BGB) schon wegen des bisher geschuldeten Zinses erfüllt sind. Eine trotzdem erklärte Kündigung ist nichtig (§ 134 BGB). § 569 Abs. 3 BGB (neu – früher § 9 Abs. 2 MHG) ist nicht anwendbar, wenn Mieter und Vermieter sich in einem Prozeßvergleich auf einen höheren Mietzins geeinigt haben (OLG Hamm, WM 1992, S. 54).

Ein Sonderkündigungsrecht ist dem Mieter gegeben, wenn der Vermieter eine Erhöhung der Miete wegen **gestiegener Betriebskosten** verlangt.

5. Staffelmiete – Unter welchen Voraussetzungen ist die Vereinbarung einer Staffelmiete zulässig?

Staffelmiete schließt andere Mieterhöhungen aus

Die bisher in § 10 Abs. 2 MHG niedergelegten Grundsätze für die Staffelmiete wurden nunmehr in § 557 a BGB gesetzlich neu geregelt. Danach kann die Miete für **bestimmte Zeiträume in unterschiedlicher Höhe schriftlich vereinbart werden**. Die Staffelmietvereinbarung muß in dem Mietvertrag die jeweilige Miete oder die jeweilige Erhöhung in einem **Geldbetrag** ausweisen. Voraussetzung für die Erhöhung durch die Staffelmiete ist nach § 557 a Abs. 2 BGB, daß die Miete **mindestens ein Jahr unverändert bleiben muß**. Wichtig für Vermieter und Mieter ist die vielfach übersehene Tatsache, daß während der Laufzeit einer Staffelmiete die Erhöhungen wegen Vergleichsmiete oder Modernisierungen ausgeschlossen sind. Eine Vereinbarung, wonach auch während der

Staffelmietzeit Modernisierungsmieterhöhungen oder Mieterhöhungen nach Vergleichsmiete zulässig sind, ist nach § 557a Abs. 4 BGB unwirksam. Neu in § 557a BGB ist, daß die zeitliche Begrenzung auf zehn Jahre weggefallen ist. Neu geregelt wurde auch das **Kündigungsrecht** des Mieters. Nach § 557a Abs. 3 BGB kann bei Staffelmietvereinbarungen das Kündigungsrecht des Mieters für höchstens vier Jahre seit Abschluß der Staffelmietvereinbarung ausgeschlossen werden. Die Kündigung ist frühestens zum Ablauf dieses Zeitraums zulässig. Neu an der Regelung ist, daß es nunmehr nicht auf den Abschluß des Mietvertrags, sondern auf den Abschluß der Staffelmietvereinbarung ankommt. Bei der Vereinbarung einer Staffelmiete muß der Vermieter grundsätzlich nach wie vor beachten, daß die ortsübliche Vergleichsmiete plus 20 % nicht überschritten wird, damit nicht der Tatbestand des § 5 Wirtschaftsstrafgesetzbuch erfüllt wird. Nach Ende der Staffelmietvereinbarung läuft der Mietvertrag weiter, als wäre keine Regelung über eine Mieterhöhung getroffen worden. Der Vermieter kann nach Ende der Staffelmietvereinbarung und nachdem ein Jahr der Mietzins unverändert ist, die Mieterhöhungsmöglichkeiten nach den §§ 558, 559 BGB wahrnehmen.

Ausschluß der Kündigung?

Bei **Wohnraummietverträgen** ist eine besondere Kündigungsfrist bei Vereinbarungen einer Staffelmiete notwendig, soweit es sich um die Mietzeit handelt. Einige Meinungen in der Literatur gehen davon aus, daß im Falle einer im Mietvertrag vereinbarten Staffelmiete, auch dann, wenn der Mietvertrag über eine kürzere Laufzeit abgeschlossen ist, der Mieter darauf vertrauen kann, daß während der Zeit der vereinbarten Staffelmiete keine Kündigung möglich ist. Aus diesem Grund empfiehlt sich zugunsten des Vermieters folgende Klausel:

> *»Die hier festgelegten Sätze der Staffelmiete während der vorgenannten Zeit bedeuten nicht, daß die anderweitig vereinbarte Laufzeit des Vertrags dadurch abgeändert wird. Kündigung oder eine Beendigung des Mietverhältnisses richtet sich ausschließlich nach der in diesem Vertrag hierfür getroffenen Regelung.«*

6. Indexmiete

Kann jederzeit vereinbart werden

Die Indexmiete ist nunmehr in dem neuen § 557 b BGB für **Wohnraummietverhältnisse** neu geregelt worden (§ 10 Abs. 1 MHG). Die zeitliche Begrenzung des Mietvertrags auf mindestens zehn Jahre ist weggefallen. Die Indexmiete kann also **jederzeit** vereinbart werden, egal wie lange der Vertrag läuft bzw. wann das Kündigungsrecht für den Vermieter vereinbart wurde. Der neue § 557 b BGB sieht nur noch mehr als Preisindex den vom Statistischen Bundesamt ermittelten Preisindex für Lebenshaltungskosten aller privaten Haushalte in Deutschland vor. Während der Geltung der Indexmiete muss die Miete **mindestens ein Jahr unverändert** bleiben. Die Mieterhöhung nach § 559 BGB (Modernisierung) und § 560 BGB (Betriebskostenerhöhung) sind hiervon nicht betroffen. Dies gilt allerdings bei Modernisierungsmaßnahmen nur für Maßnahmen, die der Vermieter aufgrund von Umständen durchführen muß, die er nicht zu vertreten hat. Die Mieterhöhung auf der ortsüblichen Vergleichsmiete nach § 558 BGB ist während der Laufzeit der Indexmiete nicht möglich.

Schriftlich

Der Vermieter muß die **Mietänderung in Textform**, also ohne Unterschrift auf dem Mieterhöhungsschreiben dem Mieter mitteilen. In dem Mitteilungsschreiben sind die eingetretenen Änderungen des Preisindexes sowie die jeweilige Miete oder die Erhöhung in einem Geldbetrag anzugeben. Die geänderte Miete ist mit Beginn des übernächsten Monats nach dem Zugang der Erklärung zu entrichten. Vereinbarungen, die hiervon abweichen, sind im Wohnraummietrecht unzulässig.

VII. Der Mietprozeß

1. Wer klagt im Mietprozeß?

Beteiligte Parteien

Im Mietprozeß klagen immer die **Parteien**, die **aus** dem **Mietvertrag** oder aus irgendwelchen **gesetzlichen** oder **sonstigen Forderungsübergängen Vertragspartner** geworden sind. Tritt ein Kläger auf, bei dem Bedenken bestehen, ob er überhaupt gemäß §§ 566, 578 BGB (neu – früher § 571 BGB), z. B. durch Kauf der Wohnung, in die Vermieterposition eingerückt ist, so kann die sogenannte **Aktivlegitimation** im Rechtsstreit **bestritten** werden. Der Vermieter ist dann gut beraten, schon bei Einreichung der Klage einen **Grundbuchauszug** vorzulegen, aus dem sich seine Klageberechtigung ergibt. Probleme können auf seiten des Mieters auftreten, wenn der Vermieter nicht die Adressen der Mieter kennt, falls einige zwischenzeitlich ausgezogen sind, aber immer noch mangels Kündigung oder Aufhebung des Mietvertrags zu Ansprüchen verpflichtet sind. Für den Vermieter ist dann empfehlenswert, über das Einwohnermeldeamt oder Postamt oder ggf. durch Einleitung eines **Verfahrens** wegen **Verstoßes** gegen die **Meldeordnung** die neue Anschrift des Mieters ausfindig zu machen. Sehr problematisch sind die Fälle, in denen Wohngemeinschaften gegeben sind, bei denen der Vermieter nicht die Adressen der einzelnen Mieter kennt und bei denen auch die Mieter oder Mitglieder der Wohngemeinschaften dem Vermieter nicht den Wechsel innerhalb der Wohngemeinschaft mitgeteilt haben. Hier kann der Vermieter eventuell gezwungen sein, gegen die bekannten

Mitglieder der Wohngemeinschaft Klage auf Auskunft über die weiteren Mitglieder und deren Namen der Wohngemeinschaft einzureichen. Empfehlenswert ist bei Räumungsklagen immer, auch gleich den **Untermieter**, den man vorher zur Räumung aufgefordert hat, mitzuverklagen, damit das Urteil überhaupt sinnvoll wird. Es nützt dem Vermieter wenig, wenn er gegen den Mieter ein rechtskräftiges Urteil erlangt hat und dann feststellt, daß sich in den Räumen ein Untermieter befindet, gegen den praktisch das gleiche Verfahren noch einmal begonnen werden muß und bei dem gegebenenfalls sogar der Mieter im Rechtsstreit als Zeuge auftreten kann.

Tip Als besonderer prozessualer Trick dürfte auch für manche Vermieter oder Mieter empfehlenswert sein, soweit es sich um einen Zahlungsanspruch handelt, diesen an eine dritte Person abzutreten, damit der Mieter oder Vermieter im Rechtsstreit als Zeuge auftreten kann. Die Abtretung eines Zahlungsanspruches an eine dritte Person, um eine Zeugenstellung zu erreichen, ist nicht rechtswidrig. Die Abtretungserklärung könnte folgendermaßen aussehen:

»Hiermit trete ich, Mieter __________, meinen Anspruch auf Schadensersatz wegen Nichteinhaltung der zugesicherten Eigenschaften anläßlich der Verhandlungen bei Abschluß des Mietvertrages in Höhe von EUR __________ nebst Zinsen in Höhe von EUR __________ an meinen Vater, __________, ab.

München, den __________

Mieter __________ Vater des Mieters __________«

Im **Klartext** bedeutet dies, falls die Vereinbarungen zu Mietvertragsbeginn nur zwischen Mieter und Vermieter getroffen wurden und keine Zeugen vorhanden sind, daß durch diesen prozessualen Trick der Mieter selbst nicht als Kläger auftritt, sondern seinen Vater als Kläger auftreten läßt und der Mieter im Rechtsstreit die Zeugenstellung hat.

2. Welche Klagearten gibt es?

Ein Mietprozeß kann in verschiedenen Klagearten geführt werden:

Zahlungsklage

Verfahrensgang

Soweit es nur darum geht, daß der Mieter oder Vermieter irgendwelche **Zahlungsansprüche** gegen den Vermieter/Mieter geltend macht, gibt es zwei verschiedene Arten der Zahlungsklage. Einmal kann der Vermieter/Mieter, falls er davon ausgeht, daß auf erstes Anfordern hin Zahlung erfolgen wird, dem Vermieter/Mieter einen **Mahnbescheid** zustellen. Im Mahnbescheid braucht der Anspruch nur substantiiert kurz begründet zu werden. Ist der Vermieter/Mieter mit dem Mahnbescheid nicht einverstanden, so legt er hiergegen **Widerspruch** ein. Auf den Widerspruch hin müssen sämtliche für das Gerichtsverfahren notwendigen Gerichtskosten im voraus bezahlt werden (meist drei Gebühren Gerichtskosten) und die Klage ist als solche zu begründen. Im einzelnen sind die Tatsachen darzulegen und Beweismittel anzubieten. Unternimmt der Mieter/Vermieter gegen einen zugestellten Mahnbescheid nichts, so ergeht auf Antrag ein Vollstreckungsbescheid, aufgrund dessen die Vollstreckung eingeleitet werden kann.

Fällt dem Mieter/Vermieter während des **Vollstreckungsbescheidsverfahrens** und vor Ablauf der Einspruchsfrist gegen den **Vollstreckungsbescheid** noch ein, hiergegen **Einspruch** einzulegen, so hat der Mieter/Vermieter zwar den vorläufig vollstreckbaren Titel, nämlich den Vollstreckungsbescheid, er wird aber aufgrund des Einspruchs dann ins normale gerichtliche Verfahren übergeleitet, und es wird eine Entscheidung ergehen, ob der Einspruch gegen den Vollstreckungsbefehl zulässig/begründet war.

Reicht der Mieter/Vermieter eine Klage ein und reagiert der Mieter/Vermieter auf diese Klage nicht, ergeht auf Antrag hin **Versäumnisurteil.**

Widerklage

Wird ein Mieter oder Vermieter durch eine Zahlungsklage oder Räumungsklage überzogen, so steht ihm auch das Recht zu, wegen eigener Ansprüche, die z. B. nicht aufgerechnet werden können (nur mit gleichartigen Ansprüchen kann die Aufrechnung erklärt werden), gegenüber der Klage **Widerklage** zu erheben. Die Widerklage ist praktisch wie eine eigene Klage. Sie kann auch im Rahmen des Klageerwiderungsschriftsatzes erfolgen.

Feststellungsklage

Mit der Feststellungsklage begehrt der Mieter/Vermieter die **Feststellung**, daß ein **gewisser Anspruch**, den der Mieter/Vermieter geltend macht, **nicht besteht**. So kann z. B. der Vermieter, der immer wieder behauptet, daß ihm eine höhere Miete zusteht, weil ein wirksames Mieterhöhungsverfahren gegen den Mieter eingeleitet wurde, jederzeit gegenüber dem Mieter eine Feststellungsklage einreichen auf Feststellung, daß die Mieterhöhung vom... wirksam ist und festgestellt wird, daß eine Miete in Höhe von... EUR geschuldet wird. Umgekehrt kann der Mieter natürlich auch, z. B. wenn der Vermieter das Mietverhältnis unbegründet fristlos gekündigt hat, auf Feststellung klagen, daß die Kündigung vom... unwirksam ist. Voraussetzung für jede Feststellungsklage ist ein besonderes Feststellungsinteresse, das im Prozeß darzulegen ist.

Klage auf künftige Leistung (nach §§ 257 ff. ZPO)

Es kann auch eine Klage auf **künftige Leistungen** eingereicht werden. Derartige Klagen kommen hauptsächlich bei **Räumungsklagen** vor, bei denen der Mieter innerhalb der Kündigungsfrist und vor Ablauf der Widerspruchsfrist einer Kündigung widersprochen hat. Es kann dann Klage auf künftige Leistung, nämlich Klage auf künftige Räumung zu einem bestimmten Zeitpunkt eingereicht werden. Es handelt sich hierbei um eine Feststellungsklage. Unzulässig ist allerdings die Klage auf künftige Leistung, wenn die Widerspruchsfrist gemäß § 556 a BGB noch nicht zu laufen begonnen hat und der Mieter sich auch vorher in keiner Weise äußerte.

Der Urkundenprozeß

Urkundenklage – normale Zivilklage/Unterschied

Der Unterschied zwischen einer Urkundenklage und einer normalen Zivilklage liegt darin, daß in der normalen Zivilklage der Beklagte durch Tatsachenvortrag mit Beweisangeboten den Rechtsstreit **unendlich lang verzögern** kann. Aus diesem Grund eignet sich hervorragend die Urkundenklage zur Einklagung von Mieten und Kautionen, da der Vermieter praktisch im ersten Termin, wenn die prozessualen Voraussetzungen erfüllt sind, **sofort** ein **Urteil** erhält und im sogenannten Nachverfahren dann der Prozeß abgewickelt wird. D. h. beispielsweise, daß auch im Nachverfahren etwaige Beweise erhoben werden. Die Praxis hat gezeigt, daß gerade die Mieter, die auf Verzögerungen aus sind, durch den Weg der Urkundenklage oftmals die Lust verlieren, einen langwierigen Mietprozeß zu führen.

Urkundenprozeß generell

Manche Gerichte stehen auf dem Standpunkt, daß der Urkundenprozeß im Mietprozeß unzulässig ist, da er dem **sozialen Mietrecht widerspricht**. Allerdings ist die Begründung mancher Gerichte, warum sie die Urkundenklage im Mietrecht für zulässig halten, an sich völlig überzeugend: Hätte der Gesetzgeber die Urkundenklage als unzulässig ansehen wollen, wäre aufgrund der zahlreichen Änderungen der Zivilprozeßordnung die Urkundenklage für Mietstreitigkeiten ausgeschlossen worden.

Die Urkundenklage

Die Urkundenklage ist in der Praxis als **Scheckklage oder Wechselklage** bekannt. Es gelten hierfür die Vorschriften der §§ 592 bis 600 der Zivilprozeßordnung (ZPO). Es muß somit in der Klage bereits darauf hingewiesen werden, daß im Urkundenprozeß geklagt wird. Es empfiehlt sich deswegen, als Überschrift einer Klage gleich den Vermerk »Urkundenklage« aufzunehmen.

Wenn der Kläger oder der Vermieter oder Mieter im Rechtsstreit feststellt, daß er aufgrund des vorgelegten Urkundeninhaltes nicht erreichen kann, daß ein Urteil im Urkundenprozeß gefällt wird, kann auch ausnahmsweise, soweit dies sachdienlich ist, unter den Voraussetzungen des § 263 ZPO von der Urkundenklage in die **normale Zivilklage übergewechselt werden**.

Die Urkundenvorlage

Sämtliche Tatsachen, die die Klage begründen, müssen durch **Urkunden nachgewiesen** werden. Der Anspruch auf Zahlung der Miete muß sich dem Grunde nach und der Höhe nach aus dem Mietvertrag oder aus weiteren Urkunden ergeben. Das heißt, daß eingetretene Mieterhöhungen durch Urkunden, durch Mieterhöhungsbescheid und Überweisungsträger nachgewiesen werden müssen. Kann der Nachweis anhand der vorgenannten Unterlagen geführt werden, so kann auch die erhöhte Miete im Wege einer Urkundenklage eingeklagt werden.

Anspruchsberechtigung des Vermieters

Die **Anspruchsberechtigung** muß durch eine **Urkunde nachgewiesen** werden. Dies ist unproblematisch, wenn der Vermieter in der Urkunde selbst aufgeführt wird. Ist das Haus erst erworben worden, dann muß durch eine Urkunde nachgewiesen werden, daß man gemäß §§ 566, 578 BGB (neu – früher § 571 BGB) als Vermieter in die Rechtsstellung eingetreten ist. Als zulässige Urkunde gibt es hier den Grundbuchauszug mit der Auflassung (nicht Auflassungsvormerkung). Die Auflassungsvormerkung gibt **keine** Vermieterstellung, weil diese den Eigentumswechsel gemäß §§ 566, 578 BGB (neu – früher § 571 BGB) und somit auch den Vermieterwechsel nicht zur Folge hat. Im Erbverfahren muß man die Erbfolge nachweisen.

Wenn Sie als Vermieter lieber als Zeuge auftreten wollen, dann treten Sie die Mietzinsforderung ab. Legen Sie dem Mietvertrag als weitere Urkunde die Abtretungsurkunde bei.

Originalurkunden

Die Urkunden müssen aufgrund der strengen Vorschrift des § 595 Abs. 3 ZPO immer als **Originale** nachgewiesen werden. Wenn die Mieterseite sich auf den Rechtsstreit nicht einläßt oder zum Termin nicht erscheint, muß immer die Urkunde vorgelegt werden. Es gibt eine Ansicht des Bundesgerichtshofs, wonach die Urkunde dann nicht vorgelegt werden muß, wenn die Tatsache unstreitig ist. Wir empfehlen aber, immer eine Urkunde vorzulegen. Insbesondere bei Säumnis der Beklagtenseite muß die Urkunde vorgelegt werden. Den Urkundenklageabschriften fügen Sie beglaubigte Abschriften der Urkunden bei.

Zeugen

Zeugen gibt es in der Urkundenklage nicht. Im Nachverfahren können Zeugen angeboten werden. Im Urkundenprozeß ist der Zeugenbeweis nicht zulässig. Gleiches gilt auch für eidesstattliche Versicherungen oder Urkunden, in denen Zeugenaussagen enthalten sind.

Rechte des Mieters

Der Mieter braucht **nur** der **Urkundenklage** zu **widersprechen** gemäß § 599 ZPO und sich die Rechte für das Nachverfahren vorzubehalten. Möglich ist auch, daß die Mieter im Urkundenverfahren die Forderung anerkennen und dann ein Vorbehaltsanerkenntnisurteil ergeht. Der Vorteil des Anerkenntnisses, den Sie immer erreichen sollten, ist, daß der Kläger/Vermieter dieses Urteil gemäß § 708 Nr. 1 ZPO ohne Sicherheitsleistung vollstrecken kann und gemäß § 711 ZPO auch keine Abwendungsbefugnis durch Sicherheitsleistung des Mieters im Urteil enthalten ist. Der Mieter hat höchstens die Möglichkeit, nach § 707 ZPO die Einstellung der Zwangsvollstreckung zu erreichen.

Die Duldungsklage

Möglich sind auch Klagen, bei denen der Mieter oder Vermieter zur Duldung einer bestimmten Maßnahme verurteilt wird. Eine der typischen **Duldungsklagen** ist zum Beispiel die Klage auf **Duldung** von **Modernisierungsmaßnahmen** gegenüber Mietern, wenn Mieter die Modernisierungsmaßnahmen, insbesondere auch das Betreten der Mieträume, ablehnen. Gegebenenfalls ist, falls dem Vermieter durch willkürliches Hinauszögern der Genehmigung ein Schaden entsteht, im Wege der **Zweistufenklage** der Mieter nicht nur auf Duldung zu verklagen, sondern auch auf Feststellung, daß der Mieter den sich aus der Weigerung begründenden Schadensersatz des Vermieters zu tragen hat.

Die Unterlassungsklage

Nach § 550 BGB kann der Vermieter oder Mieter verlangen, daß der andere Vertragspartner eine **gewisse Handlung unterläßt**. Unterlassungsklage wäre z. B. möglich, wenn der Mieter ständig Gegenstände im Hausflur abstellt und die Vertragsverletzung nicht so gravierend ist, daß eine fristlose Kündigung möglich wäre. Der Mieter kann dann bezüglich des Abstellens der Gegenstände abgemahnt werden und, falls er dennoch Gegenstände im Hausflur stehenläßt, kann eine Klage auf Unterlassung des Abstellens der Gegenstände im Hausflur eingereicht werden. Umgekehrt gibt es nämlich auch Ansprüche vom Mieter gegenüber dem Vermieter, die durch Unterlassungsklage erzwungen werden können. Hat z. B. der Mieter einen gewissen Mietgebrauch im Außenbereich eines

Mietobjektes übertragen bekommen und wird der Mieter permanent durch irgendwelches Abstellen von Fahrzeugen oder Abstellen von Gegenständen im Mietgebrauch gehindert, dann kann der Mieter auf Unterlassung der Beeinträchtigung des Mietgebrauches klagen.

Einstweilige Verfügung/Schnellverfahren

Es gibt im Rechtswesen die sogenannte **einstweilige Verfügung**. Hier handelt es sich um ein Schnellverfahren, bei dem meist ohne große Gerichtsverhandlung sofort eine einstweilige Verfügung/Entscheidung ergeht. Die einstweilige Verfügung ist ein gesondertes Verfahren, bei dem keine Zeugen geladen werden, sondern Zeugen zum Termin, falls es überhaupt zu einer Gerichtsverhandlung kommt, mitgebracht werden müssen. Die Gründe für die einstweilige Verfügung müssen an Eides Statt erklärt werden (sog. Glaubhaftmachung). Die einstweilige Verfügung kann oftmals innerhalb von wenigen Stunden auch ohne Gerichtsurteil im Wege des Beschlusses durch das Gericht verkündet werden.

Bedeutung im Mietrecht

Die einstweilige Verfügung ist im Mietrecht nur in engen Grenzen im Rahmen eines **Räumungsverfahrens** möglich. Wenn nämlich der Mieter durch verbotene Eigenmacht praktisch durch eine Hausbesetzung in die Mieträume eingedrungen ist, dann geht ein Teil der Rechtsprechung davon aus, daß im Wege der einstweiligen Verfügung die Räumung der Räume verlangt werden kann, ansonsten verlangt die einstweilige Verfügung einen Zustand, der so gravierend ist, daß sofortige Regelung notwendig ist und ein Aufschub durch eine normale Gerichtsverhandlung einen Schaden herbeiführen würde. Hat z.B. der Mieter die Mieträume angemietet und Sortimentsschutz im Mietvertrag gewährt bekommen und weiß der Mieter, daß der Vermieter gerade mit einem Konkurrenzbetrieb über den Abschluß eines Mietvertrages verhandelt, so könnte ggf. der Mieter einen Antrag auf Erlaß einer einstweiligen Verfügung auf Unterlassung des Abschlusses des Mietvertrages einreichen. Den gleichen Fall könnte man umgekehrt sehen, wenn sich in den Mieträumen gesundheitsgefährdende Stoffe befinden, die der Mieter erst kürzlich in die Mieträume geschafft hat. Dann könnte in einem derartigen Fall auch auf Unterlassung der Einlagerung im Wege der einstweiligen Verfügung geklagt werden. Ein Antrag würde folgendermaßen lauten:

Antrag

> *»Im Wege der einstweiligen Verfügung wird unter Androhung einer Geldstrafe bis zu 250.000 EUR, ersatzweise sechs Monate Haft, dem Mieter geboten, das gefährliche Mittel Dioxin nicht mehr weiterhin in den Mieträumen zu lagern...«*

Voraussetzungen

Voraussetzung für die einstweilige Verfügung ist, daß **nicht** ein **endgültiger Zustand** geschaffen wird, daß im Wege des Rechtsfriedens die **sofortige Regelung** notwendig ist und daß es sich um soeben erst aufgetretene Tatbestände handelt, nicht daß schon seit Wochen der Vermieter oder Mieter den Zustand duldet. In einem solchen Fall wäre die Eilbedürftigkeit für die einstweilige Verfügung nicht mehr gegeben. Aus diesem Grund können auch Wohnungsmodernisierungsmaßnahmen oder Wertverbesserungsmaßnahmen nicht im Wege des Schnellverfahrens durchgesetzt werden, weil auf der einen Seite vollendete Tatsachen geschaffen werden und auf der anderen Seite auch die Eilbedürftigkeit meist nicht gegeben ist, weil der Vermieter ja nach dem Gesetz dem Mieter zwei Monate vor Beginn der Maßnahme die entsprechende Mitteilung zukommen lassen muß.

3. Welches Gericht ist zuständig?

Wohnraum

Sämtliche Rechtsstreitigkeiten, die Wohnraum betreffen, egal ob Räumungsklagen oder Forderungsklagen, sind an dem **Amtsgericht** zu führen, **in dessen Bezirk** sich die Räume befinden (§ 29 a Abs. 1 ZPO). Hiervon kann auch nicht aufgrund einer gesonderten Vereinbarung zwischen Mieter und Vermieter abgewichen werden. Selbst bei Klagen über 10.000,– DM Mietschulden, bei denen normalerweise das Landgericht zuständig ist, ist immer das Amtsgericht zuständig, in dessen Bezirk sich der Wohnraum befindet.

Geschäftsräume

Bei Geschäftsräumen sind nach § 23 Nr. 1 des Gerichtsverfassungsgesetzes die **Amtsgerichte nur** noch **dann** zuständig, wenn der **Streitwert 5.000 EUR nicht übersteigt**. Wird also auf Räumung geklagt und ist die Miete über 5.000 EUR jährlich oder verlangt der Vermieter Mietzinszahlungen und liegt hier der Streitwert bei über 5.000 EUR, sind die **Landgerichte** zuständig. Bezüglich der **örtlichen Zuständigkeit** gilt, daß immer die Gerichte zuständig sind, in deren Bezirk sich die Geschäftsräume befinden (§ 29 a Abs. 1 ZPO).

Sondergerichtsstand

Eine Ausnahme ergibt sich aus § 29 a Abs. 2 ZPO i. V. m. § 549 Abs. 2 BGB (neu – früher § 556 a Abs. 8 BGB), § 549 Abs. 2, 3 BGB (neu – früher § 564 b Abs. 7 Nr. 1, 2, 4 und 5 BGB), wonach der ausschließliche Gerichtsstand sich **nicht nach dem Ort des Objekts** bestimmt, wenn der **Wohnraum** nur zum **vorübergehenden Gebrauch** vermietet wurde, der Wohnraum Teil der vom Vermieter selbst bewohnten Wohnung ist und der Vermieter diesen ganz oder überwiegend mit Einrichtungsgegenständen ausgestattet hat, soweit nicht der Mieter mit seiner Familie zum dauernden Gebrauch in der Wohnung wohnt. Der Sondergerichtsstand gilt auch bei Wohnraum in **Ferienhäusern**, der vor dem 1. 6. 1995 dem Mieter überlassen worden ist, wenn der Vermieter den Mieter bei Vertragsabschluß auf die Zweckbestimmung des Wohnraumes und die Ausnahme von §§ 573, 573 a, 577 a BGB (neu – früher § 564 b Abs. 1 bis 6 BGB) hingewiesen hat. Des weiteren gilt die gleiche Regelung bei Wohnraum, den eine **juristische Person des öffentlichen Rechts** im Hinblick auf dic ihr zugewiesenen Aufgaben angemietet hat, um ihn Personenkreisen zu überlassen, die einen dringenden Wohnbedarf haben oder sich in der Ausbildung befinden. Voraussetzung ist auch hier wieder, daß der Wohnraum diesem Mieterkreis vor dem 1. 6. 1995 übertragen wurde und daß der Vermieter den Mieter auf die Zweckbestimmung des Wohnraumes bei Vertragsabschluß und auf die Ausnahmen nach §§ 573, 573 a, 573 b, 577 a BGB (neu – früher § 564 b Abs. 1 bis 6 BGB) hingewiesen hat.

4. Wonach bemißt sich der Streitwert?

Streitwert-Begriff/ Maßstab

Unter Streitwert einer Klage in Mietprozessen verstehen wir den **Wert**, den das Gericht annimmt, aus dem später einmal die Gebühren eines Anwalts und die Gerichtskosten berechnet werden. Der **Streitwert** richtet sich bei **Forderungsklagen** nach der **Höhe** der **Forderung**. Soweit im Rechtsstreit die **Aufrechnung** über eine Gegenforderung erklärt wird, kann hierdurch eine Verdoppelung, falls der Streitwert den doppelten Betrag ausmacht, eintreten. Auch eine **Widerklage** erhöht den Streitwert. Bei einer **Räumungsklage** geht man von einem **zwölfmonatigen Mietzins** als Streitwert aus, wobei strittig ist, ob Brutto- oder Nettomiete zu bewerten ist.

Wird auf **Unwirksamkeit** oder **Wirksamkeit** einer **Kündigung** geklagt, so geht der Streitwert nach § 16 GKG. Bei einem **Räumungsvergleich** beträgt der Streitwert auch dann nur den Jahresmietzins, wenn eine Ausgleichszahlung bezüglich der Räumung vereinbart wurde. Allerdings sind bei einer Räumungsklage, falls über andere Tatbestände verglichen wurde, wie über Schönheitsreparaturen, derartige Ansprüche auch zu bewerten. Bei der Klage auf **Feststellung**, ob ein **Mietverhältnis wirksam** oder **unwirksam** ist oder ob gekündigt oder nicht gekündigt wurde, sollte man vom **dreifachen Jahresmietzins** ausgehen, falls das Mietverhältnis auf unbestimmte Zeit abgeschlossen wurde (LGHamburg, MDR 1975, S. 1023). Bei Mietverhältnissen auf bestimmte Zeit ist die restliche Laufzeit zu beachten, wobei auch hier die Rechtsprechung den dreifachen Jahresmietzins als oberen Grenzwert ansieht.

Streitwertberechnungen

Beispiele

Für **Mängelbeseitigungsklagen** des Mieters bemißt sich der Streitwert nach dem **Dreijahresbetrag** der fiktiven Minderung des Kaltmietzinses, nicht nach den für die Mängelbeseitigung vom Vermieter aufzuwendenden Kosten. Handelt es sich um Mängel der Heizung, sind nur die Monate der Heizperiode anzusetzen, so daß der Streitwert sich ausgehend von einer siebenmonatigen Heizperiode (Oktober bis April) nach dem 21fachen Monatsbetrag der fiktiven Minderung bemißt.

Satellitenantenne: Der Streitwert für die Klage des Vermieters gegen den Mieter auf Beseitigung einer von ihm angebrachten Satellitenantenne bemißt sich nach der Beeinträchtigung des optischen Gesamteindrucks des Hauses sowie des Fernsehbildempfanges anderer Mieter durch die angebrachte Antenne. Ein derartiger Beseitigungs- oder Unterlassungsanspruch ist dabei in entsprechender Anwendung der für den Streitwert bei Erlaubnis zur Tierhaltung maßgeblichen Kriterien zu bewerten, wofür üblicherweise ein Streitwert von 300 EUR bis 500 EUR angesetzt wird.

Räumungsklage: Der Streitwert für Räumungsklagen bemißt sich nach dem Jahresbruttomietzins, also einschließlich der vom Mieter geschuldeten Heiz- und Nebenkostenvorauszahlung, da zu den Leistungen des Vermieters nicht nur die Überlassung der Mietsache mit den entsprechenden Installationen für die Versorgung mit Strom, Heizung, Warmwasser usw. gehört, sondern der Vermieter auch die Versorgung des Mieters mit diesen Nebenleistungen schuldet.

Duldungsklage nach § 554 Abs. 1 BGB (neu – früher § 541 a BGB)

Eine Duldungsklage, die nach § 554 Abs. 1 BGB (neu – früher § 541 a BGB) erhoben wurde, rechnet sich streitwertmäßig nach dem 12fachen monatlichen Betrag der Mietminderung, welche sich aufgrund der zu beseitigenden Mängel selbst – nicht der Beseitigungsmaßnahmen – ergibt.

5. Die Räumungsklage

Zeitpunkt der Räumungsklage

Eine Räumungsklage kann ab dem Zeitpunkt eingereicht werden, wenn die **Besorgnis** dazu besteht, daß der **Mieter nicht rechtzeitig räumen** wird. Wie sich diese Besorgnis äußert, kann unterschiedlich gewertet werden. Hat der Vermieter z. B. mit Jahresfrist dem Mieter gekündigt und antwortet dieser sofort darauf, daß er die Kündigung zurückweist, dann kann gemäß § 257 ZPO Klage auf künftige Leistung als eine sog. Feststellungsklage eingereicht werden, wonach der Mieter zu einem bestimmten Zeitpunkt räumen muß. Vor Ablauf der Widerspruchsfrist, zwei Monate vor Ende der Mietzeit gemäß § 574 b BGB (neu – früher § 556 a Abs. 6 BGB), kann der Vermieter auch dann eine Räumungsklage einreichen, wenn der Mieter erklärt, daß er die Kündigung für unwirksam hält. Wichtig in diesem Zusammenhang ist die immer wieder auftauchende Frage, inwieweit sich der Mieter innerhalb der Kündigungsfrist und vor Ablauf der Zweimonatsfrist äußern muß. Hier muß eindeutig erklärt werden, daß der Mieter nicht verpflichtet ist, irgendeine Reaktion gegenüber der

Kündigung des Vermieters zu zeigen. Aufgrund der vorgenannten Äußerung wäre es sogar falsch, wenn der Mieter sich vor Ablauf der Zweimonatsfrist äußern würde, weil der Vermieter bei Widerspruch gegen die Kündigung sofort Klage auf Feststellung einreichen kann, daß die Kündigung zu einem gewissen Zeitpunkt wirksam wäre.

Räumungsfristen

Wenn ein Mieter zur Räumung einer Wohnung verurteilt wird, ist von Amts wegen zu prüfen, ob eine **Räumungsfrist** nach §721 ZPO gewährt wird. **Empfehlenswert** ist es für den Mieter, schon in der Klage den Antrag auf Gewährung einer Räumungsfrist zu stellen und selbstverständlich die Gründe hierfür in der Klage vorzutragen. Bei besonderen **Zeitmietverträgen** gemäß §575 BGB (neu – früher §564c Abs. 2 BGB) ist die Räumungsfristgewährung nicht möglich. Insgesamt darf die Räumungsfrist **nicht länger als ein Jahr** betragen. Eine **Verlängerung** der **Räumungsfrist** ist möglich, wenn der Schuldner zwei Wochen vor Ablauf der Räumungsfrist bei Gericht den entsprechenden Antrag stellt. Gegen Entscheidungen über Gewährung, Versagung oder Bemessung einer Räumungsfrist ist die sofortige Beschwerde möglich. Die Frist für die sofortige Beschwerde beträgt zwei Wochen ab Zustellung. Eine weitere sofortige Beschwerde beim Oberlandesgericht ist ausgeschlossen.

Vollstreckungsschutz

Neben der Räumungsfrist kann (auch dann, wenn die Jahresfrist abgelaufen ist) **Vollstreckungsschutz** nach §765a ZPO beantragt werden. Die Räumungsfrist gibt es nur für Wohnraum. Den Vollstreckungsschutz nach §765a ZPO gibt es für

Wohnraum und auch Gewerberaum (LG Kassel, ZMP 1970, S. 122). Der Mieter muß eine **vorübergehende Härte** darlegen. Diese kann in einer vorübergehenden Krankheit liegen oder weil er nun doch einen Wohnraum oder Gewerberaum gefunden hat und ein zweimaliges Umziehen ihm nicht zuzumuten ist. Im Gegensatz zu § 721 ZPO (Räumungsfrist für Wohnraummieter) sind bei der **Interessenabwägung** nach § 765 a ZPO die Belange des Vermieters an der Räumungsvollstreckung **vorrangig** zu berücksichtigen. Im Rahmen des Vollstreckungsschutzes kann auch vom Mieter verlangt werden, daß er die laufende Nutzungsentschädigung zahlt bzw. die Zahlungen nachweist.

Ein **Sonderfall** der **Aufschiebung** der Zwangsvollstreckung liegt in § 765 a Abs. 2 ZPO. Danach kann im begrenzten Umfang der Gerichtsvollzieher bis zu einer Woche Dauer die Zwangsvollstreckung aufschieben, wenn der Mieter ihm die Härte nachgewiesen hat und das Vollstreckungsgericht nicht mehr schnell angerufen werden konnte.

Mischmietverhältnisse

Auch wenn bei einem **Mischmietverhältnis** der gewerbliche Mietanteil überwiegt, kann dem zur Räumung verurteilten Mieter wegen des Wohnteiles eine Räumungsfrist gewährt werden, sofern eine getrennte Herausgabe beider Teile möglich ist. Das ist dann der Fall, wenn der gewerblich genutzte und der zu Wohnzwecken genutzte Teil baulich und funktional selbständig sind (Beschluß des LG Hamburg vom 30. 12. 1992, 316 T 100/92, ZMR 1993, S. 419).

Ausschluß Räumungsfrist

Die Gewährung einer Räumungsfrist gemäß § 721 ZPO ist ausgeschlossen, wenn es sich bei dem Räumungstitel um eine einstweilige Verfügung auf Räumung von Wohnraum wegen **verbotener Eigenmacht** nach § 940 a ZPO handelt, da der als Voraussetzung für den Erlaß einer einstweiligen Verfügung erforderliche Verfügungsgrund – die besondere Eilbedürftigkeit – der Gewährung einer Räumungsfrist entgegensteht.

6. Vollstreckung von Urteilen

Die **Vollstreckung** von Urteilen, wie insgesamt die Durchsetzung von Ansprüchen des Vermieters oder auch des Mieters, geschieht **ausschließlich über das Gericht** oder über die vom Gesetzgeber beauftragten Personenkreise, wie **Gerichtsvollzieher** oder **Pfändungsstelle des Amtsgerichts**. Ein eigenmächtiges »Hinauswerfen« des Mieters ist rechtsmißbräuchlich und erfüllt den Tatbestand der Nötigung und des Hausfriedensbruchs. Dies gilt auch dann, wenn z. B. Schlösser ausgewechselt werden.

7. Selbsthilfe des Vermieters/Mieters

Die Durchsetzung von Ansprüchen gegen den Mieter/Vermieter obliegt **ausschließlich** dem Gericht. Der Mieter ist also nicht berechtigt, ohne daß er vom Vermieter den Besitz einer Wohnung übertragen bekommen hat, diese eigenmächtig zu beziehen. Hier könnte ggf. der Tatbestand der **Nötigung** und des **Hausfriedensbruchs** vorliegen. Der Vermieter ist auf der anderen Seite auch nicht berechtigt, falls der Mieter die Miete nicht mehr zahlt, den Strom abzustellen, die Wasserzufuhr zu unterbinden oder die Schlösser der Türen auszuwechseln. Hier liegt **kein Fall** einer **berechtigten Selbsthilfe** vor, sondern derartige Handlungsweisen erfüllen, auch wenn noch so hohe Mietschulden bestehen, den Tatbestand des Hausfriedensbruchs, der Nötigung. Zudem geht der Vermieter auch das Risiko ein, wenn er dem Mieter den Besitz entzieht, daß dieser dann auch die Miete nicht mehr zahlen muß, ggf. auch einen Grund zur fristlosen Kündigung erhält. Auch das **eigenmächtige Betreten** der Mieträume mit einem Zweitschlüssel durch den Vermieter erfüllt den Tatbestand des **Hausfriedensbruchs**.

Betreten der Mieträume

Der Vermieter ist generell **nicht berechtigt**, die Mieträume des Mieters ohne dessen Genehmigung zu **betreten**. Etwas anderes könnte im Einzelfall bei einem **Notfall**, Wasserrohrbruch, Brand o. ä. in der Wohnung gelten. Aber auch dann ist für den Vermieter dringend empfehlenswert, zur Besichtigung der Mieträume einen Zeugen mitzunehmen, der genau bezeugen kann, daß aus den Mieträumen nichts herausgenommen wurde bzw. in welchem Zustand die Mieträume vorgefunden wurden. Es ist **empfehlenswert**, falls der Vermieter schon einen Schlüssel für die Mieträume hat, daß er diesen bei irgendeiner Person versiegelt aufhebt, damit jederzeit nachgewiesen werden kann, daß ein heimliches Betreten der Wohnung nicht vorgekommen ist. Auch nach **Ende der Mietzeit** hat der Vermieter nicht das Recht, die Mieträume einfach zu betreten oder in Besitz zu nehmen oder die Schlösser auszuwechseln. Ist der Mieter z. B. verschwunden oder bei einer Kapitalgesellschaft als Geschäftsführer zurückgetreten, so muß der Vermieter über das Gericht gehen und versuchen, über eine Räumungsklage in die Räume zu kommen. Ein **Recht zur Selbsthilfe** für derartige Fälle gibt es für den Vermieter nicht.

Selbsthilfe des Mieters

Umgekehrt kann der **Mieter** auch nicht zur **Selbsthilfe** greifen und Ansprüche, die während oder am Ende der Mietzeit auftauchen, einfach selbständig geltend machen. So darf der Mieter nicht ohne Genehmigung des Vermieters Reparaturen im Haus oder in den Mieträumen durchführen. Wenn der Mieter Mängel der Mietsache dem Vermieter nicht rechtzeitig anzeigt, macht er sich sogar schadensersatzpflichtig, da er die Anzeigepflicht verletzt. Führt der Mieter ohne Genehmigung des Vermieters Reparaturen durch, so muß er ggf. in einem langwierigen Rechtsstreit nachweisen, daß die Reparatur im mutmaßlichen Interesse des Vermieters lag und auch die Kosten nicht überhöht waren.

VIII. Anhang

Die Gesetze zum neuen Mietrecht – Auszug aus dem BGB

Mietvertrag. Pachtvertrag

I. Allgemeine Vorschriften für Mietverhältnisse

§ 535 Inhalt und Hauptpflichten des Mietvertrags

(1) Durch den Mietvertrag wird der Vermieter verpflichtet, dem Mieter den Gebrauch der Mietsache während der Mietzeit zu gewähren. Der Vermieter hat die Mietsache dem Mieter in einem zum vertragsgemäßen Gebrauch geeigneten Zustand zu überlassen und sie während der Mietzeit in diesem Zustand zu erhalten. Er hat die auf der Mietsache ruhenden Lasten zu tragen.

(2) Der Mieter ist verpflichtet, dem Vermieter die vereinbarte Miete zu entrichten.

§ 536 Mietminderung bei Sach- und Rechtsmängeln

(1) Hat die Mietsache zur Zeit der Überlassung an den Mieter einen Fehler, der ihre Tauglichkeit zum vertragsgemäßen Gebrauch aufhebt, oder entsteht während der Mietzeit ein solcher Fehler, so ist der Mieter für die Zeit, in der die Tauglichkeit aufgehoben ist, von der Entrichtung der Miete befreit. Für die Zeit, während der die Tauglichkeit gemindert ist, hat er nur eine angemessen herabgesetzte Miete zu entrichten. Eine unerhebliche Minderung der Tauglichkeit bleibt außer Betracht.

(2) Absatz 1 Satz 1 und 2 gilt auch, wenn eine zugesicherte Eigenschaft fehlt oder später wegfällt.

(3) Wird dem Mieter der vertragsgemäße Gebrauch der Mietsache durch das Recht eines Dritten ganz oder zum Teil entzogen, so gelten die Absätze 1 und 2 entsprechend.

(4) Bei einem Mietverhältnis über Wohnraum ist eine zum Nachteil des Mieters abweichende Vereinbarung unwirksam.

§ 536a Schadens- und Aufwendungsersatzanspruch des Mieters wegen eines Mangels

(1) Ist ein Mangel im Sinne des § 536 bei Vertragsschluss vorhanden oder entsteht ein solcher Mangel später wegen eines Umstandes, den der Vermieter zu ver-

treten hat, oder kommt der Vermieter mit der Beseitigung eines Mangels in Verzug, so kann der Mieter unbeschadet der Rechte aus § 536 Schadensersatz wegen Nichterfüllung verlangen.

(2) Der Mieter kann den Mangel selbst beseitigen und Ersatz der erforderlichen Aufwendungen verlangen, wenn

1. der Vermieter mit der Beseitigung des Mangels in Verzug ist oder
2. die umgehende Beseitigung des Mangels zur Erhaltung oder Wiederherstellung des Bestands der Mietsache notwendig ist.

§ 536b Kenntnis des Mieters vom Mangel bei Vertragsschluss oder Annahme

Kennt der Mieter bei Vertragsschluss den Mangel der Mietsache, so stehen ihm die Rechte aus den §§ 536 und 536a nicht zu. Ist ihm der Mangel infolge grober Fahrlässigkeit unbekannt geblieben, so stehen ihm diese Rechte nur zu, wenn der Vermieter den Mangel arglistig verschwiegen hat. Nimmt der Mieter eine mangelhafte Sache an, obwohl er den Mangel kennt, so kann er die Rechte aus den §§ 536 und 536a nur geltend machen, wenn er sich seine Rechte bei der Annahme vorbehält.

§ 536c Während der Mietzeit auftretende Mängel; Mängelanzeige durch den Mieter

(1) Zeigt sich im Laufe der Mietzeit Mangel der Mietsache oder wird eine Maßnahme zum Schutz der Mietsache gegen eine nicht vorhergesehene Gefahr erforderlich, so hat der Mieter dies dem Vermieter unverzüglich anzuzeigen. Das Gleiche gilt, wenn ein Dritter sich ein Recht an der Sache anmaßt.

(2) Unterlässt der Mieter die Anzeige, so ist er dem Vermieter zum Ersatz des daraus entstehenden Schadens verpflichtet. Soweit der Vermieter infolge der Unterlassung der Anzeige nicht Abhilfe schaffen konnte, ist der Mieter nicht berechtigt,

1. die in § 536 bestimmten Rechte geltend zu machen,
2. nach § 536a Abs. 1 Schadensersatz wegen Nichterfüllung zu verlangen oder
3. ohne Bestimmung einer angemessenen Frist zur Abhilfe nach § 543 Abs. 3 Satz 1 zu kündigen.

§ 536d Vertraglicher Ausschluss von Rechten des Mieters wegen eines Mangels

Auf eine Vereinbarung, durch die die Rechte des Mieters wegen eines Mangels der Mietsache ausgeschlossen oder beschränkt werden, kann sich der Vermieter nicht berufen, wenn er den Mangel arglistig verschwiegen hat.

§ 537 Entrichtung der Miete bei persönlicher Verhinderung des Mieters

(1) Der Mieter wird von der Entrichtung der Miete nicht dadurch befreit, dass er durch einen in seiner Person liegenden Grund an der Ausübung seines Gebrauchsrechts gehindert wird. Der Vermieter muss sich jedoch den Wert der ersparten Aufwendungen sowie derjenigen Vorteile anrechnen lassen, die er aus einer anderweitigen Verwertung des Gebrauchs erlangt.

(2) Solange der Vermieter infolge der Überlassung des Gebrauchs an einen Dritten außerstande ist, dem Mieter den Gebrauch zu gewähren, ist der Mieter zur Entrichtung der Miete nicht verpflichtet.

§ 538 Abnutzung der Mietsache durch vertragsgemäßen Gebrauch

Veränderungen oder Verschlechterungen der Mietsache, die durch den vertragsgemäßen Gebrauch herbeigeführt werden, hat der Mieter nicht zu vertreten.

§ 539 Ersatz sonstiger Aufwendungen und Wegnahmerecht des Mieters

(1) Der Mieter kann vom Vermieter Aufwendungen auf die Mietsache, die der Vermieter ihm nicht nach § 536a Abs. 2 zu ersetzen hat, nach den Vorschriften über die Geschäftsführung ohne Auftrag ersetzt verlangen.

(2) Der Mieter ist berechtigt, eine Einrichtung wegzunehmen, mit der er die Mietsache versehen hat.

§ 540 Gebrauchsüberlassung an Dritte

(1) Der Mieter ist ohne die Erlaubnis des Vermieters nicht berechtigt, den Gebrauch der Mietsache einem Dritten zu überlassen, insbesondere sie weiter zu vermieten. Verweigert der Vermieter die Erlaubnis, so kann der Mieter das Mietverhältnis außerordentlich mit der gesetzlichen Frist kündigen, sofern nicht in der Person des Dritten ein wichtiger Grund vorliegt.

(2) Überlässt der Mieter den Gebrauch einem Dritten, so hat er ein dem Dritten bei dem Gebrauch zur Last fallendes Verschulden zu vertreten, auch wenn der Vermieter die Erlaubnis zur Überlassung erteilt hat.

§ 541 Unterlassungsklage bei vertragswidrigem Gebrauch

Setzt der Mieter einen vertragswidrigen Gebrauch der Mietsache trotz einer Abmahnung des Vermieters fort, so kann dieser auf Unterlassung klagen.

§ 542 Ende des Mietverhältnisses

(1) Ist die Mietzeit nicht bestimmt, so kann jede Vertragspartei das Mietverhältnis nach den gesetzlichen Vorschriften kündigen.

(2) Ein Mietverhältnis, das auf bestimmte Zeit eingegangen ist, endet mit dem Ablauf dieser Zeit, sofern es nicht

1. in den gesetzlich zugelassenen Fällen außerordentlich gekündigt oder
2. verlängert wird.

§ 543 Außerordentliche fristlose Kündigung aus wichtigem Grund

(1) Jede Vertragspartei kann das Mietverhältnis aus wichtigem Grund außerordentlich fristlos kündigen. Ein wichtiger Grund liegt vor, wenn dem Kündigenden unter Berücksichtigung aller Umstände des Einzelfalls, insbesondere eines Verschuldens der Vertragsparteien, und unter Abwägung der beiderseitigen Interessen die Fortsetzung des Mietverhältnisses bis zum Ablauf der Kündigungsfrist oder bis zur sonstigen Beendigung des Mietverhältnisses nicht zugemutet werden kann.

(2) Ein wichtiger Grund liegt insbesondere vor, wenn
1. dem Mieter der vertragsgemäße Gebrauch der Mietsache ganz oder zum Teil nicht rechtzeitig gewährt oder wieder entzogen wird,
2. der Mieter die Rechte des Vermieters dadurch in erheblichem Maße verletzt, dass er die Mietsache durch Vernachlässigung der ihm obliegenden Sorgfalt erheblich gefährdet oder sie unbefugt einem Dritten überlässt oder
3. der Mieter
   a) für zwei aufeinander folgende Termine mit der Entrichtung der Miete oder eines nicht unerheblichen Teils der Miete in Verzug ist oder
   b) in einem Zeitraum, der sich über mehr als zwei Termine erstreckt, mit der Entrichtung der Miete in Höhe eines Betrages in Verzug ist, der die Miete für zwei Monate erreicht.

Im Falle des Satzes 1 Nr. 3 ist die Kündigung ausgeschlossen, wenn der Vermieter vorher befriedigt wird. Sie wird unwirksam, wenn sich der Mieter von seiner Schuld durch Aufrechnung befreien konnte und unverzüglich nach der Kündigung die Aufrechnung erklärt.

(3) Besteht der wichtige Grund in der Verletzung einer Pflicht aus dem Mietvertrag, so ist die Kündigung erst nach erfolglosem Ablauf einer zur Abhilfe bestimmten angemessenen Frist oder nach erfolgloser Abmahnung zulässig. Dies gilt nicht, wenn
1. eine Frist oder Abmahnung offensichtlich keinen Erfolg verspricht,
2. die sofortige Kündigung aus besonderen Gründen unter Abwägung der beiderseitigen Interessen gerechtfertigt ist oder
3. der Mieter mit der Entrichtung der Miete im Sinne des Absatzes 2 Nr. 3 in Verzug ist.

(4) Auf das dem Mieter nach Absatz 2 Nr. 1 zustehende Kündigungsrecht sind die §§ 536b, 536d und §§ 469 bis 471 entsprechend anzuwenden. Ist streitig, ob der Vermieter den Gebrauch der Mietsache rechtzeitig gewährt oder die Abhilfe vor Ablauf der hierzu bestimmten Frist bewirkt hat, so trifft ihn die Beweislast.

§ 544 Vertrag über mehr als 30 Jahre

Wird ein Mietvertrag für eine längere Zeit als 30 Jahre geschlossen, so kann jede Vertragspartei nach Ablauf von 30 Jahren nach Überlassung der Mietsache das Mietverhältnis außerordentlich mit der gesetzlichen Frist kündigen. Die Kündigung ist unzulässig, wenn der Vertrag für die Lebenszeit des Vermieters oder des Mieters geschlossen worden ist.

§ 545 Stillschweigende Verlängerung des Mietverhältnisses

Setzt der Mieter nach Ablauf der Mietzeit den Gebrauch der Mietsache fort, so verlängert sich das Mietverhältnis auf unbestimmte Zeit, sofern nicht eine Vertragspartei ihren entgegenstehenden Willen innerhalb von zwei Wochen dem anderen Teil erklärt. Die Frist beginnt

1. für den Mieter mit der Fortsetzung des Gebrauchs,
2. für den Vermieter mit dem Zeitpunkt, in dem er von der Fortsetzung Kenntnis erhält.

§ 546 Rückgabepflicht des Mieters

(1) Der Mieter ist verpflichtet, die Mietsache nach Beendigung des Mietverhältnisses zurückzugeben.

(2) Hat der Mieter den Gebrauch der Mietsache einem Dritten überlassen, so kann der Vermieter die Sache nach Beendigung des Mietverhältnisses auch von dem Dritten zurückfordern.

§ 546a Entschädigung des Vermieters bei verspäteter Rückgabe

(1) Gibt der Mieter die Mietsache nach Beendigung des Mietverhältnisses nicht zurück, so kann der Vermieter für die Dauer der Vorenthaltung als Entschädigung die vereinbarte Miete oder die Miete verlangen, die für vergleichbare Sachen ortsüblich ist.

(2) Die Geltendmachung eines weiteren Schadens ist nicht ausgeschlossen.

§ 547 Erstattung von im Voraus entrichteter Miete

(1) Ist die Miete für die Zeit nach Beendigung des Mietverhältnisses im Voraus entrichtet worden, so hat der Vermieter sie zurückzuerstatten und ab Empfang zu verzinsen. Hat der Vermieter die Beendigung des Mietverhältnisses nicht zu vertreten, so hat er das Erlangte nach den Vorschriften über die Herausgabe einer ungerechtfertigten Bereicherung zurückzuerstatten.

(2) Bei einem Mietverhältnis über Wohnraum ist eine zum Nachteil des Mieters abweichende Vereinbarung unwirksam.

§ 548 Verjährung der Ersatzansprüche und des Wegnahmerechts

(1) Die Ersatzansprüche des Vermieters wegen Veränderungen oder Verschlechterungen der Mietsache verjähren in sechs Monaten. Die Verjährung beginnt mit dem Zeitpunkt, in dem er die Mietsache zurückerhält. Mit der Verjährung des Anspruchs des Vermieters auf Rückgabe der Mietsache verjähren auch seine Ersatzansprüche.

(2) Ansprüche des Mieters auf Ersatz von Aufwendungen oder auf Gestattung der Wegnahme einer Einrichtung verjähren in sechs Monaten nach der Beendigung des Mietverhältnisses.

(3) Beantragt eine Vertragspartei das selbständige Beweisverfahren nach der Zivilprozessordnung, so wird die Verjährung unterbrochen. Im Übrigen gelten die Vorschriften des § 477 Abs. 2 Satz 2 und 3 und Abs. 3 entsprechend.

II. Mietverhältnisse über Wohnraum

1. Allgemeine Vorschriften

§ 549 Auf Wohnraummietverhältnisse anwendbare Vorschriften

(1) Für Mietverhältnisse über Wohnraum gelten die §§ 535 bis 548, soweit sich nicht aus den §§ 549 bis 577a etwas anderes ergibt.

(2) Die Vorschriften über die Mieterhöhung (§§ 557 bis 561) und über den Mieterschutz bei Beendigung des Mietverhältnisses sowie bei der Begründung von Wohnungseigentum (§ 568 Abs. 2, §§ 573, 573a, 573d Abs. 1, §§ 574 bis 575, 575a Abs. 1 und §§ 577, 577a) gelten nicht für Mietverhältnisse über

1. Wohnraum, der nur zum vorübergehenden Gebrauch vermietet ist,
2. Wohnraum, der Teil der vom Vermieter selbst bewohnten Wohnung ist und den der Vermieter überwiegend mit Einrichtungsgegenständen auszustatten hat, sofern der Wohnraum dem Mieter nicht zum dauernden Gebrauch mit seiner Familie oder mit Personen überlassen ist, mit denen er einen auf Dauer angelegten gemeinsamen Haushalt führt,
3. Wohnraum, den eine juristische Person des öffentlichen Rechts oder ein anerkannter privater Träger der Wohlfahrtspflege angemietet hat, um ihn Personen mit dringendem Wohnungsbedarf zu überlassen, wenn sie den Mieter bei Vertragsschluss auf die Zweckbestimmung des Wohnraums und die Ausnahme von den genannten Vorschriften hingewiesen hat.

(3) Für Wohnraum in einem Studenten- oder Jugendwohnheim gelten die §§ 557 bis 561 sowie die §§ 573, 573a, 573d Abs. 1 und §§ 575, 575a Abs. 1, §§ 577, 577a nicht.

§ 550 Form des Mietvertrags

Wird der Mietvertrag für längere Zeit als ein Jahr nicht in schriftlicher Form geschlossen, so gilt er für unbestimmte Zeit. Die Kündigung ist jedoch frühestens zum Ablauf eines Jahres nach Überlassung des Wohnraums zulässig.

§ 551 Begrenzung und Anlage von Mietsicherheiten

(1) Hat der Mieter dem Vermieter für die Erfüllung seiner Pflichten Sicherheit zu leisten, so darf diese vorbehaltlich des Absatzes 3 Satz 4 höchstens das Dreifache der auf einen Monat entfallenden Miete ohne die als Pauschale oder als Vorauszahlung ausgewiesenen Betriebskosten betragen.

(2) Ist als Sicherheit eine Geldsumme bereitzustellen, so ist der Mieter zu drei gleichen monatlichen Teilzahlungen berechtigt. Die erste Teilzahlung ist zu Beginn des Mietverhältnisses fällig.

(3) Der Vermieter hat eine ihm als Sicherheit überlassene Geldsumme bei einem Kreditinstitut zu dem für Spareinlagen mit dreimonatiger Kündigungsfrist üblichen Zinssatz anzulegen. Die Vertragsparteien können eine andere Anlageform vereinbaren. In beiden Fällen muss die Anlage vom Vermögen des Vermieters getrennt erfolgen und stehen die Erträge dem Mieter zu. Sie erhöhen die Sicherheit. Bei Wohnraum in einem Studenten- oder Jugendwohnheim besteht für den Vermieter keine Pflicht, die Sicherheitsleistung zu verzinsen.

(4) Eine zum Nachteil des Mieters abweichende Vereinbarung ist unwirksam.

§ 552 Abwendung des Wegnahmerechts des Mieters

(1) Der Vermieter kann die Ausübung des Wegnahmerechts (§ 539 Abs. 2) durch Zahlung einer angemessenen Entschädigung abwenden, wenn nicht der Mieter ein berechtigtes Interesse an der Wegnahme hat.

(2) Eine Vereinbarung, durch die das Wegnahmerecht ausgeschlossen wird, ist nur wirksam, wenn ein angemessener Ausgleich vorgesehen ist.

§ 553 Gestattung der Gebrauchsüberlassung an Dritte

(1) Entsteht für den Mieter nach Abschluss des Mietvertrags ein berechtigtes Interesse, einen Teil des Wohnraums einem Dritten zum Gebrauch zu überlassen, so kann er von dem Vermieter die Erlaubnis hierzu verlangen. Dies gilt nicht, wenn in der Person des Dritten ein wichtiger Grund vorliegt, der Wohnraum übermäßig belegt würde oder dem Vermieter die Überlassung aus sonstigen Gründen nicht zugemutet werden kann.

(2) Ist dem Vermieter die Überlassung nur bei einer angemessenen Erhöhung der Miete zuzumuten, so kann er die Erlaubnis davon abhängig machen, dass der Mieter sich mit einer solchen Erhöhung einverstanden erklärt.

(3) Eine zum Nachteil des Mieters abweichende Vereinbarung ist unwirksam.

§ 554 Duldung von Erhaltungs- und Modernisierungsmaßnahmen

(1) Der Mieter hat Maßnahmen zu dulden, die zur Erhaltung der Mietsache erforderlich sind.

(2) Maßnahmen zur Verbesserung der Mietsache, zur Einsparung von Energie oder Wasser oder zur Schaffung neuen Wohnraums hat der Mieter zu dulden. Dies gilt nicht, wenn die Maßnahme für ihn, seine Familie oder einen anderen Angehörigen seines Haushalts eine Härte bedeuten würde, die auch unter Würdigung der berechtigten Interessen des Vermieters und anderer Mieter in dem Gebäude nicht zu rechtfertigen ist. Dabei sind insbesondere die vorzunehmenden Arbeiten, die baulichen Folgen, vorausgegangene Aufwendungen des Mieters und die zu erwartende Mieterhöhung zu berücksichtigen. Die zu erwartende Mieterhöhung ist nicht als Härte anzusehen, wenn die Mietsache lediglich in einen Zustand versetzt wird, wie er allgemein üblich ist.

(3) Bei Maßnahmen nach Absatz 2 Satz 1 hat der Vermieter dem Mieter spätestens drei Monate vor Beginn der Maßnahme deren Art sowie voraussichtlichen Umfang und Beginn, voraussichtliche Dauer und die zu erwartende Mieterhöhung in Textform mitzuteilen. Der Mieter ist berechtigt, bis zum Ablauf des Monats, der auf den Zugang der Mitteilung folgt, außerordentlich zum Ablauf des nächsten Monats zu kündigen. Diese Vorschriften gelten nicht bei Maßnahmen, die nur mit einer unerheblichen Einwirkung auf die vermieteten Räume verbunden sind und nur zu einer unerheblichen Mieterhöhung führen.

(4) Aufwendungen, die der Mieter infolge einer Maßnahme nach Absatz 1 oder 2 Satz 1 machen musste, hat der Vermieter in angemessenem Umfang zu ersetzen. Auf Verlangen hat er Vorschuss zu leisten.

(5) Eine zum Nachteil des Mieters von den Absätzen 2 bis 4 abweichende Vereinbarung ist unwirksam.

§ 554a Barrierefreiheit

(1) Der Mieter kann vom Vermieter die Zustimmung zu baulichen Veränderungen oder sonstigen Einrichtungen verlangen, die für eine behindertengerechte Nutzung der Mietsache oder den Zugang zu ihr erforderlich sind, wenn er ein berechtigtes Interesse daran hat. Der Vermieter kann seine Zustimmung verweigern, wenn sein Interesse an der unveränderten Erhaltung der Mietsache oder des Gebäudes das Interesse des Mieters an einer behindertengerechten Nutzung der Mietsache überwiegt. Dabei sind auch die berechtigten Interessen anderer Mieter in dem Gebäude zu berücksichtigen.

(2) Der Vermieter kann seine Zustimmung von der Leistung einer angemessenen zusätzlichen Sicherheit für die Wiederherstellung des ursprünglichen Zustandes abhängig machen. § 551 Abs. 3 und 4 gilt entsprechend.

(3) Eine zum Nachteil des Mieters von Absatz 1 abweichende Vereinbarung ist unwirksam.

§ 555 Unwirksamkeit einer Vertragsstrafe
Eine Vereinbarung, durch die sich der Vermieter eine Vertragsstrafe vom Mieter versprechen lässt, ist unwirksam.

2. Die Miete

a) Vereinbarungen über die Miete

§ 556 Vereinbarungen über Betriebskosten
(1) Die Vertragsparteien können vereinbaren, dass der Mieter Betriebskosten im Sinne des § 27 der Zweiten Berechnungsverordnung trägt.

(2) Die Vertragsparteien können vorbehaltlich anderweitiger Vorschriften vereinbaren, dass Betriebskosten als Pauschale oder als Vorauszahlung ausgewiesen werden. Vorauszahlungen für Betriebskosten dürfen nur in angemessener Höhe vereinbart werden.

(3) Über die Vorauszahlungen für Betriebskosten ist jährlich abzurechnen; dabei ist der Grundsatz der Wirtschaftlichkeit zu beachten. Die Abrechnung ist dem Mieter spätestens bis zum Ablauf des zwölften Monats nach Ende des Abrechnungszeitraums mitzuteilen. Nach Ablauf dieser Frist ist die Geltendmachung einer Nachforderung durch den Vermieter ausgeschlossen, es sei denn, der Vermieter hat die verspätete Geltendmachung nicht zu vertreten. Der Vermieter ist zu Teilabrechnungen nicht verpflichtet. Einwendungen gegen die Abrechnung hat der Mieter dem Vermieter spätestens bis zum Ablauf des zwölften Monats nach Zugang der Abrechnung mitzuteilen. Nach Ablauf dieser Frist kann der Mieter Einwendungen nicht mehr geltend machen, es sei denn, der Mieter hat die verspätete Geltendmachung nicht zu vertreten.

(4) Eine zum Nachteil des Mieters von Absatz 1, Absatz 2 Satz 2 oder Absatz 3 abweichende Vereinbarung ist unwirksam.

§ 556a Abrechnungsmaßstab für Betriebskosten
(1) Haben die Vertragsparteien nichts anderes vereinbart, sind die Betriebskosten vorbehaltlich anderweitiger Vorschriften nach dem Anteil der Wohnfläche umzulegen. Betriebskosten, die von einem erfassten Verbrauch oder einer erfassten Verursachung durch die Mieter abhängen, sind nach einem Maßstab umzulegen, der dem unterschiedlichen Verbrauch oder der unterschiedlichen Verursachung Rechnung trägt.

(2) Haben die Vertragsparteien etwas anderes vereinbart, kann der Vermieter durch Erklärung in Textform bestimmen, dass die Betriebskosten zukünftig abweichend von der getroffenen Vereinbarung ganz oder teilweise nach einem Maßstab umgelegt werden dürfen, der dem erfassten unterschiedlichen Verbrauch oder

der erfassten unterschiedlichen Verursachung Rechnung trägt. Die Erklärung ist nur vor Beginn eines Abrechnungszeitraums zulässig. Sind die Kosten bislang in der Miete enthalten, so ist diese entsprechend herabzusetzen.

(3) Eine zum Nachteil des Mieters von Absatz 2 abweichende Vereinbarung ist unwirksam.

§ 556b Fälligkeit der Miete, Aufrechnungs- und Zurückbehaltungsrecht

(1) Die Miete ist zu Beginn, spätestens bis zum dritten Werktag der einzelnen Zeitabschnitte zu entrichten, nach denen sie bemessen ist.

(2) Der Mieter kann entgegen einer vertraglichen Bestimmung gegen eine Mietforderung mit einer Forderung aufgrund der §§ 536a, 539 oder aus ungerechtfertigter Bereicherung wegen zu viel gezahlter Miete aufrechnen oder wegen einer solchen Forderung ein Zurückbehaltungsrecht ausüben, wenn er seine Absicht dem Vermieter mindestens einen Monat vor der Fälligkeit der Miete in Textform angezeigt hat. Eine zum Nachteil des Mieters abweichende Vereinbarung ist unwirksam.

b) Regelung über die Miethöhe

§ 557 Mieterhöhungen nach Vereinbarung oder Gesetz

(1) Während des Mietverhältnisses können die Parteien eine Erhöhung der Miete vereinbaren.

(2) Künftige Änderungen der Miethöhe können die Vertragsparteien als Staffelmiete nach § 557a oder als Indexmiete nach § 557b vereinbaren.

(3) Im Übrigen kann der Vermieter Mieterhöhungen nur nach Maßgabe der §§ 558 bis 560 verlangen, soweit nicht eine Erhöhung durch Vereinbarung ausgeschlossen ist oder sich der Ausschluss aus den Umständen ergibt.

(4) Eine zum Nachteil des Mieters abweichende Vereinbarung ist unwirksam.

§ 557a Staffelmiete

(1) Die Miete kann für bestimmte Zeiträume in unterschiedlicher Höhe schriftlich vereinbart werden; in der Vereinbarung ist die jeweilige Miete oder die jeweilige Erhöhung in einem Geldbetrag auszuweisen (Staffelmiete).

(2) Die Miete muss jeweils mindestens ein Jahr unverändert bleiben. Während der Laufzeit einer Staffelmiete ist eine Erhöhung nach den §§ 558 bis 559b ausgeschlossen.

(3) Das Kündigungsrecht des Mieters kann für höchstens vier Jahre seit Abschluss der Staffelmietvereinbarung ausgeschlossen werden. Die Kündigung ist frühestens zum Ablauf dieses Zeitraums zulässig.

(4) Eine zum Nachteil des Mieters abweichende Vereinbarung ist unwirksam.

§ 557b Indexmiete

(1) Die Vertragsparteien können schriftlich vereinbaren, dass die Miete durch den vom Statistischen Bundesamt ermittelten Preisindex für die Lebenshaltung aller privaten Haushalte in Deutschland bestimmt wird (Indexmiete).

(2) Während der Geltung einer Indexmiete muss die Miete, von Erhöhungen nach den §§ 559 bis 560 abgesehen, jeweils mindestens ein Jahr unverändert bleiben. Eine Erhöhung nach § 559 kann nur verlangt werden, soweit der Vermieter bauliche Maßnahmen aufgrund von Umständen durchgeführt hat, die er nicht zu vertreten hat. Eine Erhöhung nach § 558 ist ausgeschlossen.

(3) Eine Änderung der Miete nach Absatz 1 muss durch Erklärung in Textform geltend gemacht werden. Dabei sind die eingetretene Änderung des Preisindexes sowie die jeweilige Miete oder die Erhöhung in einem Geldbetrag anzugeben. Die geänderte Miete ist mit Beginn des übernächsten Monats nach dem Zugang der Erklärung zu entrichten.

(4) Eine zum Nachteil des Mieters abweichende Vereinbarung ist unwirksam.

§ 558 Mieterhöhung bis zur ortsüblichen Vergleichsmiete

(1) Der Vermieter kann die Zustimmung zu einer Erhöhung der Miete bis zur ortsüblichen Vergleichsmiete verlangen, wenn die Miete in dem Zeitpunkt, zu dem die Erhöhung eintreten soll, seit 15 Monaten unverändert ist. Das Mieterhöhungsverlangen kann frühestens ein Jahr nach der letzten Mieterhöhung geltend gemacht werden. Erhöhungen nach den §§ 559 bis 560 werden nicht berücksichtigt.

(2) Die ortsübliche Vergleichsmiete wird gebildet aus den üblichen Entgelten, die in der Gemeinde oder einer vergleichbaren Gemeinde für Wohnraum vergleichbarer Art, Größe, Ausstattung, Beschaffenheit und Lage in den letzten vier Jahren vereinbart oder, von Erhöhungen nach § 560 abgesehen, geändert worden sind. Ausgenommen ist Wohnraum, bei dem die Miethöhe durch Gesetz oder im Zusammenhang mit einer Förderzusage festgelegt worden ist.

(3) Bei Erhöhungen nach Absatz 1 darf sich die Miete innerhalb von drei Jahren, von Erhöhungen nach den §§ 559 bis 560 abgesehen, nicht um mehr als 20 vom Hundert erhöhen (Kappungsgrenze).

(4) Die Kappungsgrenze gilt nicht,

1. wenn eine Verpflichtung des Mieters zur Ausgleichszahlung nach den Vorschriften über den Abbau der Fehlsubventionierung im Wohnungswesen wegen des Wegfalls der öffentlichen Bindung erloschen ist und
2. soweit die Erhöhung den Betrag der zuletzt zu entrichtenden Ausgleichszahlung nicht übersteigt.

Der Vermieter kann vom Mieter frühestens vier Monate vor dem Wegfall der öffentlichen Bindung verlangen, ihm innerhalb eines Monats über die Verpflichtung zur Ausgleichszahlung und über deren Höhe Auskunft zu erteilen.

(5) Von dem Jahresbetrag, der sich bei einer Erhöhung auf die ortsübliche Vergleichsmiete ergäbe, sind Drittmittel im Sinne des § 559a abzuziehen, im Falle des § 559a Abs. 1 mit 11 vom Hundert des Zuschusses.

(6) Eine zum Nachteil des Mieters abweichende Vereinbarung ist unwirksam.

§ 558a Form und Begründung der Mieterhöhung

(1) Das Mieterhöhungsverlangen nach § 558 ist dem Mieter in Textform zu erklären und zu begründen.

(2) Zur Begründung kann insbesondere Bezug genommen werden auf

1. einen Mietspiegel (§§ 558c, 558d),
2. eine Auskunft aus einer Mietdatenbank (§ 558e),
3. ein mit Gründen versehenes Gutachten eines öffentlich bestellten und vereidigten Sachverständigen,
4. entsprechende Entgelte für einzelne vergleichbare Wohnungen; hierbei genügt die Benennung von drei Wohnungen.

(3) Enthält ein qualifizierter Mietspiegel (§ 558d Abs. 1), bei dem die Vorschrift des § 558d Abs. 2 eingehalten ist, Angaben für die Wohnung, so hat der Vermieter in seinem Mieterhöhungsverlangen diese Angaben auch dann mitzuteilen, wenn er die Mieterhöhung auf ein anderes Begründungsmittel nach Absatz 2 stützt.

(4) Bei der Bezugnahme auf einen Mietspiegel, der Spannen enthält, reicht es aus, wenn die verlangte Miete innerhalb der Spanne liegt. Ist in dem Zeitpunkt, in dem der Vermieter seine Erklärung abgibt, kein Mietspiegel vorhanden, bei dem § 558c Abs. 3 oder § 558d Abs. 2 eingehalten ist, so kann auch ein anderer, insbesondere ein veralteter Mietspiegel oder ein Mietspiegel einer vergleichbaren Gemeinde verwendet werden.

(5) Eine zum Nachteil des Mieters abweichende Vereinbarung ist unwirksam.

§ 558b Zustimmung zur Mieterhöhung

(1) Soweit der Mieter der Mieterhöhung zustimmt, schuldet er die erhöhte Miete mit Beginn des dritten Kalendermonats nach dem Zugang des Erhöhungsverlangens.

(2) Soweit der Mieter der Mieterhöhung nicht bis zum Ablauf des zweiten Kalendermonats nach dem Zugang des Verlangens zustimmt, kann der Vermieter auf Erteilung der Zustimmung klagen. Die Klage muss innerhalb von drei weiteren Monaten erhoben werden.

(3) Ist der Klage ein Erhöhungsverlangen vorausgegangen, das den Anforderungen des § 558a nicht entspricht, so kann es der Vermieter im Rechtsstreit nachholen oder die Mängel des Erhöhungsverlangens beheben. Dem Mieter steht auch in diesem Fall die Zustimmungsfrist nach Absatz 2 Satz 1 zu.

(4) Eine zum Nachteil des Mieters abweichende Vereinbarung ist unwirksam.

§ 558c Mietspiegel

(1) Ein Mietspiegel ist eine Übersicht über die ortsübliche Vergleichsmiete, soweit die Übersicht von der Gemeinde oder von Interessenvertretern der Vermieter und der Mieter gemeinsam erstellt oder anerkannt worden ist.

(2) Mietspiegel können für das Gebiet einer Gemeinde oder mehrerer Gemeinden oder für Teile von Gemeinden erstellt werden.

(3) Mietspiegel sollen im Abstand von zwei Jahren der Marktentwicklung angepasst werden.

(4) Gemeinden sollen Mietspiegel erstellen, wenn hierfür ein Bedürfnis besteht und dies mit einem vertretbaren Aufwand möglich ist. Die Mietspiegel und ihre Änderungen sollen veröffentlicht werden.

(5) Die Bundesregierung wird ermächtigt, durch Rechtsverordnung mit Zustimmung des Bundesrates Vorschriften über den näheren Inhalt und das Verfahren zur Aufstellung und Anpassung von Mietspiegeln zu erlassen.

§ 558d Qualifizierter Mietspiegel

(1) Ein qualifizierter Mietspiegel ist ein Mietspiegel, der nach anerkannten wissenschaftlichen Grundsätzen erstellt und von der Gemeinde oder von Interessenvertretern der Vermieter und der Mieter anerkannt worden ist.

(2) Der qualifizierte Mietspiegel ist im Abstand von zwei Jahren der Marktentwicklung anzupassen. Dabei kann eine Stichprobe oder die Entwicklung des vom Statistischen Bundesamt ermittelten Preisindexes für die Lebenshaltung aller privaten Haushalte in Deutschland zugrunde gelegt werden. Nach vier Jahren ist der qualifizierte Mietspiegel neu zu erstellen.

(3) Ist die Vorschrift des Absatzes 2 eingehalten, so wird vermutet, dass die im qualifizierten Mietspiegel bezeichneten Entgelte die ortsübliche Vergleichsmiete wiedergeben.

§ 558e Mietdatenbank

Eine Mietdatenbank ist eine zur Ermittlung der ortsüblichen Vergleichsmiete fortlaufend geführte Sammlung von Mieten, die von der Gemeinde oder von Interessenvertretern der Vermieter und der Mieter gemeinsam geführt oder anerkannt wird und aus der Auskünfte gegeben werden, die für einzelne Wohnungen einen Schluss auf die ortsübliche Vergleichsmiete zulassen.

§ 559 Mieterhöhung bei Modernisierung

(1) Hat der Vermieter bauliche Maßnahmen durchgeführt, die den Gebrauchswert der Mietsache nachhaltig erhöhen, die allgemeinen Wohnverhältnisse auf Dauer verbessern oder nachhaltig Einsparungen von Energie oder Wasser bewirken (Modernisierung), oder hat er andere bauliche Maßnahmen aufgrund von

Umständen durchgeführt, die er nicht zu vertreten hat, so kann er die jährliche Miete um 11 vom Hundert der für die Wohnung aufgewendeten Kosten erhöhen.

(2) Sind die baulichen Maßnahmen für mehrere Wohnungen durchgeführt worden, so sind die Kosten angemessen auf die einzelnen Wohnungen aufzuteilen.

(3) Eine zum Nachteil des Mieters abweichende Vereinbarung ist unwirksam.

§ 559a Anrechnung von Drittmitteln

(1) Kosten, die vom Mieter oder für diesen von einem Dritten übernommen oder die mit Zuschüssen aus öffentlichen Haushalten gedeckt werden, gehören nicht zu den aufgewendeten Kosten im Sinne des § 559.

(2) Werden die Kosten für die baulichen Maßnahmen ganz oder teilweise durch zinsverbilligte oder zinslose Darlehen aus öffentlichen Haushalten gedeckt, so verringert sich der Erhöhungsbetrag nach § 559 um den Jahresbetrag der Zinsermäßigung. Dieser wird errechnet aus dem Unterschied zwischen dem ermäßigten Zinssatz und dem marktüblichen Zinssatz für den Ursprungsbetrag des Darlehens. Maßgebend ist der marktübliche Zinssatz für erstrangige Hypotheken zum Zeitpunkt der Beendigung der Maßnahmen. Werden Zuschüsse oder Darlehen zur Deckung von laufenden Aufwendungen gewährt, so verringert sich der Erhöhungsbetrag um den Jahresbetrag des Zuschusses oder Darlehens.

(3) Ein Mieterdarlehen, eine Mietvorauszahlung oder eine von einem Dritten für den Mieter erbrachte Leistung für die baulichen Maßnahmen stehen einem Darlehen aus öffentlichen Haushalten gleich. Mittel der Finanzierungsinstitute des Bundes oder eines Landes gelten als Mittel aus öffentlichen Haushalten.

(4) Kann nicht festgestellt werden, in welcher Höhe Zuschüsse oder Darlehen für die einzelnen Wohnungen gewährt worden sind, so sind sie nach dem Verhältnis der für die einzelnen Wohnungen aufgewendeten Kosten aufzuteilen.

(5) Eine zum Nachteil des Mieters abweichende Vereinbarung ist unwirksam.

§ 559b Geltendmachung der Erhöhung, Wirkung der Erhöhungserklärung

(1) Die Mieterhöhung nach § 559 ist dem Mieter in Textform zu erklären. Die Erklärung ist nur wirksam, wenn in ihr die Erhöhung aufgrund der entstandenen Kosten berechnet und entsprechend den Voraussetzungen der §§ 559 und 559a erläutert wird.

(2) Der Mieter schuldet die erhöhte Miete mit Beginn des dritten Monats nach dem Zugang der Erklärung. Die Frist verlängert sich um sechs Monate, wenn der Vermieter dem Mieter die zu erwartende Erhöhung der Miete nicht nach § 554 Abs. 3 Satz 1 mitgeteilt hat oder wenn die tatsächliche Mieterhöhung mehr als 10 vom Hundert höher ist als die mitgeteilte.

(3) Eine zum Nachteil des Mieters abweichende Vereinbarung ist unwirksam.

§ 560 Veränderungen von Betriebskosten

(1) Bei einer Betriebskostenpauschale ist der Vermieter berechtigt, Erhöhungen der Betriebskosten durch Erklärung in Textform anteilig auf den Mieter umzulegen, soweit dies im Mietvertrag vereinbart ist. Die Erklärung ist nur wirksam, wenn in ihr der Grund für die Umlage bezeichnet und erläutert wird.

(2) Der Mieter schuldet den auf ihn entfallenden Teil der Umlage mit Beginn des auf die Erklärung folgenden übernächsten Monats. Soweit die Erklärung darauf beruht, dass sich die Betriebskosten rückwirkend erhöht haben, wirkt sie auf den Zeitpunkt der Erhöhung der Betriebskosten, höchstens jedoch auf den Beginn des der Erklärung vorausgehenden Kalenderjahres zurück, sofern der Vermieter die Erklärung innerhalb von drei Monaten nach Kenntnis von der Erhöhung abgibt.

(3) Ermäßigen sich die Betriebskosten, so ist eine Betriebskostenpauschale vom Zeitpunkt der Ermäßigung an entsprechend herabzusetzen. Die Ermäßigung ist dem Mieter unverzüglich mitzuteilen.

(4) Sind Betriebskostenvorauszahlungen vereinbart worden, so kann jede Vertragspartei nach einer Abrechnung durch Erklärung in Textform eine Anpassung auf eine angemessene Höhe vornehmen.

(5) Bei Veränderungen von Betriebskosten ist der Grundsatz der Wirtschaftlichkeit zu beachten.

(6) Eine zum Nachteil des Mieters abweichende Vereinbarung ist unwirksam.

§ 561 Sonderkündigungsrecht des Mieters nach Mieterhöhung

(1) Macht der Vermieter eine Mieterhöhung nach § 558 oder § 559 geltend, so kann der Mieter bis zum Ablauf des zweiten Monats nach dem Zugang der Erklärung des Vermieters das Mietverhältnis außerordentlich zum Ablauf des übernächsten Monats kündigen. Kündigt der Mieter, so tritt die Mieterhöhung nicht ein.

(2) Eine zum Nachteil des Mieters abweichende Vereinbarung ist unwirksam.

3. Pfandrecht des Vermieters

§ 562 Umfang des Vermieterpfandrechts

(1) Der Vermieter hat für seine Forderungen aus dem Mietverhältnis ein Pfandrecht an den eingebrachten Sachen des Mieters. Es erstreckt sich nicht auf die Sachen, die der Pfändung nicht unterliegen.

(2) Für künftige Entschädigungsforderungen und für die Miete für eine spätere Zeit als das laufende und das folgende Mietjahr kann das Pfandrecht nicht geltend gemacht werden.

§ 562a Erlöschen des Vermieterpfandrechts

Das Pfandrecht des Vermieters erlischt mit der Entfernung der Sachen von dem Grundstück, außer wenn diese ohne Wissen oder unter Widerspruch des Vermieters erfolgt. Der Vermieter kann nicht widersprechen, wenn sie den gewöhnlichen Lebensverhältnissen entspricht oder wenn die zurückbleibenden Sachen zur Sicherung des Vermieters offenbar ausreichen.

§ 562b Selbsthilferecht, Herausgabeanspruch

(1) Der Vermieter darf die Entfernung der Sachen, die seinem Pfandrecht unterliegen, auch ohne Anrufen des Gerichts verhindern, soweit er berechtigt ist, der Entfernung zu widersprechen. Wenn der Mieter auszieht, darf der Vermieter diese Sachen in seinen Besitz nehmen.

(2) Sind die Sachen ohne Wissen oder unter Widerspruch des Vermieters entfernt worden, so kann er die Herausgabe zum Zwecke der Zurückschaffung auf das Grundstück und, wenn der Mieter ausgezogen ist, die Überlassung des Besitzes verlangen. Das Pfandrecht erlischt mit dem Ablauf eines Monats, nachdem der Vermieter von der Entfernung der Sachen Kenntnis erlangt hat, wenn er diesen Anspruch nicht vorher gerichtlich geltend gemacht hat.

§ 562c Abwendung des Pfandrechts durch Sicherheitsleistung

Der Mieter kann die Geltendmachung des Pfandrechts des Vermieters durch Sicherheitsleistung abwenden. Er kann jede einzelne Sache dadurch von dem Pfandrecht befreien, dass er in Höhe ihres Wertes Sicherheit leistet.

§ 562d Pfändung durch Dritte

Wird eine Sache, die dem Pfandrecht des Vermieters unterliegt, für einen anderen Gläubiger gepfändet, so kann diesem gegenüber das Pfandrecht nicht wegen der Miete für eine frühere Zeit als das letzte Jahr vor der Pfändung geltend gemacht werden.

4. Wechsel der Vertragsparteien

§ 563 Eintrittsrecht bei Tod des Mieters

(1) Der Ehegatte, der mit dem Mieter einen gemeinsamen Haushalt führt, tritt mit dem Tod des Mieters in das Mietverhältnis ein. Dasselbe gilt für den Lebenspartner.

(2) Leben in dem gemeinsamen Haushalt Kinder des Mieters, treten diese mit dem Tod des Mieters in das Mietverhältnis ein, wenn nicht der Ehegatte eintritt. Der Eintritt des Lebenspartners bleibt vom Eintritt der Kinder des Mieters un-

berührt. Andere Familienangehörige, die mit dem Mieter einen gemeinsamen Haushalt führen, treten mit dem Tod des Mieters in das Mietverhältnis ein, wenn nicht der Ehegatte oder der Lebenspartner eintritt. Dasselbe gilt für Personen, die mit dem Mieter einen auf Dauer angelegten gemeinsamen Haushalt führen.

(3) Erklären eingetretene Personen im Sinne des Absatzes 1 oder 2 innerhalb eines Monats, nachdem sie vom Tod des Mieters Kenntnis erlangt haben, dem Vermieter, dass sie das Mietverhältnis nicht fortsetzen wollen, gilt der Eintritt als nicht erfolgt. Für geschäftsunfähige oder in der Geschäftsfähigkeit beschränkte Personen gilt § 206 entsprechend. Sind mehrere Personen in das Mietverhältnis eingetreten, so kann jeder die Erklärung für sich abgeben.

(4) Der Vermieter kann das Mietverhältnis innerhalb eines Monats, nachdem er von dem endgültigen Eintritt in das Mietverhältnis Kenntnis erlangt hat, außerordentlich mit der gesetzlichen Frist kündigen, wenn in der Person des Eingetretenen ein wichtiger Grund vorliegt.

(5) Eine abweichende Vereinbarung zum Nachteil des Mieters oder solcher Personen, die nach Absatz 1 oder 2 eintrittsberechtigt sind, ist unwirksam.

§ 563a Fortsetzung mit überlebenden Mietern

(1) Sind mehrere Personen im Sinne des § 563 gemeinsam Mieter, so wird das Mietverhältnis beim Tod eines Mieters mit den überlebenden Mietern fortgesetzt.

(2) Die überlebenden Mieter können das Mietverhältnis innerhalb eines Monats, nachdem sie vom Tod des Mieters Kenntnis erlangt haben, außerordentlich mit der gesetzlichen Frist kündigen.

(3) Eine abweichende Vereinbarung zum Nachteil der Mieter ist unwirksam.

§ 563b Haftung bei Eintritt oder Fortsetzung

(1) Die Personen, die nach § 563 in das Mietverhältnis eingetreten sind oder mit denen es nach § 563a fortgesetzt wird, haften neben dem Erben für die bis zum Tod des Mieters entstandenen Verbindlichkeiten als Gesamtschuldner. Im Verhältnis zu diesen Personen haftet der Erbe allein, soweit nichts anderes bestimmt ist.

(2) Hat der Mieter die Miete für einen nach seinem Tod liegenden Zeitraum im Voraus entrichtet, sind die Personen, die nach § 563 in das Mietverhältnis eingetreten sind oder mit denen es nach § 563a fortgesetzt wird, verpflichtet, dem Erben dasjenige herauszugeben, was sie infolge der Vorausentrichtung der Miete ersparen oder erlangen.

(3) Der Vermieter kann, falls der verstorbene Mieter keine Sicherheit geleistet hat, von den Personen, die nach § 563 in das Mietverhältnis eingetreten sind oder mit denen es nach § 563a fortgesetzt wird, nach Maßgabe des § 551 eine Sicherheitsleistung verlangen.

§ 564 Fortsetzung des Mietverhältnisses mit dem Erben, außerordentliche Kündigung

Treten beim Tod des Mieters keine Personen im Sinne des § 563 in das Mietverhältnis ein oder wird es nicht mit ihnen nach § 563a fortgesetzt, so wird es mit dem Erben fortgesetzt. In diesem Fall ist sowohl der Erbe als auch der Vermieter berechtigt, das Mietverhältnis innerhalb eines Monats außerordentlich mit der gesetzlichen Frist zu kündigen, nachdem sie vom Tod des Mieters und davon Kenntnis erlangt haben, dass ein Eintritt in das Mietverhältnis oder dessen Fortsetzung nicht erfolgt sind.

§ 565 Gewerbliche Weitervermietung

(1) Soll der Mieter nach dem Mietvertrag den gemieteten Wohnraum gewerblich einem Dritten zu Wohnzwecken weitervermieten, so tritt der Vermieter bei der Beendigung des Mietverhältnisses in die Rechte und Pflichten aus dem Mietverhältnis zwischen dem Mieter und dem Dritten ein. Schließt der Vermieter erneut einen Mietvertrag zur gewerblichen Weitervermietung ab, so tritt der Mieter anstelle der bisherigen Vertragspartei in die Rechte und Pflichten aus dem Mietverhältnis mit dem Dritten ein.

(2) Die §§ 566a bis 566e gelten entsprechend.

(3) Eine zum Nachteil des Dritten abweichende Vereinbarung ist unwirksam.

§ 566 Kauf bricht nicht Miete

(1) Wird der vermietete Wohnraum nach der Überlassung an den Mieter von dem Vermieter an einen Dritten veräußert, so tritt der Erwerber anstelle des Vermieters in die sich während der Dauer seines Eigentums aus dem Mietverhältnis ergebenden Rechte und Pflichten ein.

(2) Erfüllt der Erwerber die Pflichten nicht, so haftet der Vermieter für den von dem Erwerber zu ersetzenden Schaden wie ein Bürge, der auf die Einrede der Vorausklage verzichtet hat. Erlangt der Mieter von dem Übergang des Eigentums durch Mitteilung des Vermieters Kenntnis, so wird der Vermieter von der Haftung befreit, wenn nicht der Mieter das Mietverhältnis zum ersten Termin kündigt, zu dem die Kündigung zulässig ist.

§ 566a Mietsicherheit

Hat der Mieter des veräußerten Wohnraums dem Vermieter für die Erfüllung seiner Pflichten Sicherheit geleistet, so tritt der Erwerber in die dadurch begründeten Rechte und Pflichten ein. Kann bei Beendigung des Mietverhältnisses der Mieter die Sicherheit von dem Erwerber nicht erlangen, so ist der Vermieter weiterhin zur Rückgewähr verpflichtet.

§ 566b Vorausverfügung über die Miete

(1) Hat der Vermieter vor dem Übergang des Eigentums über die Miete verfügt, die auf die Zeit der Berechtigung des Erwerbers entfällt, so ist die Verfügung wirksam, soweit sie sich auf die Miete für den zur Zeit des Eigentumsübergangs laufenden Kalendermonat bezieht. Geht das Eigentum nach dem 15. Tag des Monats über, so ist die Verfügung auch wirksam, soweit sie sich auf die Miete für den folgenden Kalendermonat bezieht.

(2) Eine Verfügung über die Miete für eine spätere Zeit muss der Erwerber gegen sich gelten lassen, wenn er sie zur Zeit des Übergangs des Eigentums kennt.

§ 566c Vereinbarung zwischen Mieter und Vermieter über die Miete

Ein Rechtsgeschäft, das zwischen dem Mieter und dem Vermieter über die Mietforderung vorgenommen wird, insbesondere die Entrichtung der Miete, ist dem Erwerber gegenüber wirksam, soweit es sich nicht auf die Miete für eine spätere Zeit als den Kalendermonat bezieht, in welchem der Mieter von dem Übergang des Eigentums Kenntnis erlangt. Erlangt der Mieter die Kenntnis nach dem 15. Tag des Monats, so ist das Rechtsgeschäft auch wirksam, soweit es sich auf die Miete für den folgenden Kalendermonat bezieht. Ein Rechtsgeschäft, das nach dem Übergang des Eigentums vorgenommen wird, ist jedoch unwirksam, wenn der Mieter bei der Vornahme des Rechtsgeschäfts von dem Übergang des Eigentums Kenntnis hat.

§ 566d Aufrechnung durch den Mieter

Soweit die Entrichtung der Miete an den Vermieter nach § 566c dem Erwerber gegenüber wirksam ist, kann der Mieter gegen die Mietforderung des Erwerbers eine ihm gegen den Vermieter zustehende Forderung aufrechnen. Die Aufrechnung ist ausgeschlossen, wenn der Mieter die Gegenforderung erworben hat, nachdem er von dem Übergang des Eigentums Kenntnis erlangt hat, oder wenn die Gegenforderung erst nach der Erlangung der Kenntnis und später als die Miete fällig geworden ist.

§ 566e Mitteilung des Eigentumsübergangs durch den Vermieter

(1) Teilt der Vermieter dem Mieter mit, dass er das Eigentum an dem vermieteten Wohnraum auf einen Dritten übertragen hat, so muss er in Ansehung der Mietforderung dem Mieter gegenüber die mitgeteilte Übertragung gegen sich gelten lassen, auch wenn sie nicht erfolgt oder nicht wirksam ist.

(2) Die Mitteilung kann nur mit Zustimmung desjenigen zurückgenommen werden, der als der neue Eigentümer bezeichnet worden ist.

§ 567 Belastung des Wohnraums durch den Vermieter
Wird der vermietete Wohnraum nach der Überlassung an den Mieter von dem Vermieter mit dem Recht eines Dritten belastet, so sind die §§ 566 bis 566e entsprechend anzuwenden, wenn durch die Ausübung des Rechts dem Mieter der vertragsgemäße Gebrauch entzogen wird. Wird der Mieter durch die Ausübung des Rechts in dem vertragsgemäßen Gebrauch beschränkt, so ist der Dritte dem Mieter gegenüber verpflichtet, die Ausübung zu unterlassen, soweit sie den vertragsgemäßen Gebrauch beeinträchtigen würde.

§ 567a Veräußerung oder Belastung vor der Überlassung des Wohnraums
Hat vor der Überlassung des vermieteten Wohnraums an den Mieter der Vermieter den Wohnraum an einen Dritten veräußert oder mit einem Recht belastet, durch dessen Ausübung der vertragsgemäße Gebrauch dem Mieter entzogen oder beschränkt wird, so gilt das Gleiche wie in den Fällen des § 566 Abs. 1 und des § 567, wenn der Erwerber dem Vermieter gegenüber die Erfüllung der sich aus dem Mietverhältnis ergebenden Pflichten übernommen hat.

§ 567b Weiterveräußerung oder Belastung durch Erwerber
Wird der vermietete Wohnraum von dem Erwerber weiterveräußert oder belastet, so sind § 566 Abs. 1 und die §§ 566a bis 567a entsprechend anzuwenden. Erfüllt der neue Erwerber die sich aus dem Mietverhältnis ergebenden Pflichten nicht, so haftet der Vermieter dem Mieter nach § 6 Abs. 2.

5. Beendigung des Mietverhältnisses

a) Allgemeine Vorschriften

§ 568 Form und Inhalt der Kündigung
(1) Die Kündigung des Mietverhältnisses bedarf der schriftlichen Form.
(2) Der Vermieter soll den Mieter auf die Möglichkeit, die Form und die Frist des Widerspruchs nach den §§ 574 bis 574b rechtzeitig hinweisen.

§ 569 Außerordentliche fristlose Kündigung aus wichtigem Grund
(1) Ein wichtiger Grund im Sinne des § 543 Abs. 1 liegt für den Mieter auch vor, wenn der gemietete Wohnraum so beschaffen ist, dass seine Benutzung mit einer erheblichen Gefährdung der Gesundheit verbunden ist. Dies gilt auch, wenn der Mieter die Gefahr bringende Beschaffenheit bei Vertragsschluss gekannt oder darauf verzichtet hat, die ihm wegen dieser Beschaffenheit zustehenden Rechte geltend zu machen.
(2) Ein wichtiger Grund im Sinne des § 543 Abs. 1 liegt ferner vor, wenn eine

Vertragspartei den Hausfrieden nachhaltig stört, so dass dem Kündigenden unter Berücksichtigung aller Umstände des Einzelfalls, insbesondere eines Verschuldens der Vertragsparteien, und unter Abwägung der beiderseitigen Interessen die Fortsetzung des Mietverhältnisses bis zum Ablauf der Kündigungsfrist oder bis zur sonstigen Beendigung des Mietverhältnisses nicht zugemutet werden kann.

(3) Ergänzend zu § 543 Abs. 2 Satz 1 Nr. 3 gilt:

1. Im Falle des § 543 Abs. 2 Satz 1 Nr. 3 Buchstabe a ist der rückständige Teil der Miete nur dann als nicht unerheblich anzusehen, wenn er die Miete für einen Monat übersteigt. Dies gilt nicht, wenn der Wohnraum nur zum vorübergehenden Gebrauch vermietet ist.
2. Die Kündigung wird auch dann unwirksam, wenn der Vermieter spätestens bis zum Ablauf von zwei Monaten nach Eintritt der Rechtshängigkeit des Räumungsanspruchs hinsichtlich der fälligen Miete und der fälligen Entschädigung nach § 546a Abs. 1 befriedigt wird oder sich eine öffentliche Stelle zur Befriedigung verpflichtet. Dies gilt nicht, wenn der Kündigung vor nicht länger als zwei Jahren bereits eine nach Satz 1 unwirksam gewordene Kündigung vorausgegangen ist.
3. Ist der Mieter rechtskräftig zur Zahlung einer erhöhten Miete nach den §§ 558 bis 560 verurteilt worden, so kann der Vermieter das Mietverhältnis wegen Zahlungsverzugs des Mieters nicht vor Ablauf von zwei Monaten nach rechtskräftiger Verurteilung kündigen, wenn nicht die Voraussetzungen der außerordentlichen fristlosen Kündigung schon wegen der bisher geschuldeten Miete erfüllt sind.

(4) Der zur Kündigung führende wichtige Grund ist in dem Kündigungsschreiben anzugeben.

(5) Eine Vereinbarung, die zum Nachteil des Mieters von den Absätzen 1 bis 3 dieser Vorschrift oder von § 543 abweicht, ist unwirksam. Ferner ist eine Vereinbarung unwirksam, nach der der Vermieter berechtigt sein soll, aus anderen als den im Gesetz zugelassenen Gründen außerordentlich fristlos zu kündigen.

§ 570 Ausschluss des Zurückbehaltungsrechts

Dem Mieter steht kein Zurückbehaltungsrecht gegen den Rückgabeanspruch des Vermieters zu.

§ 571 Weiterer Schadensersatz bei verspäteter Rückgabe von Wohnraum

(1) Gibt der Mieter den gemieteten Wohnraum nach Beendigung des Mietverhältnisses nicht zurück, so kann der Vermieter einen weiteren Schaden im Sinne des § 546a Abs. 2 nur geltend machen, wenn die Rückgabe infolge von Umständen unterblieben ist, die der Mieter zu vertreten hat. Der Schaden ist nur insoweit zu ersetzen, als die Billigkeit eine Schadloshaltung erfordert. Dies gilt nicht, wenn der Mieter gekündigt hat.

(2) Wird dem Mieter nach § 721 oder § 794a der Zivilprozessordnung eine Räumungsfrist gewährt, so ist er für die Zeit von der Beendigung des Mietverhältnisses bis zum Ablauf der Räumungsfrist zum Ersatz eines weiteren Schadens nicht verpflichtet.

(3) Eine zum Nachteil des Mieters abweichende Vereinbarung ist unwirksam.

§ 572 Vereinbartes Rücktrittsrecht; Mietverhältnis unter auflösender Bedingung

(1) Auf eine Vereinbarung, nach der der Vermieter berechtigt sein soll, nach Überlassung des Wohnraums an den Mieter vom Vertrag zurückzutreten, kann der Vermieter sich nicht berufen.

(2) Ferner kann der Vermieter sich nicht auf eine Vereinbarung berufen, nach der das Mietverhältnis zum Nachteil des Mieters auflösend bedingt ist.

b) Mietverhältnisse auf unbestimmte Zeit

§ 573 Ordentliche Kündigung des Vermieters

(1) Der Vermieter kann nur kündigen, wenn er ein berechtigtes Interesse an der Beendigung des Mietverhältnisses hat. Die Kündigung zum Zwecke der Mieterhöhung ist ausgeschlossen.

(2) Ein berechtigtes Interesse des Vermieters an der Beendigung des Mietverhältnisses liegt insbesondere vor, wenn

1. der Mieter seine vertraglichen Pflichten schuldhaft nicht unerheblich verletzt hat,
2. der Vermieter die Räume als Wohnung für sich, seine Familienangehörigen oder Angehörige seines Haushalts benötigt oder
3. der Vermieter durch die Fortsetzung des Mietverhältnisses an einer angemessenen wirtschaftlichen Verwertung des Grundstücks gehindert und dadurch erhebliche Nachteile erleiden würde; die Möglichkeit, durch eine anderweitige Vermietung als Wohnraum eine höhere Miete zu erzielen, bleibt außer Betracht; der Vermieter kann sich auch nicht darauf berufen, dass er die Mieträume im Zusammenhang mit einer beabsichtigten oder nach Überlassung an den Mieter erfolgten Begründung von Wohnungseigentum veräußern will.

(3) Die Gründe für ein berechtigtes Interesse des Vermieters sind in dem Kündigungsschreiben anzugeben. Andere Gründe werden nur berücksichtigt, soweit sie nachträglich entstanden sind.

(4) Eine zum Nachteil des Mieters abweichende Vereinbarung ist unwirksam.

§ 573a Erleichterte Kündigung des Vermieters

(1) Ein Mietverhältnis über eine Wohnung in einem vom Vermieter selbst bewohnten Gebäude mit nicht mehr als zwei Wohnungen kann der Vermieter auch

kündigen, ohne dass es eines berechtigten Interesses im Sinne des § 573 bedarf. Die Kündigungsfrist verlängert sich in diesem Fall um drei Monate.

(2) Absatz 1 gilt entsprechend für Wohnraum innerhalb der vom Vermieter selbst bewohnten Wohnung, sofern der Wohnraum nicht nach § 549 Abs. 2 Nr. 2 vom Mieterschutz ausgenommen ist.

(3) In dem Kündigungsschreiben ist anzugeben, dass die Kündigung auf die Voraussetzungen des Absatzes 1 oder 2 gestützt wird.

(4) Eine zum Nachteil des Mieters abweichende Vereinbarung ist unwirksam.

§ 573b Teilkündigung des Vermieters

(1) Der Vermieter kann nicht zum Wohnen bestimmte Nebenräume oder Teile eines Grundstücks ohne ein berechtigtes Interesse im Sinne des § 573 kündigen, wenn er die Kündigung auf diese Räume oder Grundstücksteile beschränkt und sie dazu verwenden will,

1. Wohnraum zum Zwecke der Vermietung zu schaffen oder
2. den neu zu schaffenden und den vorhandenen Wohnraum mit Nebenräumen oder Grundstücksteilen auszustatten.

(2) Die Kündigung ist spätestens am dritten Werktag eines Kalendermonats zum Ablauf des übernächsten Monats zulässig.

(3) Verzögert sich der Beginn der Bauarbeiten, so kann der Mieter eine Verlängerung des Mietverhältnisses um einen entsprechenden Zeitraum verlangen.

(4) Der Mieter kann eine angemessene Senkung der Miete verlangen.

(5) Eine zum Nachteil des Mieters abweichende Vereinbarung ist unwirksam.

§ 573c Fristen der ordentlichen Kündigung

(1) Die Kündigung ist spätestens am dritten Werktag eines Kalendermonats zum Ablauf des übernächsten Monats zulässig. Die Kündigungsfrist für den Vermieter verlängert sich nach fünf und acht Jahren seit der Überlassung des Wohnraums um jeweils drei Monate.

(2) Bei Wohnraum, der nur zum vorübergehenden Gebrauch vermietet worden ist, kann eine kürzere Kündigungsfrist vereinbart werden.

(3) Bei Wohnraum nach § 549 Abs. 2 Nr. 2 ist die Kündigung spätestens am 15. eines Monats zum Ablauf dieses Monats zulässig.

(4) Eine zum Nachteil des Mieters von Absatz 1 oder 3 abweichende Vereinbarung ist unwirksam.

§ 573d Außerordentliche Kündigung mit gesetzlicher Frist

(1) Kann ein Mietverhältnis außerordentlich mit der gesetzlichen Frist gekündigt werden, so gelten mit Ausnahme der Kündigung gegenüber Erben des Mieters nach § 564 die §§ 573 und 573a entsprechend.

(2) Die Kündigung ist spätestens am dritten Werktag eines Kalendermonats zum Ablauf des übernächsten Monats zulässig, bei Wohnraum nach § 549 Abs. 2 Nr. 2 spätestens am 15. eines Monats zum Ablauf dieses Monats (gesetzliche Frist). § 573a Abs. 1 Satz 2 findet keine Anwendung.

(3) Eine zum Nachteil des Mieters abweichende Vereinbarung ist unwirksam.

§ 574 Widerspruch des Mieters gegen die Kündigung

(1) Der Mieter kann der Kündigung des Vermieters widersprechen und von ihm die Fortsetzung des Mietverhältnisses verlangen, wenn die Beendigung des Mietverhältnisses für den Mieter, seine Familie oder einen anderen Angehörigen seines Haushalts eine Härte bedeuten würde, die auch unter Würdigung der berechtigten Interessen des Vermieters nicht zu rechtfertigen ist. Dies gilt nicht, wenn ein Grund vorliegt, der den Vermieter zur außerordentlichen fristlosen Kündigung berechtigt.

(2) Eine Härte liegt auch vor, wenn angemessener Ersatzwohnraum zu zumutbaren Bedingungen nicht beschafft werden kann.

(3) Bei der Würdigung der berechtigten Interessen des Vermieters werden nur die in dem Kündigungsschreiben nach § 573 Abs. 3 angegebenen Gründe berücksichtigt, außer wenn die Gründe nachträglich entstanden sind.

(4) Eine zum Nachteil des Mieters abweichende Vereinbarung ist unwirksam.

§ 574a Fortsetzung des Mietverhältnisses nach Widerspruch

(1) Im Falle des § 574 kann der Mieter verlangen, dass das Mietverhältnis so lange fortgesetzt wird, wie dies unter Berücksichtigung aller Umstände angemessen ist. Ist dem Vermieter nicht zuzumuten, das Mietverhältnis zu den bisherigen Vertragsbedingungen fortzusetzen, so kann der Mieter nur verlangen, dass es unter einer angemessenen Änderung der Bedingungen fortgesetzt wird.

(2) Kommt keine Einigung zustande, so werden die Fortsetzung des Mietverhältnisses, deren Dauer sowie die Bedingungen, zu denen es fortgesetzt wird, durch Urteil bestimmt. Ist ungewiss, wann voraussichtlich die Umstände wegfallen, aufgrund deren die Beendigung des Mietverhältnisses eine Härte bedeutet, so kann bestimmt werden, dass das Mietverhältnis auf unbestimmte Zeit fortgesetzt wird.

(3) Eine zum Nachteil des Mieters abweichende Vereinbarung ist unwirksam.

§ 574b Form und Frist des Widerspruchs

(1) Der Widerspruch des Mieters gegen die Kündigung ist schriftlich zu erklären. Auf Verlangen des Vermieters soll der Mieter über die Gründe des Widerspruchs unverzüglich Auskunft erteilen.

(2) Der Vermieter kann die Fortsetzung des Mietverhältnisses ablehnen, wenn der Mieter ihm den Widerspruch nicht spätestens zwei Monate vor der Beendigung des Mietverhältnisses erklärt hat. Hat der Vermieter nicht rechtzeitig vor Ablauf der Widerspruchsfrist auf die Möglichkeit des Widerspruchs sowie auf dessen Form und Frist hingewiesen, so kann der Mieter den Widerspruch noch im ersten Termin des Räumungsrechtsstreits erklären.

(3) Eine zum Nachteil des Mieters abweichende Vereinbarung ist unwirksam.

§ 574c Weitere Fortsetzung des Mietverhältnisses bei unvorhergesehenen Umständen

(1) Ist aufgrund der §§ 574 bis 574b durch Einigung oder Urteil bestimmt worden, dass das Mietverhältnis auf bestimmte Zeit fortgesetzt wird, so kann der Mieter dessen weitere Fortsetzung nur verlangen, wenn dies durch eine wesentliche Änderung der Umstände gerechtfertigt ist oder wenn Umstände nicht eingetreten sind, deren vorgesehener Eintritt für die Zeitdauer der Fortsetzung bestimmend gewesen war.

(2) Kündigt der Vermieter ein Mietverhältnis, dessen Fortsetzung auf unbestimmte Zeit durch Urteil bestimmt worden ist, so kann der Mieter der Kündigung widersprechen und vom Vermieter verlangen, das Mietverhältnis auf unbestimmte Zeit fortzusetzen. Haben sich die Umstände verändert, die für die Fortsetzung bestimmend gewesen waren, so kann der Mieter eine Fortsetzung des Mietverhältnisses nur nach § 574 verlangen; unerhebliche Veränderungen bleiben außer Betracht.

(3) Eine zum Nachteil des Mieters abweichende Vereinbarung ist unwirksam.

c) Mietverhältnisse auf bestimmte Zeit

§ 575 Zeitmietvertrag

(1) Ein Mietverhältnis kann auf bestimmte Zeit eingegangen werden, wenn der Vermieter nach Ablauf der Mietzeit

1. die Räume als Wohnung für sich, seine Familienangehörigen oder Angehörige seines Haushalts nutzen will,
2. in zulässiger Weise die Räume beseitigen oder so wesentlich verändern oder instand setzen will, dass die Maßnahmen durch eine Fortsetzung des Mietverhältnisses erheblich erschwert würden, oder
3. die Räume an einen zur Dienstleistung Verpflichteten vermieten will

und er dem Mieter den Grund der Befristung bei Vertragsschluss schriftlich mitteilt. Anderenfalls gilt das Mietverhältnis als auf unbestimmte Zeit abgeschlossen.

(2) Der Mieter kann vom Vermieter frühestens vier Monate vor Ablauf der Befristung verlangen, dass dieser ihm binnen eines Monats mitteilt, ob der Befris-

tungsgrund noch besteht. Erfolgt die Mitteilung später, so kann der Mieter eine Verlängerung des Mietverhältnisses um den Zeitraum der Verspätung verlangen.

(3) Tritt der Grund der Befristung erst später ein, so kann der Mieter eine Verlängerung des Mietverhältnisses um einen entsprechenden Zeitraum verlangen. Entfällt der Grund, so kann der Mieter eine Verlängerung auf unbestimmte Zeit verlangen. Die Beweislast für den Eintritt des Befristungsgrundes und die Dauer der Verzögerung trifft den Vermieter.

(4) Eine zum Nachteil des Mieters abweichende Vereinbarung ist unwirksam.

§ 575a Außerordentliche Kündigung mit gesetzlicher Frist

(1) Kann ein Mietverhältnis, das auf bestimmte Zeit eingegangen ist, außerordentlich mit der gesetzlichen Frist gekündigt werden, so gelten mit Ausnahme der Kündigung gegenüber Erben des Mieters nach § 564 die §§ 573 und 573a entsprechend.

(2) Die §§ 574 bis 574c gelten entsprechend mit der Maßgabe, dass die Fortsetzung des Mietverhältnisses höchstens bis zum vertraglich bestimmten Zeitpunkt der Beendigung verlangt werden kann.

(3) Die Kündigung ist spätestens am dritten Werktag eines Kalendermonats zum Ablauf des übernächsten Monats zulässig, bei Wohnraum nach § 549 Abs. 2 Nr. 2 spätestens am 15. eines Monats zum Ablauf dieses Monats (gesetzliche Frist). § 573a Abs. 1 Satz 2 findet keine Anwendung.

(4) Eine zum Nachteil des Mieters abweichende Vereinbarung ist unwirksam,

d) Werkwohnungen

§ 576 Fristen der ordentlichen Kündigung bei Werkmietwohnungen

(1) Ist Wohnraum mit Rücksicht auf das Bestehen eines Dienstverhältnisses vermietet, so kann der Vermieter nach Beendigung des Dienstverhältnisses abweichend von § 573c Abs. 1 Satz 2 mit folgenden Fristen kündigen:

1. bei Wohnraum, der dem Mieter weniger als zehn Jahre überlassen war, spätestens am dritten Werktag eines Kalendermonats zum Ablauf des übernächsten Monats, wenn der Wohnraum für einen anderen zur Dienstleistung Verpflichteten benötigt wird;
2. spätestens am dritten Werktag eines Kalendermonats zum Ablauf dieses Monats, wenn das Dienstverhältnis seiner Art nach die Überlassung von Wohnraum erfordert hat, der in unmittelbarer Beziehung oder Nähe zur Arbeitsstätte steht, und der Wohnraum aus dem gleichen Grund für einen anderen zur Dienstleistung Verpflichteten benötigt wird.

(2) Eine zum Nachteil des Mieters abweichende Vereinbarung ist unwirksam.

§ 576a Besonderheiten des Widerspruchsrechts bei Werkmietwohnungen

(1) Bei der Anwendung der §§ 574 bis 574c auf Werkmietwohnungen sind auch die Belange des Dienstberechtigten zu berücksichtigen.

(2) Die §§ 574 bis 574c gelten nicht, wenn

1. der Vermieter nach § 576 Abs. 1 Nr. 2 gekündigt hat;
2. der Mieter das Dienstverhältnis gelöst hat, ohne dass ihm von dem Dienstberechtigten gesetzlich begründeter Anlass dazu gegeben war, oder der Mieter durch sein Verhalten dem Dienstberechtigten gesetzlich begründeten Anlass zur Auflösung des Dienstverhältnisses gegeben hat.

(3) Eine zum Nachteil des Mieters abweichende Vereinbarung ist unwirksam.

§ 576b Entsprechende Geltung des Mietrechts bei Werkdienstwohnungen

(1) Ist Wohnraum im Rahmen eines Dienstverhältnisses überlassen, so gelten für die Beendigung des Rechtsverhältnisses hinsichtlich des Wohnraums die Vorschriften über Mietverhältnisse entsprechend, wenn der zur Dienstleistung Verpflichtete den Wohnraum überwiegend mit Einrichtungsgegenständen ausgestattet hat oder in dem Wohnraum mit seiner Familie oder Personen lebt, mit denen er einen auf Dauer angelegten gemeinsamen Haushalt führt.

(2) Eine zum Nachteil des Mieters abweichende Vereinbarung ist unwirksam.

6. Besonderheiten bei der Bildung von Wohnungseigentum an vermieteten Wohnungen

§ 577 Vorkaufsrecht des Mieters

(1) Werden vermietete Wohnräume, an denen nach der Überlassung an den Mieter Wohnungseigentum begründet worden ist oder begründet werden soll, an einen Dritten verkauft, so ist der Mieter zum Vorkauf berechtigt. Dies gilt nicht, wenn der Vermieter die Wohnräume an einen Familienangehörigen oder an einen Angehörigen seines Haushalts verkauft. Soweit sich nicht aus den nachfolgenden Absätzen etwas anderes ergibt, finden auf das Vorkaufsrecht die Vorschriften über den Vorkauf Anwendung.

(2) Die Mitteilung des Verkäufers oder des Dritten über den Inhalt des Kaufvertrags ist mit einer Unterrichtung des Mieters über sein Vorkaufsrecht zu verbinden.

(3) Die Ausübung des Vorkaufsrechts erfolgt durch schriftliche Erklärung des Mieters gegenüber dem Verkäufer.

(4) Stirbt der Mieter, so geht das Vorkaufsrecht auf diejenigen über, die in das Mietverhältnis nach § 563 Abs. 1 oder 2 eintreten.

(5) Eine zum Nachteil des Mieters abweichende Vereinbarung ist unwirksam.

§ 577a Kündigungsbeschränkung bei Wohnungsumwandlung

(1) Ist an vermieteten Wohnräumen nach der Überlassung an den Mieter Wohnungseigentum begründet und das Wohnungseigentum veräußert worden, so kann sich ein Erwerber auf berechtigte Interessen im Sinne des § 573 Abs. 2 Nr. 2 oder 3 erst nach Ablauf von drei Jahren seit der Veräußerung berufen.

(2) Die Frist nach Absatz 1 beträgt bis zu zehn Jahre, wenn die ausreichende Versorgung der Bevölkerung mit Mietwohnungen zu angemessenen Bedingungen in einer Gemeinde oder einem Teil einer Gemeinde besonders gefährdet ist und diese Gebiete nach Satz 2 bestimmt sind. Die Landesregierungen werden ermächtigt, diese Gebiete und die Frist nach Satz 1 durch Rechtsverordnung für die Dauer von jeweils höchstens zehn Jahren zu bestimmen.

(3) Eine zum Nachteil des Mieters abweichende Vereinbarung ist unwirksam.

Stichwortregister